U0901605

微博问政

@卢金珠　著

小微博如何掀起**大风暴**？围观微博世界里的官员和政府机构……

深度剖析**宣黄自焚**、**微博打拐**等热点事件中的微博问政

全面追踪代表性政府机构微博、官员个人微博成长历程

活跃官员微博、政府微博、专家学者、微博网站高层深度专访

简明实用的**政务微博手册**

東方出版社

序

崔保国

（清华大学新闻与传播学院副院长，教授、博导）

三年前，如果问一位政府官员微博为何物，大多数人都会不知所云。相信这一问题对本书大部分的读者以及普通网友来说同样如此。

三年时间过去，在新浪微博、腾讯微博等网站的引领下，微博已经走进普通网民的生活，已成中国最火的互联网产品。据CNNIC（中国互联网信息中心）2012年1月发布的《第29次中国互联网络发展状况统计报告》数据，2011年中国微博用户已达24988万，已经超过了电子邮件用户24577万的数量，微博威力由此可见一斑。

微博已成中国最火的互联网产品，它的影响甚至超越了互联网本身，带来了一场新的社会变革。

微博的迅速普及，对人们的媒介使用、信息传播带来了巨大的影响和革命。越来越多的新闻线索、社会话题开始由微博引爆，微博正在给传统媒体设置议程。微博的出现，等于给人们提供了一个公共空间，在一定程度上可以说微博起到了社会公器的作用。

在创造与传播海量信息的同时，基于微博而诞生的微博控、微博爆料、微博营销、微博问政等也正在成为热门词语，成为一种新兴的网络传播现象。其中，政府机构及官员微博是微博世界里比较引人注目的一个群体。微博的诞生为政府机构、官员提供了另一个与网友交流的便捷渠道，为广大网友反映与咨询政务、民生等问题提供了一个更加及时的平台，政府与网民通过微博这一平台可以构建更加透明、直接、真实的互动关系，从而推动政务信息公开、促进政府改革。

在这一背景下，《微博问政》一书的出版具有很强的现实意义。作者卢金珠作为清华的硕士，并在我主持的研究中心做过研究工作。本次《微博问政》一书的出版，也是他多年来学习和工作的一个阶段性总结，在此表示衷心祝贺！

《微博问政》在写作过程中做了大量的调研工作，对典型事件、代表性政府机构和官员微博等进行持续追踪，从实际案例出发，深入浅出地描绘出一幅幅微博问政的图景，对了解微博问政的现状、问题等具有一定的参考价值。

“问政”一词源于《礼记·中庸》之“哀公问政”，是鲁哀公向孔子咨询为政之策，这里的“问政”与“政务微博”主体的行为更加接近。但反过来，普通网友同样可以向政府机构、官员提出咨询、建议、质疑和拷问。现在微博上的热议话题，很多都是关系到普通网友日常生活的民生话题，网友们更有理由和资格在微博上讨论——这就是网友层面的“微博问政”。因此，“微博问政”不简单等同于“政务微博”，它和我们每个人息息相关。

从这个角度考虑，《微博问政》有它的另一特色，即不仅仅局限于政府机构、官员如何使用微博，而是把目光放到一个更广阔、更普遍的背景下进行考量。因此，除了政府官员外，我也乐意向广大网友推荐这本书。

当然，微博自身产品形态还比较简单，不能过于夸大微博问政所能起到的作用，微博需要与政府网站等其他网络产品一起进行有效整合，才能发挥网络问政的更大价值。同时，微博进入大众视野的历史刚过两年，在发展中也暴露出一些问题，仍需进一步规范、自律，这些问题都需要政府主管部门、业界、学界以及普通网友的共同努力来加以改善。

微博世界，和你我相关。

最后，请允许我用微博上流行的两句话来做结尾：围观改变中国，转发就是力量。

崔保国

目录

第七章 微访谈 271

第一章
围观改变中国

互联网已步入微博时代。

以微博为代表的社会化网络，已经改变了人们的交流方式和信息传播模式，并正在影响与改变这个世界。

任何人都不能忽视微博可能带来的变革，正如创新工场董事长兼首席执行官@李开复所言："微博改变一切。"

围观改变中国。

转发就是力量。

微博时代，你准备好了吗？

第一节　什么是微博

如果你已经对微博比较熟悉，请自动忽略本节，进入第二节 Twitter 的世界。

如果你还没听说过微博，那就真 OUT 啦 ~~~

这年头，没个围脖（微博），还真不好意思跟人打招呼。

你看，连种瓜老农都知道上微博卖西瓜了：快来看看 @ 攀枝花人卖西瓜（参见本书第三章第五节《从卖葱、卖菜到卖瓜：微博上的一声叹息？》）。

如果你连 OUT 都不知道，没关系，上了微博你就知道了。

快来看看 @ 美庄村委会主任林桂河，这位 53 岁的村主任，刚买回电脑时都不知道怎么开机，在女儿女婿教授下学会了上微博，很快就在和网友的对话中知道了“OUT”是什么意思。

OUT，英语，缩写。原为“out of time”，时间之外，即不合时间也就是落伍的意思。（参见本书第四章第五节《美庄村委会主任林桂河：首位村主任微博》）

如果你听说过微博或者正在使用微博，以为它和 QQ 差不多，千万别这样认为！

这样会出事滴……

没看新闻吗？江苏有个卫生局长，把微博当 QQ 用，公开直播和情人开房遭网友围观，最终被撤职。一直等到记者采访他时，他还不敢相信自己发布的微博别人能看到。

而就在这一新闻被媒体报道一个多月后，成都市青羊区教育局某官员又因类似事件被撤职。可见，不懂微博的官员还大有人在。

140 字的微博还能问政？

对！

微博问政现在太流行啦，你看，新疆维吾尔自治区党委书记 @ 张春贤都开了微博；中央党校课程设置里都加上了微博应用；成都市人民政府新闻办 @ 成都发布粉丝百万，《新闻联播》都号召全国学习；外交部 @ 外交小灵通微博开启外交“微时代”；厦门警察警衔晋升了解微博成为第一课；南京出台《关于进一步加强政务微博建设的意见》，要求突发事件等1小时内必须发布微博；海宁市司法局都开始尝试微博公文了……

而且，普通网友也在微博平台上关注家事国事天下事，微博问政不仅仅是政府行为。

围观，正在改变中国。

你只是个普通网友？

这本书是写给政府、官员看的？

你不感兴趣？

不，不，这本书不只是写给政府、官员看的。

即使你只是个普通网友，你也非常有必要紧跟微博时代的脚步。还是开个微博吧，可以记录自己的心路历程，方便和朋友联系，方便和明星交流，可以了解更多的信息，了解真实的中国。

微博世界，和你我相关。

微博到底是什么？

简单来说，微博，即微博客，比QQ信息公开，比博客使用便捷，你可以通过电脑、手机等发布不超过140字的文字信息（这也是微博最显著的一个特征，正好两条短信的长度。当然还可以发布图标、图片、音频、视频等辅助信息），你和其他微博用户之间可以通过相互“关注”成为彼此“粉丝”，并通过评论、私信等进行即时交流，也可以纯粹“围观”，只“潜水”不发言。

短短两年时间，微博已经成长为中国互联网最流行的产品之一。据新华社2011年12月21日电，相关统计显示，2011年，我国网民在各网站注册的微博账号约8亿个，微博用户每天发布的信息量约为两亿条。而据腾讯和新浪的公开资料，截至2011年12月31日，二者微博注册用户数分别超过3.73亿和3亿。

还是不明白微博是怎么回事？那么，直接上新浪微博www.weibo.com体验一下吧。当然，还有人民微博、新华微博、腾讯微博、搜狐微博、网易微博……

以及，这些微博产品的鼻祖：Twitter（www.twitter.com）。

第二节 Twitter 简介

Twitter（中文称“推特”，网址 www.twitter.com）是世界上创办最早、影响最大的微博客网站，其公司总部位于美国加州旧金山，2006 年 3 月由 blogger.com 的创始人伊万·威廉姆斯（Evan Williams）推出，其创建的 Twitter 产品框架更是被众多类 Twitter 网站沿用。

Wikipedia（维基百科）网站对 Twitter 的简单解释是：Twitter is an online social networking and microblogging service that enables its users to send and read text-based posts of up to 140 characters, informally known as “tweets”。（Twitter 是一家社交网络及微博客服务提供商，其用户可以发布、阅读不超过 140 个字符的文本消息，通常被称为“tweets”）

2009 年下半年，Twitter 被收录入《柯林斯英文词典》（*Collins English Dictionary*） 30 周年版中，其中名词“Twitter”的释义为“一个让人们发表有关个人现状的短消息的网站”，动词“tweet”的释义为“在 Twitter 网站上写短消息”。

目前，Twitter 在 Alexa 全球网站排名中名列第 9 位（2012 年 1 月至 3 月均值）。2012 年 3 月的数据显示，Twitter 目前用户超过 1.4 亿、每天发布的 Tweets 条数最高可达 3.4 亿。Twitter 已推出英语、日语、韩语、西班牙语、葡萄牙语、德语、法语、意大利语、俄语、印度尼西亚语、马来西亚语、印地语、土耳其语、菲律宾语、简体中文、繁体中文等多种语言服务。

在新浪微博等微博网站流行之前，Twitter 仅在国内一部分人群中使用，一般均直呼其名。国内微博网站兴起之后，更多国人使用、了解了微博但仍未登录过 Twitter，对这部分人来讲，用“微博的鼻祖、国外的微博”来介绍 Twitter 则最为简单。

Twitter 的诞生使得即时新闻、“全民记者”的产生更为容易，也给传统新闻媒体的运作模式带来了一定冲击，例如美军击毙本·拉登的消息，即由 Twitter 率先发布，领先传统媒体约二十分钟，领先奥巴马电视讲话 1 小时 50 分钟。

而在一系列的突发事件、重要活动中的突出表现，则使 Twitter 的影响进一步扩大，在 2008 年美国总统选举、伊朗绿色革命、丹佛飞机脱离跑道事件、印度孟买连环恐怖袭击事件、迈克尔·杰克逊逝世等一系列事件中，都能看到 Twitter 在信息传播中所发挥的作用。

例如，2008 年美国总统大选期间，奥巴马、麦凯恩、希拉里均通过 Twitter 发布信息。其中奥巴马在大选期间发布了超过 250 条 Twitter 信息，并与其关注者保持了良好的互动。尽管 2009 年 11 月奥巴马访华期间表示自己“从未使用过 Twitter”（此前奥巴马的 Twitter 账号可以理解为其竞选团队所为），但大选期间奥巴马及其竞选团队对 Twitter、Facebook 和 YouTube 等社交网站的成功运用，通常被认为是奥巴马赢得大选的重要因素之一。而在此后，美国东部时间 2011 年 6 月 17 日，为迎接 2012 年的总统连任竞选，奥巴马通过其 Twitter 账号 @Barack Obama 宣布，其竞选团队将负责管理这一 Twitter 账号，其中由奥巴马亲自发布的 Twitter 信息将标注有“-BO”字样。

美国东部时间 2011 年 7 月 6 日，奥巴马还举行了白宫首次 Twitter 市政厅会议，会议由 Twitter 联合创始人杰克·多西主持，奥巴马现场回答 Twitter 用户所提出的问题，与民众进行实时互动。

目前，已有近百位国家元首、国际组织领导人开通 Twitter 账号，其中包括美国总统奥巴马、俄罗斯总统梅德韦杰夫、英国首相卡梅伦、德国总理默克尔、欧盟理事会主席范龙佩等政界名人。

同时，世界各国政府也纷纷开通 Twitter 账号。以美国为例，以联邦政府机构名义开设的 Twitter 账号已经超过 500 个，各地方政府及相关机构的 Twitter 数量则更多。一些核心政府机构甚至同时开设多个账号，例如美国国务院除英文账号之外，还开通了西班牙语、阿拉伯语、波斯语等账号。

作为世界上创办最早、影响最大的微博网站，Twitter 被视做 SNS（全称 Social Networking Services，即社会性网络服务；SNS 的另一种常用解释全称为 Social Network Site，即社交网站）的典型代表之一，改变了人们的交流方式和信息传播模式，并正在影响与改变这个世界。

第三节 微博的传播特性

与E-mail、手机短信、即时通讯工具等产品相比，微博客有着自己独特的优势或特点。

表 1-1 微博客与其他产品相比的特点和优势

其他产品类别	其他产品特点	微博客产品特点
E-mail	封闭式，传播能力和媒体功能较弱	开放式，传播能力和媒体功能较强
短信	信息封闭，一对一	信息公开，一对多，互动性强
论坛	公共空间，以话题为中心	个人空间，以用户为中心
博客	内容信息完整丰富，互动性较差	内容信息较短，互动性较强
即时通讯工具	信息封闭，注重好友关系，交互式信息传播	信息公开，注重单向关注，广播式信息传播
社交网站	封闭式，注重好友关系，功能丰富	开放式，注重单向关注，功能单一

没有哪一种媒介形态是万能的，表1-1简单列举了微博客与其他6类产品各自的特点比较，在一些方面各产品都有自己独特的优势，但综合来看，微博客有着较强的产品优势，尤其在用户参与方面，随着移动互联网的发展，微博客将拥有广阔的发展空间。

综合起来，微博客具有如下几个传播特性。

1. 单一性

微博客的基础功能特别单一：一句话描述用户当下的心情、状态、所见所闻所想，符合“小即是美”的哲学，这也是其受到追捧的原因之一。在信息泛滥的数字化时代，浮躁的社会和忙碌的生活让人们越来越难以停下脚步，WEB2.0时代第一个典型代表博客写作都已经显得过于正式和繁琐，而微博客所推崇的随时随地、自由自在的风格，正给这一时代的人们提供了一个绝佳的平台。

2．碎片化

“碎片化”是描述当前中国社会传播语境的一个形象说法。“所谓‘碎片化’，英文为 Fragmentation，原意为完整的东西破成诸多零块……就传播的影响力而言，以往依靠某一个（类）媒介的强势覆盖而‘号令天下’的时代已经一去不复返了。一方面是传统媒介传播市场的份额在不断收缩，其话语权威和传播效能在不断降低；另一方面则是新兴媒介（如博客、BBS 等）的勃兴与活跃，传播通路的激增、海量信息的堆积以及表达意见的莫衷一是，这便是现阶段传播力量构建所面对的社会语境。”①

在这里我们借用这个概念，因为基于“单一性”特征和 140 个字符的限制，微博客所生产、传播的信息，也具有碎片化特征：微博客的内容多数是个人琐碎的生活细节或新闻、事态的滚动进展，每一条单独的内容，都只能表达有限的信息，呈现出“碎片化”的特征，甚至出现“口水化”的趋势。

但另一方面，“奇妙的是，尽管信息已经高度碎片化，但是它们能自发组织，完成对某个事件的完整报道和传播。也能够记录一个普通人生活中所有的点滴，以至于整体看下来，似乎是一部由俳句组成的个人史。”②

3．开放性

开放 API（Open API）是 SaaS（Software as a Service，软件即服务）模式下常见的一种应用，网站的服务商将自己的网站服务封装成一系列 API（Application Programming Interface，应用编程接口）开放出去，供第三方开发者使用，即开放 API。以 Twitter 为代表的微博客对用户开放 API，超过

---

① 喻国明：《解读新媒体的几个关键词》，《媒介方法》2006年第5期，http://media.people.com.cn/GB/22114/64606/75212/5244163.html。

② 姜晓明：《“我知道你在做什么”——欢迎来到twitter时代》，2009年7月6日，第26期，总第167期，《南方人物周刊》，http://news.sohu.com/20090703/n264965921.shtml。

3000种的Twitter应用都是用户根据公开的API开发而来的，这些第三方应用反过来又增强了Twitter原有平台对用户的吸引力。

国内其他微博客网站一般都陆续开放了API，而新浪微博刚推出时，是完全封闭的微博客网站，不支持API和RSS，之后陆续推出各类应用。截至2012年3月底，新浪微博、腾讯微博上各类应用数量分别超过4100个和1800个。

4. 整合性

基于开放性特征，微博客能够整合各类工具，表现出强大的兼容性：用户可以通过各种方式来更新自己的微博客：手机短信、桌面客户端、在线更新、IM，甚至可以通过输入法更新微博客。但目前国内微博客网站之间的开放、互联仍然遇到一些竞争障碍，例如腾讯滔滔曾经屏蔽过饭否的QQ机器人，饭否又曾屏蔽过叽歪和嘀咕的用户，相互之间的互联互通无法真正实现。

尤其值得注意的是，微博客通过手机短信这一渠道，真正实现了信息发布的随时随地。Twitter的聪明就在于把PC平台和手机平台连接的很自然，手机成为首选平台也很自然，不用去教育用户，因为服务的性质决定如此，不这样就享受不好这个服务。从这个意义上说，Twitter可能是网络史上第一个真正的基于手机的基础性互联网服务。①

5. 实时性

所谓“实时网络”，指的是发生在网上的实时社交活动，Twitter就被称为实时网络的代表。“Twitter上的信息有一个明确的时间轴，当你在上面搜索时结果呈现的绝对是最新的信息，而这一点以搜索大网站为己任的Google可能永远不能精准做到。”②

---

① 谢文：《Twitter的创新》，http://blog.sina.com.cn/s/blog_513a2b800100dpjb.html。

② 姜晓明：《“我知道你在做什么”——欢迎来到twitter时代》，2009年7月6日，第26期，总第167期，《南方人物周刊》，http://news.sohu.com/20090703/n264965921.shtml。

微博客的这一特征，已经引起了搜索引擎的高度关注，Google 在 2009 年年底已经推出英文版的实时搜索功能，而百度最近推出的 i 贴吧产品，与微博则有着一定的差异，可以看做是百度在实时搜索方面的尝试。

6. 跟随性

这一特征被形象地比喻为“背对脸”：就好比你在电脑前打游戏，路过的人从你背后看着你怎么玩，而你并不需要主动和背后的人交流。

这一特征，反倒是 WEB1.0 时代的广播模式，即 follow（跟随）模式。这一特点，与 QQ、MSN 等即时通讯工具相比似乎互动性弱了一些，但其实各自有着自己的优势：即时通讯工具信息交流的双方，必须是好友关系或在同一个群组之中，信息交流和期望回复的迫切性较强；而微博客不强调好友关系，跟随者可以单向关注某一微博客，而被关注者可以不去理会跟随者，对跟随者的评论可以自主选择回复与否。

如果把一个微博客看做一份报纸，则其跟随者的多少，可以看做这份报纸的订阅用户。微博客报纸所发布的信息，被自动发送到跟随者的报箱中，而网络技术的发展，还可以实现这份报纸一对一或一对多的与订阅用户的交流。这一特征，为粉丝圈、品牌圈的建立创造了高效的传播平台，也将是微博客核心商业价值之一。

第四节　微博在中国

以饭否等一批专业微博客网站兴起为起点，以新浪推出微博产品为市场引爆契机，现在微博客已经成为中国互联网上最为流行的产品之一，虽然诞生时间不长，在将来微博客的整个发展史上可能刚处于导入期阶段，但微博客的发展和流行，到目前为止可以说经历了五个小的关键阶段：

2006 年 3 月，blogger.com 的创始人伊万 · 威廉姆斯（Evan Williams）推出微博客鼻祖 Twitter；在中国则以饭否 2007 年的流行为代表，第一批的中国微博客用户多为 Twitter 和饭否等网站的用户。

2009 年年初，微博客在国内突然又爆发了第二次浪潮，“翻开各大主流的中文报纸、杂志，无不在探讨 Twitter 这种新型的社交平台，而国外的媒体更是不遗余力地对 Twitter 唱起赞歌，甚至学术界也在猛捧 Twitter。资本市场也在虎视眈眈，包括传媒巨头默多克都在密切关注着 Twitter 的一举一动。”①

2009 年上半年之前，在国内活跃的微博客网站，是以饭否、嘀咕、做啥等代表的专业型网站，但由于网站内容管理等诸多问题，国内微博客代表网站饭否在 2009 年中开始无法访问②，Twitter 访问也受到限制，让微博客在国内的发展似乎蒙上了一丝阴影。

2009 年下半年，新浪开始推出微博产品，还在内测阶段时，就已经吸引了大批业内人士和名人明星的关注。新浪微博以名人为切入口，短期内迅速扩张，并获得了业内好评，现在已经俨然成为中国网站微博产品的代名词。

2010 年年初，搜狐、网易也在积极内测自己的微博产品，人民网也于 2010 年 1 月开始内测人民微博；而 2010 年 1 月，国内知名网站程序提供商

① 悠游：《微博客热浪袭来互联网下一次应用革命到来》，硅谷动力，2009-07-15，http://www.enet.com.cn/ediy/inforcenter/enet_z.jsp?articleid=20090715501335。

② 2010年11月25日，饭否重新恢复访问。

康盛创想推出微博系统的测试访问，名为“康盛微博 CTT Beta 版”的建站程序宣告上线。接下来，在门户网站的带动下，微博客极有可能成为各类网站的标配产品，独立的微博客网站所面对的生存环境将更为恶劣。

在如上五个发展阶段中，前三阶段里中国微博类网站均属于小众市场。2009 年 8 月 28 日新浪微博公测，直接带动了其他门户网站跟进，并为微博走进大众网民奠定了基础。2010 年 2 月至 4 月期间，人民微博、网易微博、腾讯微博、搜狐微博纷纷上线，2010 年也被称为中国微博元年。

2011 年，微博在中国继续得以迅速发展。据 CNNIC（中国互联网信息中心）统计，截至 2011 年 12 月底，中国微博用户规模达到 2.4988 亿，而 2010 年 12 月底和 2011 年 6 月底中国微博用户规模分别是 6311 万和 1.95 亿。网民使用率从 2010 年 12 月底的 13.8%、2011 年 6 月底的 40.2% 提升至 48.7%，成为增长速度最快的互联网应用。

新浪微博引领新一轮微博浪潮后，微博开始进入“门户时代”，而且呈现出新浪、腾讯双强对峙的格局，专业微博网站的影响力逐渐减弱并有部分站点开始关闭。就单一微博网站的用户增长来讲，2011 年 2 月 5 日，腾讯微博注册用户突破 1 亿；2011 年 2 月 28 日，新浪微博注册用户突破 1 亿。2011 年 6 月 30 日，腾讯微博、新浪微博用户数均超过 2 亿。2011 年 12 月 31 日，腾讯微博和新浪微博用户分别超过 3.73 亿和 3 亿。

而在一系列突发新闻、社会重大事件中，越来越多的新闻线索发源于微博，越来越多的信息通过微博传播到更广泛的群体，微博在信息传播、社会发展中所起的作用逐渐凸显。

微博时代已经到来。

微博正在改变中国。

第五节　微博红人

新浪微博延续了新浪博客时代的名人战略，事实也证明这一战略对新浪微博的迅速崛起起到了不可忽视的作用。后来者如网易微博虽通过“有态度的微博”、i 达人等 SLOGAN 试图与新浪微博形成差异化竞争，但名人账号对各家网站的重要程度不言而喻，各网站为争取名人开通微博可谓绞尽脑汁，各显神通。

纵观新浪、腾讯等各大微博网站，排名靠前的微博账号中明星名人占据了很大部分，他们在微博时代仍旧吸引着最为广泛的关注目光。而另一方面，一批新的微博红人或账号又随着微博的崛起脱颖而出，例如 @ 作业本、@ 蔡文胜、@ 冷笑话精选、@ 薛蛮子、@ 于建嵘等。他们可能原本就是专业领域的意见领袖，但在微博这一平台上，他们突破了自己专业领域的限制，获得了更多关注，影响更为广泛。

@ 李开复：微博改变一切

在新浪微博刚推出的一段时间内，新浪微博上影响较大的活跃用户中，很重要的一批人属于 IT 互联网人士、传媒人士等。其中，创新工场董事长兼首席执行官、原谷歌全球副总裁兼大中华区总裁 @ 李开复就是其中之一。

@ 李开复曾在一段时间内名列新浪微博名人榜粉丝数第一名，现在仍是新浪微博、腾讯微博上排名前列的博主。截至 2011 年 11 月 30 日，@ 李开复新浪微博的粉丝数为 9186105 人，名列新浪微博名人粉丝数排行榜第 10 名，腾讯微博的听众为 22421974 人，名列腾讯微博名人听众数排行榜第 5 名。

@ 李开复在他的个人著作《微博：改变一切》一书中写道：

陌生人见到我常说的第一句话：2002 年：“我在《对话》看过你”；2005 年：“我看过《做最好的自己》”；2009 年：“我看过《世界因你不同》”；2010 年：“我看你的微博。”

——“微博改变一切”，也许这就是 @ 李开复对微博时代的预言。

@姚晨：微博女王

2011年7月27日，@姚晨微博粉丝过千万。这是新浪微博平台上第一个粉丝超千万的博主。而在此之前，@姚晨早已占据新浪微博名人粉丝榜第一名很长时间，并赢得“微博女王”称号。在@姚晨粉丝突破900万时，英国独立报报道就称她是全球微博粉丝数第三名，仅次于Lady Gaga在Twitter上1100万的粉丝数和Justin Bieber（贾斯汀·比伯）1000万的粉丝数。

《南方人物周刊》曾这么评价姚晨的微博生活：作为一名艺人，姚晨在微博上不回避公共话题，也不怕参与争议性话题的讨论。她微博上关注的最多是公共知识分子和媒体从业人员。用导演冯小刚的话说：她有一批意见领袖的朋友。姚晨不否认这些人对她的影响。大多数艺人还在用微博互相say Hello、晒靓照的时候，她已经开始积极转发解救被拐儿童、救治病残人士、保护环境等相关内容的微博；在其他艺人开始关注此类事件时，她又开始参与到对强拆类公民权利受到侵害问题的讨论中。①

@刘翔：全球第一微博

其实，早在@姚晨新浪微博粉丝达到1000万之前，@刘翔腾讯微博的听众已超过千万，位居全球第一。但由于当时腾讯微博影响力弱于新浪微博，@姚晨“微博女王”的称号更为网友所熟知。

2010年12月10日，@刘翔的腾讯微博听众人数突破800万，超过Twitter网站的第一名Lady Gaga近70万人，成为全球第一微博。2011年1月12日，@刘翔腾讯微博听众人数突破1000万，成为全球微博历史上第一位拥有粉丝超过千万级的博主。

截至2011年11月30日，@刘翔腾讯微博听众人数为24535251，名列腾讯微博粉丝数第二，而@何炅则以25004557的粉丝数名列第一。

---

① 《姚晨：女王的微博江湖》，《南方人物周刊》2011年第28期，http://news.sina.com.cn/c/sd/2011-08-19/162823019770.shtml。

@张朝阳：搜狐老板亲自玩微博

在新浪、腾讯、搜狐、网易四大门户网站中，搜狐最晚推出微博产品，目前在四大门户微博中似乎成绩也最不显眼。对此，搜狐董事局主席@张朝阳直言“搜狐微博的规模令人羞于启齿。”

在天安门玩滑板、登珠峰、赤裸上身登上时尚杂志，张朝阳似乎总能吸引媒体和公众的眼球。其实他的所作所为，从另外一个角度可以看做是对搜狐的推广和宣传。面对搜狐微博的困局，@张朝阳义不容辞地担当起头号“推销员”的角色，亲自上阵玩微博，并力邀各路明星加盟。很长时间以来，@张朝阳都名列搜狐微博粉丝榜第一名。在@张朝阳的努力下，@赵本山、@小沈阳、@崔永元、@刘烨等诸多明星纷纷落户搜狐微博，并逐渐超过@张朝阳的粉丝数。截至2011年10月31日，@张朝阳以5933022的粉丝数名列搜狐微博第四名，而@刘亦菲则以10327317名列搜狐微博第一名。

@作业本：微博之神

男，80后，自称“资深好孩子，著名神经病”，新浪微博草根人气榜第5名（前4名均为未经认证的明星，如第一名@veggie实际为王菲的微博，第二名@吹神实际为陈奕迅的微博）。由于其语言风格独具特色，@作业本曾一度被网友怀疑为王朔的微博马甲，并被冠以“微博之神”的称号，其粉丝不乏各路名人、意见领袖。

2011年5月，@作业本的微博语录集《精神病学院毕业生》出版，这也是国内首部“微博书”，出版方在这本书的宣传语中这么说道：“这本随笔语录集，剑指社会万象，寄希望于嬉笑怒骂，蕴温暖于犀利幽默，浓缩中国网络语文指向，展现草根议政语录精华，是众望所归的民意范本，千万粉丝口口相传的段子之源，当代中国社会映像最精彩的百姓旁批。”

@冷笑话精选：草根微博第一名

上微博而没有浏览过冷笑话的人估计很少，你可能在不知不觉间就看到了别人转发的冷笑话段子。@冷笑话精选这一账号曾在很长一段时间内名列新浪草根微博粉丝第一名，这还不算其他带有“冷笑话”、“段子”、“语录”等字样的微博账号。

2011年5月，@冷笑话精选仍名列新浪草根微博排行榜第一名。但《创业家》杂志刊发的一篇名为《草根牛博操控者》的报道则把包括@冷笑话精选在内的一些草根微博推上了风口浪尖。

文中引用新浪副总裁、新浪微博事业部总经理彭少彬的话称：“在新浪草根微博排行榜中，排名前五的微博除@veggieg（歌后王菲的微博，粉丝2953966）外，其余4个的运营者都是福建人。”文中还称，蔡文胜、酒红冰蓝、杜子建组成了微博世界中最强势的三大门派，成为“草根牛博操控者”。新浪官方对他们的做法似乎并不满意。《草根牛博操控者》一文还透露，彭少彬称：“在厦门我跟杜子建讲，如果你再这样搞，我把你的账号都封掉。”

事实上，新浪也确实在逐步规范微博营销。2011年9月，新浪推出“新浪微博违规公示平台”，表示“将持续加大对刷粉丝、发布骚扰用户的垃圾广告、发布虚假信息、发布欺诈活动信息及抄袭内容等几类微博行为的打击力度”。

截至2011年11月30日，新浪微博草根粉丝排行榜中，名列第一的@veggieg（即王菲微博账号）粉丝为5970490，而同期@冷笑话精选的粉丝已达7019383，远超@veggieg粉丝数，但包括@冷笑话精选在内的诸多草根微博账号，均被清除出新浪微博草根粉丝排行榜收录范围。

第六节 微博问政

互联网诞生之初，没有人想到它能够给全球政治、经济、社会带来如此巨大的变革。曾几何时，“政府网站”在中国还是新鲜名词，但如今政府网站已经普及，工信部2009年年初发布消息称2008年中央部委政府网站、省市政府网站地市级政府网站普及率分别达到96.1%、100%和99.1%。网络问政、电子政务也已成为人们耳熟能详的词汇，并深入人们生活。

微博问政，始于云南省委宣传部及云南省委宣传部原副部长伍皓。

2009年11月21日，云南省昆明市螺蛳湾批发市场发生群体性事件，在时任云南省委宣传部副部长伍皓的主导下，云南省政府新闻办及时召开网络新闻发布会，并开设官方微博@微博云南发布消息。@微博云南此后也被媒体称为“国内首家政府微博”。

此举距离新浪微博公测刚刚三个月的时间。

目前，微博问政已经蔚然成风。据统计，截至2011年12月31日，开通新浪微博的政府机构已有11744家，官员个人已有6685位；开通腾讯微博的政府机构已有11651家，官员个人已有8102位。其中，2011年两会期间新疆维吾尔自治区党委书记、新疆生产建设兵团第一政委张春贤在腾讯开通的微博，被称为最高级别官员微博。而上到外交部微博@外交小灵通、下到北京市海淀区甘家口街道办事处官方微博@甘家口之窗，已有越来越多的政府机构开通了自己的官方微博。

微博问政中也涌现出一些典型问题。例如很多政府机构微博在开通之后就陷入了死循环的怪圈，自说自话，完全没有起到网络问政的作用。一些政府官员则出于自我保护目的，只是在微博世界潜水而不敢浮出水面。另外，还有很多政府官员对如何使用微博、微博的传播特点等基本认知还不够，甚至出现了某局长把微博当QQ、直播微博开房的丑闻。

面对微博这一新兴平台，政府机构和官员个人都无法回避这一新的舆论场，微博问政，既是时代的机遇，也是时代必然的要求。

第七节　围观改变中国

1859 年，英国作家狄更斯在《双城记》中写道：It was the best of times, it was the worst of times（这是最好的时代，这是最坏的时代）现在，我们似乎也处在这么一个时间点上。

互联网已经步入微博时代。以微博为代表的社会化网络逐渐兴起，越来越多的社会信息、社会关系开始通过微博进行构建，社会化网络正在给人类社会带来巨大的变革。微博只是其中一个平台，也许它的产品、功能本身仍在完善，也许关于它的未来还有很多未知数，但“给我一个支点，我可以撬起地球”，任何人都不能忽视微博可能带来的变革，正如创新工场董事长兼首席执行官 @ 李开复所言：“微博改变一切。”

围观改变中国。

转发就是力量。

微博时代，你准备好了吗？

第二章 微江湖

微博已成为中国最流行的互联网产品之一。

专业微博网站逐渐没落，微博进入门户时代，并呈现出新浪、腾讯两强对峙的格局。

截至 2011 年 12 月，开通新浪微博的政府机构已有 11744 家，官员个人已有 6685 位；开通腾讯微博的政府机构已有 11651 家，官员个人已有 8102 位。

除了门户网站微博外，本章还将对上海滩微博、浙江微博等较具特色的微博网站进行简单介绍。

第一节 微江湖

一、中国微博市场

2011年，微博在中国继续得以迅速发展。据CNNIC（中国互联网信息中心）统计，截至2011年12月底，中国微博用户规模达到2.4988亿，而2010年12月底和2011年6月底中国微博用户规模则分别是6311万和1.95亿。网民使用率从2010年12月底的13.8%、2011年6月底的40.2%提升至48.7%，成为增长速度最快的互联网应用。

微博多方面的特性让其能在短时间内聚集起大量用户：其一，微博形式精简，功能强大，支持文字、图片、视频等多媒体信息，用户体验良好；其二，由于微博用户间关系的双向性，使用者可以构建起一个强关系和弱关系并存的网络，从而同时满足了其多层次的社交需求；其三，鉴于微博有可能成为未来主要的信息传播平台和互联网新入口，门户网站均投入大量精力发展微博业务，通过广告投放、名人效应等策略成功地吸引了用户；最后，用户通过关注与被关注，在微博上结成一个庞大的传播网络，信息能够在短时间内病毒式地大规模扩散，从而使微博迅速成为当前极具时效性和影响力的媒体，这也为微博自身带来了高知名度，推动了用户增长。①

2007年5月1日，中国第一家微博网站饭否上线。2008年8月28日，新浪微博公测。这两家网站分别引领了两个微博时代。

以饭否、做啥、嘀咕等为代表的专业微博网站，和以新浪微博、腾讯微博为代表的门户网站微博，似乎又在上演一场当初博客网站在中国的战局。

博客时代，中国博客之父方兴东所创办的博客中国（即后来的博客网），在一段时间内曾经成为“博客”的代名词。但后来居上的新浪博客凭借名人战略迅速崛起，与搜狐博客、网易博客等门户博客形成对专业博客网站的围剿，专业博客网站很快陷入颓势。

---

① CNNIC：《第28次中国互联网络发展状况统计报告》，2011年7月19日，第29—30页。

微博时代，中国微博之父王兴所创办的饭否，也曾经是知名度最高的微博网站。但饭否很快在2009年中遭遇关站，多家专业微博网站也遇到类似的问题。

新浪微博推出之后，微博又重新成为互联网的宠儿，多家网站同时进军这一市场，更多的中小型网站也纷纷通过开放API引入微博系统，一时间微博似乎有成为互联网标配之势。

2010年11月25日，一度被关闭的饭否正式恢复访问，但已不复旧日辉煌。2010年7月，嘀咕推出手机嘀咕，转型提供位置社交服务。2011年，叽歪已不能访问。最新停止运营的一家独立博客是Follow5，2011年11月4日，Follow5宣布将在30天内将Follow5所有服务暂停运营。专业微博逐渐式微。

表2-1　主要微博网站开通时间

网站	上线/公测时间
饭否	2007年5月1日
做啥网	2007年夏
嘀咕网	2009年2月8日
同学网微博	2009年5月1日
9911微博客	2009年5月22日
Follow5	2009年8月6日
139说客	2009年8月16日
新浪微博	2009年8月28日
百度贴吧	2009年11月1日
人民微博	2010年2月1日
网易微博	2010年3月20日
腾讯微博	2010年4月1日
搜狐微博	2010年4月7日
新华微博	2011年4月19日

数据来源：根据公开信息整理。

二、微博进入门户时代，新浪、腾讯两强对峙

在进军微博的互联网大鳄中，百度率先退出战场。2011年8月，百度说吧（百度的微博产品）网站上贴出公告称，因公司业务调整，说吧即日起关闭发布入口，并将于8月22日起停止所有说吧服务。

目前，微博已进入门户时代，其中新浪微博凭借先发优势一度成为微博的代名词，这一优势在2011年4月新浪微博启用独立域名weibo.com之后显得更为突出。而腾讯则凭借强大的QQ客户端和无与伦比的用户资源，迅速迎头赶上，并在注册用户总量、粉丝最多微博账号等方面超越新浪。微博竞争开始呈现出新浪、腾讯两强对峙的局面。

2011年4月27日，在2011全球移动互联网大会上，新浪CEO曹国伟坦承："新浪微博在跟不同的产品竞争，就微博来说，腾讯是最直接的竞争对手，就用户基础和社交网络来说，是人人网和开心网。"

表2-2 四大门户网站微博用户数一览

网站	时间	用户数（万）
新浪微博	2009年11月2日	100
	2010年3月4日	500
	2010年4月28日	1000
	2010年10月31日	5000
	2011年2月28日	10000
	2011年4月30日	14000
	2011年6月30日	20000
	2011年9月30日	22700
	2011年12月31日	30000
腾讯微博	2011年2月5日	10000
	2011年5月31日	16000
	2011年5月31日	20000
	2011年6月30日	23000
	2011年9月30日	31000
	2011年12月31日	37300
网易微博	2010年12月31日	2800
	2011年6月30日	5250
	2011年7月31日	5677
	2011年9月30日	8850
搜狐微博	/	未公开

数据来源：根据公开信息整理。

第二节　微报告

2011 年被称作中国政务微博元年。这一年，中国政务微博从数量上到运营管理上均取得了较大突破。以新浪微博为例，2011 年 12 月底政务微博总量为 18428 家，比 2011 年 6 月底的 7902 家增长了 133.2%。而截至 2012 年 6 月底，新浪政务微博总量则达到了 32794 家，与一年前相比增长了 3 倍。

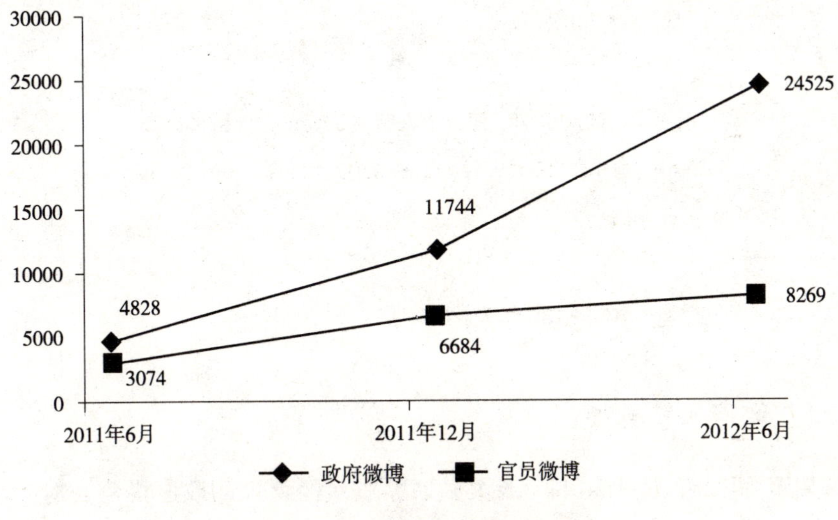

图 2-1　新浪政务微博增长图

数据来源：根据新浪微博公开页面整理；截至日期：2012 年 6 月 30 日

截至 2012 年 6 月 30 日，开通新浪微博的政府机构已有 24525 家，官员个人已有 8269 位；开通腾讯微博的政府机构已有 18903 家，官员个人已有 8107 位。

目前中国微博网站以新浪微博和腾讯微博较为领先，政府机构和官员个人也多在这两家网站开通微博，而这两家网站又各自是独立系统，下面将对新浪政务微博、腾讯政务微博主要数据分别进行分析。

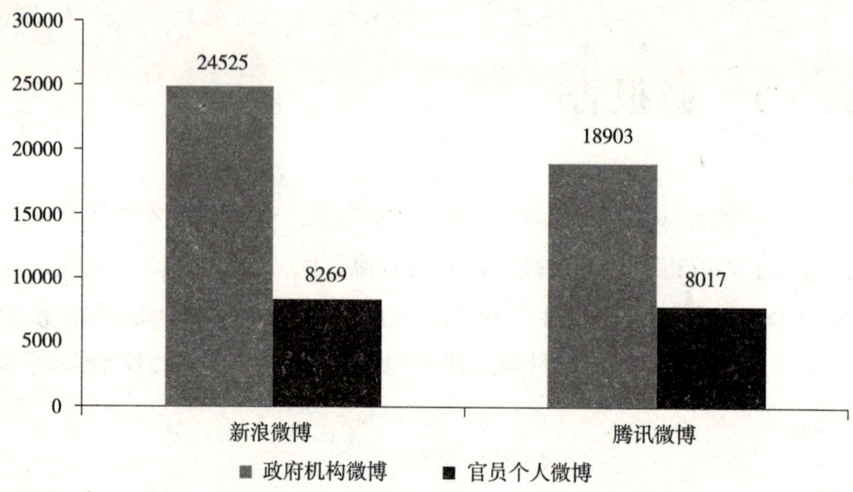

图 2-2 政府机构、官员个人新浪、腾讯微博数量比较

数据来源：根据新浪微博、腾讯微博公开页面整理；截至日期：2012 年 6 月 30 日。

一、新浪政务微博分析报告

1．政府机构微博

截至 2012 年 6 月 30 日，新浪微博共收录经认证的政府机构微博 24525 家。[①]

行业分布

从图 2-3 可以看出，24525 家政府机构微博中，按 16 个类别分类的话（含“其他”类），公安微博占 8405 家，约占总量的三分之一。除公安微博外，政府官方机构微博、团委机构微博、旅游机构微博位居前三；而体育机构微博、质检机构微博、环保机构微博则分列最后三位。

地区分布

如图 2-4 所示，江苏以 2781 家政府机构微博的数量名列第一，广东、

① 数据来源：作者自行统计。以新浪微博“名人堂”之“政务厅”页面（http://verified.weibo.com/gov/）收录微博为准。

浙江、山东、北京则分列第二至五位。除港澳台地区外，西藏、青海、天津、海南、吉林分列内地政府机构微博数量倒数第一至五位，其中数量最少的西藏仅开通 24 家政府机构微博。

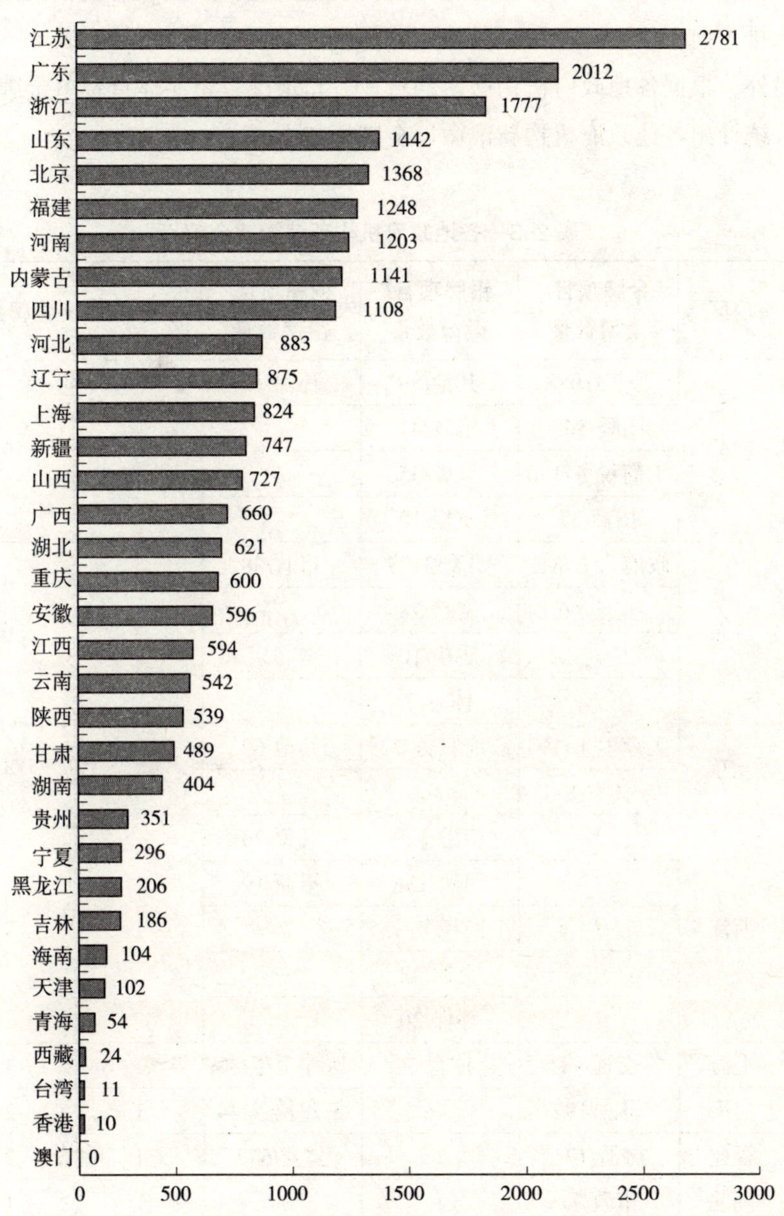

图 2-4　政府机构新浪微博地区分布

数据来源：根据新浪微博公开页面整理；截至日期：2012 年 6 月 30 日。

从政府机构微博的地区分布来看，固然经济比较发达的江苏、广东、浙江占据了排行榜前三位，但还有一些经济并不发达的省份其政府机构微博的数量也比较靠前。同时，像上海这样经济发达的地区，其政府机构微博数量也并未排进前十位。

另外，根据各地政府机构微博的行业分布情况，仿照体育赛事金牌榜的概念，统计出各地政府机构新浪微博金牌榜如下：

表 2-3　各地政府机构新浪微博金牌榜

序号	地区	金牌项目/微博数量	银牌项目/微博数量	铜牌项目/微博数量	金牌数量	奖牌数量
1	江苏	公安/1088	其他/89	环保/19	4	9
		团委/568	市政/41	/		
		工商税务/170	气象/35	/		
		招商/37	质检/10	/		
2	广东	政府官方/813	团委/3177	市政/38	3	9
		其他/96	文教/78	/		
		/	质检/10	/		
		/	体育/7	/		
3	北京	医疗卫生/194	政府官方/723	其他/60	2	4
		体育/8	/	/		
4	浙江	/	旅游/129	气象/20	1	9
		/	司法/136	招商/19		
		/	工商税务/155	/		
		/	交通/42	/		
		/	环保/20	/		
5	上海	交通/71	体育/7	医疗卫生/80	1	3
6	河南	司法/192	/	工商税务/44	1	2
7	福建	旅游/171	/	公安/677	1	2
8	湖北	市政/71	/	/	1	1
9	重庆	环保/32	/	/	1	1
10	新疆	文教/123	/	/	1	0

续表

序号	地区	金牌项目/微博数量	银牌项目/微博数量	铜牌项目/微博数量	金牌数量	奖牌数量
11	山东	/	公安/865	司法/110	0	2
12	内蒙古	/	医疗卫生/179	旅游/122	0	2
13	黑龙江	/	交通/42	/	0	1
14	四川	/	/	政府官方/518	0	1
15	河北	/	/	团委/196	0	1

数据来源：根据新浪微博公开页面整理；截止日期：2012 年 6 月 30 日。

2. 官员个人微博分析报告

截至 2012 年 6 月 30 日，新浪微博共收录经认证的官员个人微博 8269 名。①

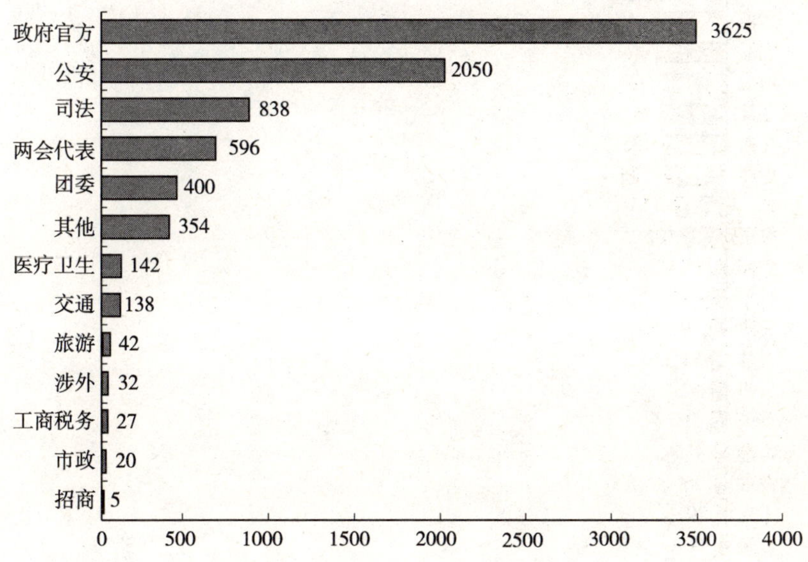

图 2–5　官员个人新浪微博行业分布

数据来源：根据新浪微博公开页面整理；截至日期：2012 年 6 月 30 日。

① 数据来源：作者自行统计。以新浪微博“名人堂”之“政府官员”页面（http://verified.weibo.cm/fame/guanyuanzhengfu）收录微博为准。

行业分布

从图 2–5 可以看出，8269 名官员个人微博中，政府官方类个人微博为 3625 名，占总数的 43.84%。而公安类个人微博也达到 2050 名，占总数的 24.79%，接近四分之一。其他行业官员个人微博数量均低于 1000 名，司法、

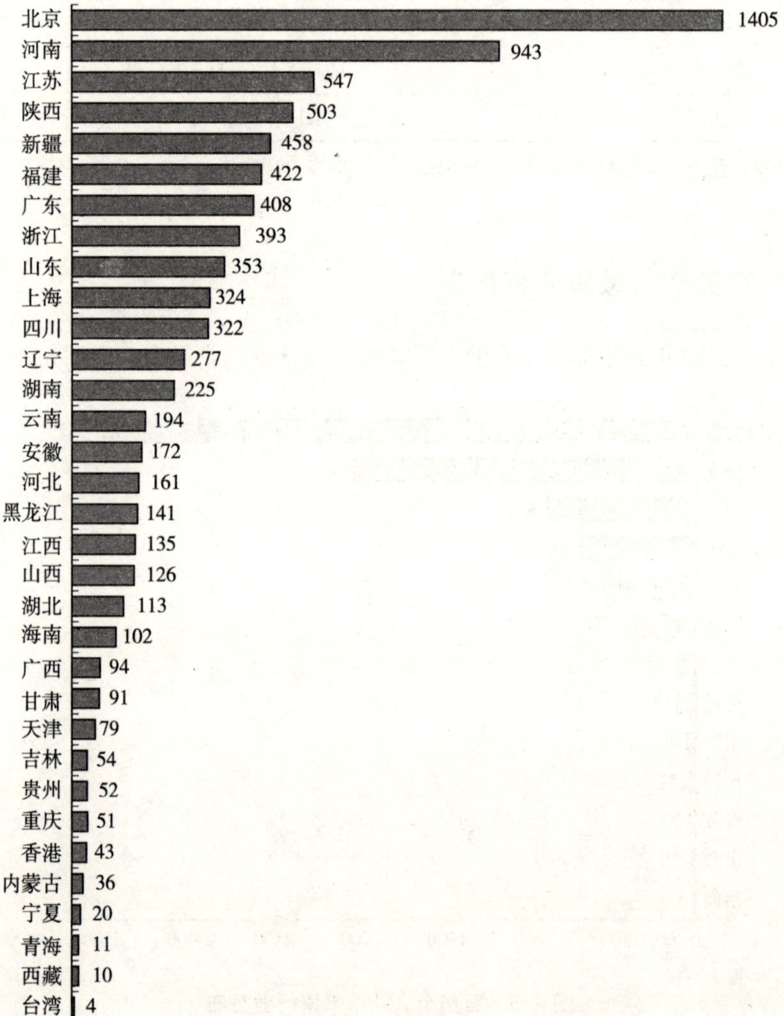

地区	数量
北京	1405
河南	943
江苏	547
陕西	503
新疆	458
福建	422
广东	408
浙江	393
山东	353
上海	324
四川	322
辽宁	277
湖南	225
云南	194
安徽	172
河北	161
黑龙江	141
江西	135
山西	126
湖北	113
海南	102
广西	94
甘肃	91
天津	79
吉林	54
贵州	52
重庆	51
香港	43
内蒙古	36
宁夏	20
青海	11
西藏	10
台湾	4
澳门	1

0 100 200 300 400 500 600 700 800 900 1000 1100 1200 1300 1400 1500

图 2–6　官员个人新浪微博地区分布

数据来源：根据新浪微博公开页面整理；截至日期：2012 年 6 月 30 日。

两会代表、团委类官员个人微博分别第三至五名。招商、市政、工商税务、涉外、旅游五类官员个人微博均低于100名，分列倒数第一至五位。

地区分布

从图2-6可以看出，8269名官员个人微博中，北京以1405名的数量名列第一，也是唯一超过1000名的地区。而在一年之前，江苏一直名列各地官员个人微博数量第一名。2011年11月，北京微博发布厅集体上线，直接带动了北京地区官员个人微博迅速增长，2011年12月底，北京已经成为官员个人微博最多的地区，这一数量优势一直持续到现在。河南、江苏、陕西、新疆四地分列第二至五位。除港澳台地区外，西藏、青海、宁夏、内蒙古、重庆分列倒数第一至五位。

另外，根据各地官员个人微博的行业分布情况，仿照体育赛事金牌榜的概念，统计出各地官员个人新浪微博金牌榜如下：

表2-4 各地官员个人新浪微博金牌榜

序号	地区	金牌项目/微博数量	银牌项目/微博数量	铜牌项目/微博数量	金牌数量	奖牌数量
1	北京	政府官方/518	其他/67	医疗卫生/25	6	8
		司法/362	/	/		
		两会代表/313	/	/		
		交通/24	/	/		
		旅游/7	/	/		
		涉外/20	/	/		
2	江苏	工商税务/4	公安/319	/	3	4
		市政/2	/	/		
		招商/1	/	/		
3	河南	公安/662	团委/63	/	2	3
		招商/1	/	/		
4	陕西	团委/233	/	/	2	2
		招商/1	/	/		
5	浙江	工商税务/4	司法/66	旅游/4	1	4
		/	医疗卫生/40	/		
6	广东	市政/2	两会代表/53	工商税务/3	1	3
7	新疆	市政/2	政府官方/362	/	1	2

续表

序号	地区	金牌项目/微博数量	银牌项目/微博数量	铜牌项目/微博数量	金牌数量	奖牌数量
8	辽宁	其他/78	/	涉外/2	1	2
9	山东	市政/2	/	公安/129	1	2
10	甘肃	医疗卫生/45	/	/	1	1
11	湖南	招商/1	/	/	1	1
12	天津	招商/1	/	/	1	1
13	上海	/	交通/22	司法/64	0	3
		/	涉外/5	/		
14	四川	/	旅游/6	其他/54	0	3
		/	/	工商税务/3		
15	福建	/	/	政府官方/270	0	2
		/	/	团委/28		
16	香港	/	/	两会代表/27	0	1
17	黑龙江	/	/	交通/18	0	1

数据来源：根据新浪微博公开页面整理；截至日期：2012 年 6 月 30 日。

二、腾讯政务微博分析报告

1. 政府机构微博

截至 2012 年 6 月 30 日，腾讯微博共收录经认证的政府机构微博 18903 家。①

行业分布

从图 2-7 可以看出，18903 家政府机构微博中，公安机构微博、政府官方机构微博、团委机构微博、工商税务机构微博分别以 4623 家、4150 家、2738 家、1457 家的数量列前四位，其他类别机构微博数量均低于 1000 家。而质检机构微博、体育机构微博、司法机构微博、科技机构微博、工会机构微博均低于 100 家，分列最后五位。

① 数据来源：作者自行统计。以腾讯微博“找人”页面（http://t.qq.com/people）收录微博为准。

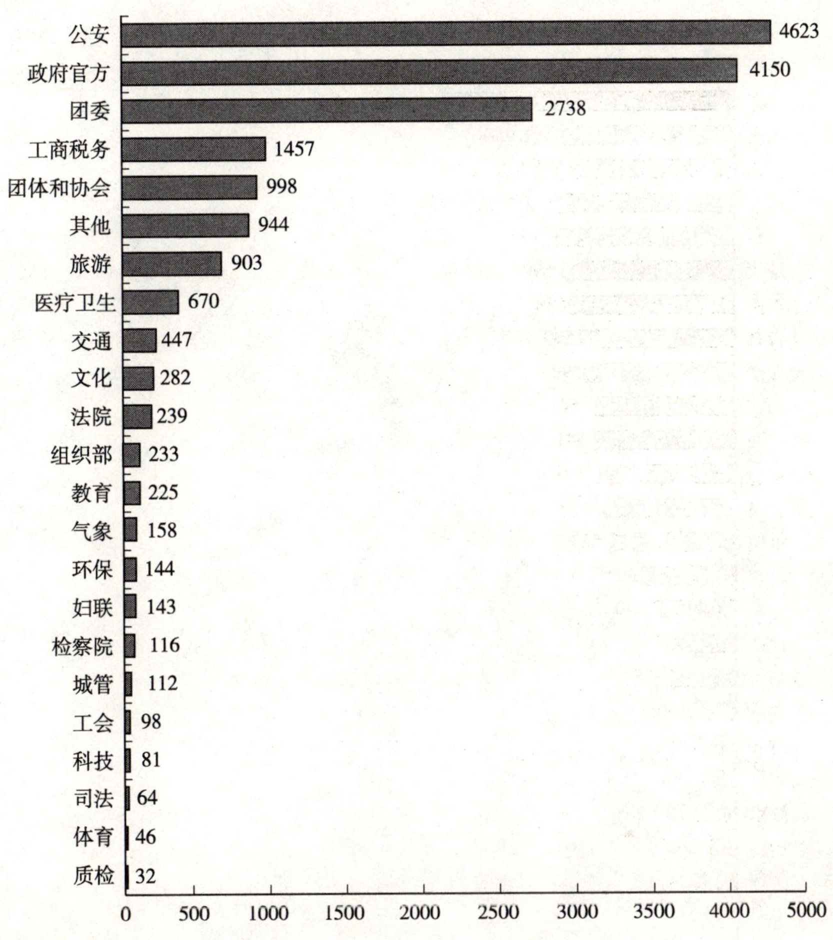

图 2—7　政府机构腾讯微博行业分布

数据来源：根据腾讯微博公开页面整理；截至日期：2012 年 6 月 30 日。

地区分布

如图 2-8 所示，浙江以 2864 家政府机构微博的数量名列第一，河南、江苏分别以 2038 家、1351 家的数量分列第二、三位，其他地区政府机构微博数量均低于 1000 家。在单一行业领域，浙江在政府官方、其他、旅游、组织部、教育、妇联、城管、质检机构微博方面，都占据该类微博数量第一。除港澳台地区外，西藏、海南、宁夏、天津、上海五地分列最后五位。

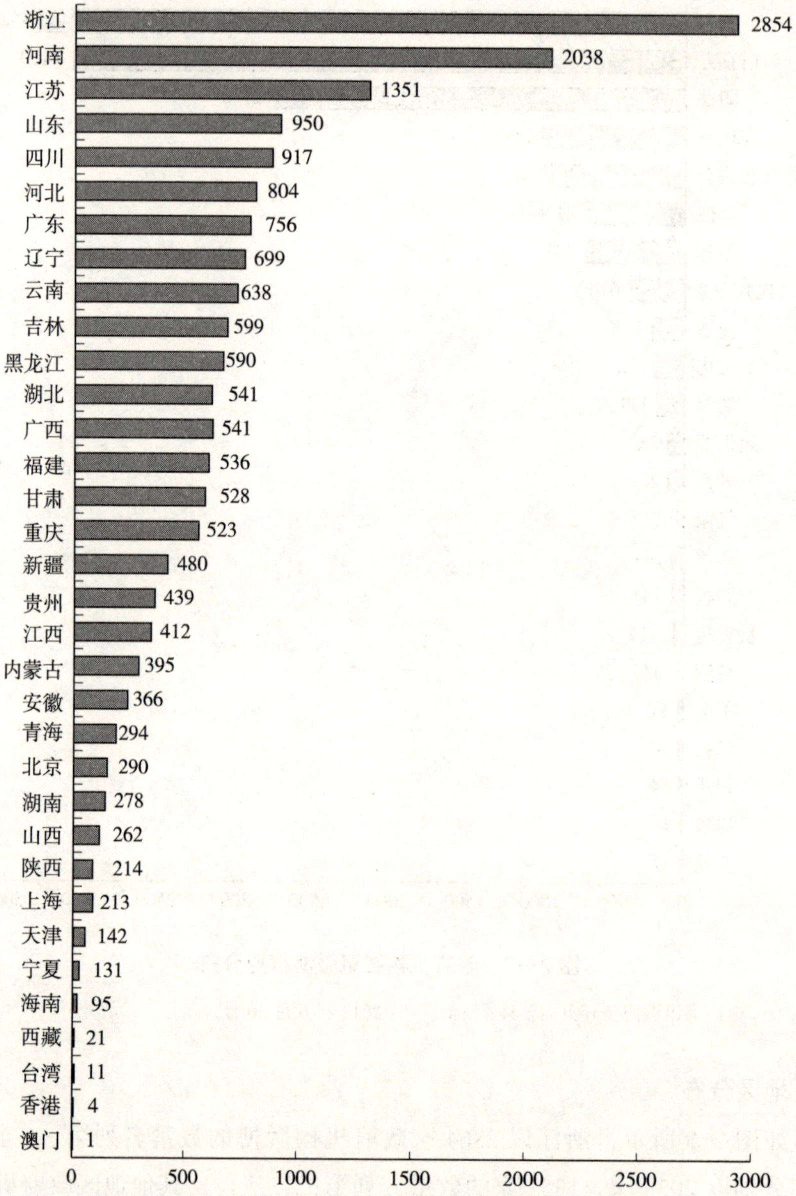

地区	数量
浙江	2854
河南	2038
江苏	1351
山东	950
四川	917
河北	804
广东	756
辽宁	699
云南	638
吉林	599
黑龙江	590
湖北	541
广西	541
福建	536
甘肃	528
重庆	523
新疆	480
贵州	439
江西	412
内蒙古	395
安徽	366
青海	294
北京	290
湖南	278
山西	262
陕西	214
上海	213
天津	142
宁夏	131
海南	95
西藏	21
台湾	11
香港	4
澳门	1

0 500 1000 1500 2000 2500 3000

图 2-8　政府机构腾讯微博地区分布

数据来源：根据腾讯微博公开页面整理；截至日期：2012 年 6 月 30 日。

另外，根据各地政府机构微博的行业分布情况，仿照体育赛事金牌榜的概念，统计出各地政府机构腾讯微博金牌榜见表 2-5 所示。

表 2—5　各地政府机构腾讯微博金牌榜

序号	地区	金牌项目/微博数量	银牌项目/微博数量	铜牌项目/微博数量	金牌数量	奖牌数量
1	浙江	政府官方/1406	团体和协会/116	团委/221	8	17
		其他/181	医疗卫生/66	工商税务/31		
		旅游/153	环保/20	/		
		组织部/195	工会/9	/		
		教育/45	科技/9	/		
		妇联/77	司法/13	/		
		城管/51	体育/5	/		
		质检/10	/	/		
2	江苏	公安/603	城管/18	其他/109	2	8
		司法/14	质检/3	旅游/64		
		/	/	教育/20		
		/	/	科技/7		
3	河南	工商税务/1195	文化/28	环保/18	2	5
		法院/147	/	工会/2		
4	新疆	医疗卫生/131	/	/	2	2
		文化/32	/	/		
5	广东	气象/23	政府官方/324	妇联/7	1	7
		/	法院/19	检察院/7		
		/	/	司法/5		
		/	/	体育/3		
6	四川	工会/85	交通/61	政府官方/312	1	5
		/	组织部/12	/		
		/	教育/21	/		
7	山东	团体和协会/166	公安/346	/	1	3
		/	旅游/70	/		
8	辽宁	交通/92	妇联/39	团体和协会/89	1	3
9	河北	科技/18	气象/16	/	1	2
10	黑龙江	团委/314	/	交通/49	1	2
11	云南	检察院/43	/	/	1	1
12	重庆	环保/42	/	/	1	1
13	青海	体育/12	/	/	1	1

续表

序号	地区	金牌项目/微博数量	银牌项目/微博数量	铜牌项目/微博数量	金牌数量	奖牌数量
14	吉林	/	团委/222	/	0	2
			工商税务/86			
15	湖北	/	检察院/26	医疗卫生/62	0	5
		/	/	法院/18		
		/	/	城管/16		
		/	/	体育/3		
16	甘肃	/	其他/110	/	0	1
17	广西	/	/	公安/334	0	2
		/	/	组织部/7		
18	上海	/	/	文化/22	0	1
19	山西	/	/	气象/14	0	1
20	北京	/	/	检察院/7	0	1
21	江西	/	/	质检/3	0	1

数据来源：根据腾讯微博公开页面整理；截至日期：2012 年 6 月 30 日。

2. 官员个人微博

截至 2012 年 6 月 30 日，腾讯微博共收录经认证的官员个人微博 8107 名。①

行业分布

从图 2-9 可以看出，8107 名官员个人微博中，公安类官员个人微博为 2617 名，约占三分之一。政府官方类官员个人微博、其他类官员个人微博、团委类官员个人微博则分别以 1285 名、1194 名、1075 名的数量分列第二、三、四位，其他类别官员个人微博数量均低于 1000 名。而工会、体育、司法三类官员个人微博则分列倒数第一至三位，均少于 50 名。

地区分布

从图 2-10 可以看出，8107 名官员个人微博中，黑龙江以 1626 名的数

① 数据来源：作者自行统计。以腾讯微博“找人”页面（http://t.qq.com/people）收录微博为准。

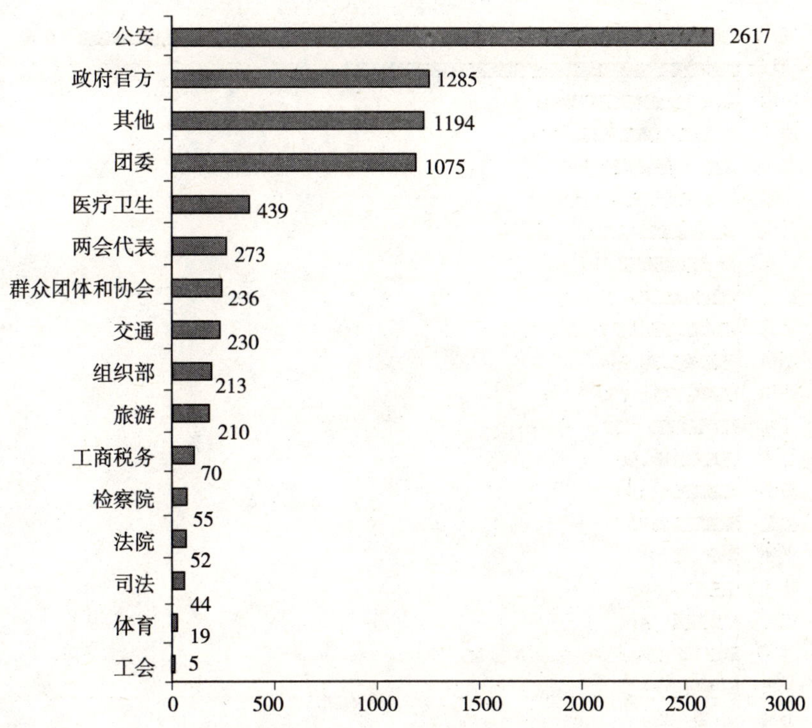

图 2-9　官员个人腾讯微博行业分布

数据来源：根据腾讯微博公开页面整理；截至日期：2012 年 6 月 30 日。

量名列第一，也是唯一一家数量超千名的地区。浙江、河南、河北、北京四地分列第二至五位。除港澳台地区外，西藏、宁夏、海南、青海、天津五地分列倒数第一至五位。

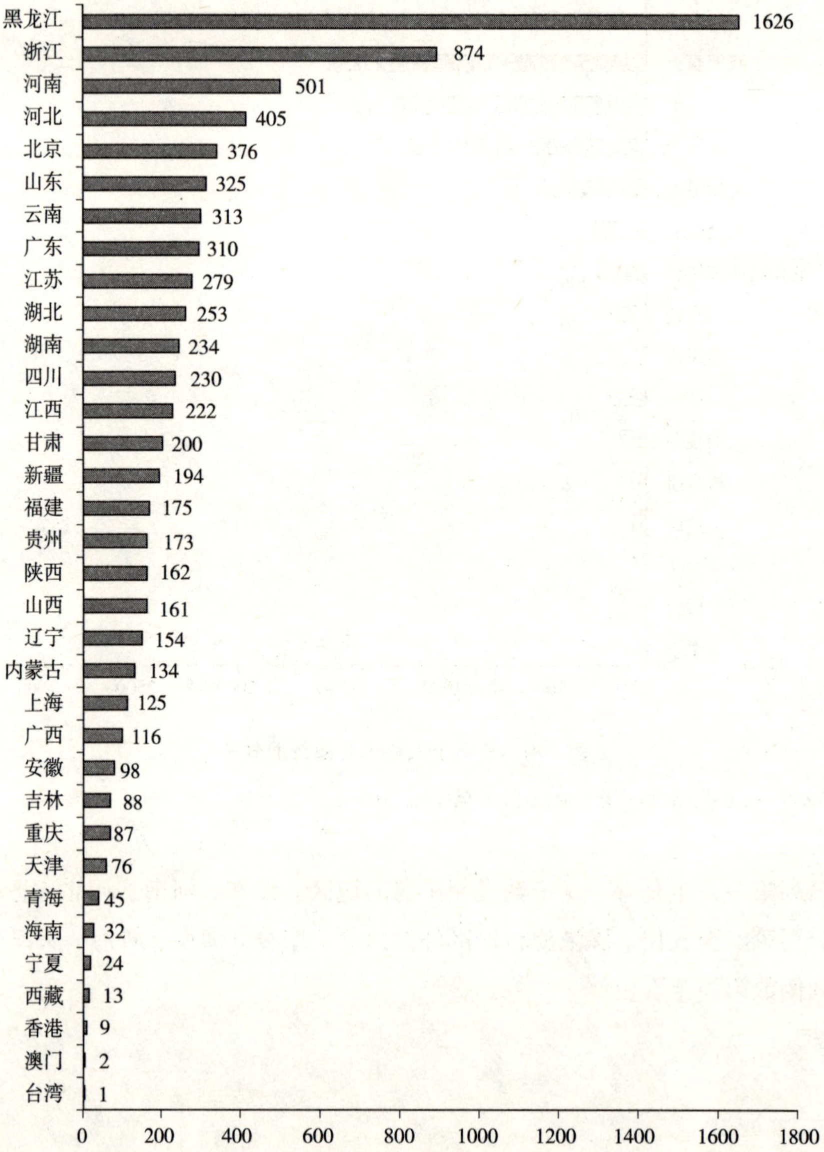

地区	数量
黑龙江	1626
浙江	874
河南	501
河北	405
北京	376
山东	325
云南	313
广东	310
江苏	279
湖北	253
湖南	234
四川	230
江西	222
甘肃	200
新疆	194
福建	175
贵州	173
陕西	162
山西	161
辽宁	154
内蒙古	134
上海	125
广西	116
安徽	98
吉林	88
重庆	87
天津	76
青海	45
海南	32
宁夏	24
西藏	13
香港	9
澳门	2
台湾	1

0 200 400 600 800 1000 1200 1400 1600 1800

图 2-10 官员个人腾讯微博地区分布

数据来源：根据腾讯微博公开页面整理；截至日期：2012 年 6 月 30 日。

另外，根据各地官员个人微博的行业分布情况，仿照体育赛事金牌榜的概念，统计出各地官员个人腾讯微博金牌榜如下。

表 2-6　各地官员个人腾讯微博金牌榜

序号	地区	金牌项目/微博数量	银牌项目/微博数量	铜牌项目/微博数量	金牌数量	奖牌数量
1	四川	两会代表/46	/	旅游/14	3	5
		工商税务/11	/	体育/2		
		工会/2	/	/		
2	浙江	政府官方/199	团委/234	医疗卫生/40	2	7
		组织部/189	旅游/26	/		
			司法/6			
			工会/1	/		
3	河北	其他/128	政府官方/111	组织部/6	2	8
		体育/3	两会代表/36	检察院/4		
		/	群众团体和协会/27	司法/4		
4	北京	群众团体和协会/40	其他/107	交通/16	2	8
		检察院/27	医疗卫生/41	工商税务/5		
		/	工会/1	体育/2		
5	山东	旅游/57	/	公安/127	2	4
		司法/14	/	法院/4		
6	广东	交通/23	组织部/7	其他/98	1	4
		/	法院/5	/		
7	湖北	体育/3	检察院/7	两会代表/32	1	4
		/	/	工商税务/5		
8	河南	团委/292	工商税务/7	/	1	2
9	山西	法院/24	工会/1	/	1	2
10	黑龙江	公安/1433	/	/	1	1
11	甘肃	医疗卫生/123	/	/	1	1
12	湖南	/	交通/22	群众团体和协会/25	0	3
		/	/	工商税务/5		
13	云南	/	公安/188		0	1
14	江西	/	/	团委/112	0	1
15	新疆	/	/	政府官方/84	0	1
16	广西	/	/	交通/16	0	1
17	云南	/	/	检察院/4	0	1
18	青海	/	/	司法/4	0	1
19	江苏	/	/	体育/2	0	1

数据来源：根据腾讯微博公开页面整理；截至日期：2012 年 6 月 30 日。

第三节　人民微博：中央新闻网站微博第一家

2010年2月1日下午，人民网自主研发的微博产品“人民微博”(t.people.com.cn) 正式对外开放公测，这也是中央重点新闻网站推出的第一家微博。

一、政府机构及官员微博数量

登录人民微博后，首页显示分个人版、资讯版、话题版、人物版、媒体版、机构版等版本，以及“应用”、“推荐”等其他功能性板块。

“机构版”中，右侧所收录的机构微博大多为政府相关机构，页面显示共有190家机构开通人民微博。

“人物版”中，主要显示的是推荐博主，“博主推荐”之“正在推荐”包括有明星艺人、人民日报、宣传干部、专家学者、艺术家等几项。其下为政府官方、各级官员、人大代表、政协委员、外交官、机构组织、作家、媒体记者、商界骄子、IT精英、网络红人、强坛名人、有趣微友等各类博主。由于本部分主要为推荐性质而非博主列表，每类所推荐的博主均不超过10个，无法看到开通微博的政府官员具体数量。

另外，在“推荐”功能板块中，所推荐的对象一般为微博群，包括多个机构、个人微博。例如在“北京西城党建微博群”之下，即包括41个机构微博和21个个人微博。

由于人民微博公开页面无法查看政府机构微博、政府官员个人微博的分类列表，暂无法统计开通人民微博的政府机构及官员数量。

表 2-7　人民微博部分政务微博群一览

分类	微博群	下辖微博个数
政务平台	中国铁路系统微博群	15
	北京西城党建微博群	62
	云南省红河哈尼族彝族自治州微博群	15
	中国牡丹城	58
	内蒙古鄂尔多斯市微博群	10
	机构版	190
	代表委员微博群	100
	民主党派微博群	55
公安系统	柳州市公安微博群	16
	辽宁公安微博群	113
	辽宁朝阳公安微博群	10
	沈阳公安微博群	20

数据来源：人民网微博群页面；截止日期：2011 年 6 月 30 日。参考地址：http://www.people.com.cn/GB/32306/184620/225966/index.html。

二、热门微博

从人民微博的“热门关注”排行榜前 10 名来看，人民日报相关工作人员、政府官员、娱乐明星、公众人物等占据主要位置，这也与作者对人民微博的直观感觉比较一致。

表 2-8　人民微博热门关注榜

排名	姓名	简介	粉丝数	关注数	微博条数
1	张研农	人民日报社社长	47531	5	12
2	詹国枢.blog	人民日报海外版总编辑—曾经的。全国政协委员—暂时的。人民日报记者—永久的	46397	105	2824
3	朱永新	中国教育学会副会长、苏州大学教授	46122	351	1537
4	何加正	新传媒网络联盟主席、人民网前总裁	45610	541	735
5	韩可胜	上海市浦东新区新闻办公室副主任	39553	3	562

续表

排名	姓名	简介	粉丝数	关注数	微博条数
6	巩汉林	政协委员，喜剧演员	37654	0	510
7	陈光标	江苏黄埔再生资源利用有限公司董事长，慈善家	35876	0	482
8	王新堂	中组部干教局副局长	31309	1274	107
9	于文华	北京军区战友文工团独唱演员	29738	114	631
10	叶青.blog	全国人大代表，湖北统计局副局长	29037	74	1932

注：1.“简介”来自博主人民微博自我介绍，部分博主自我介绍资料无法说明身份，系经作者查证后的身份信息；

2. 如上统计信息截至2011年6月30日；

3. @韩可胜人民微博中，未显示其关注数；其他博主“被关注、关注、微博”指标处，@韩可胜微博显示的是“被关注、被评论、被转发”指标。

三、微博问政

人民网官方新闻网站的身份，使其天生具有聚集政府机构和政府官员的优势，而政务微博也是人民微博开通伊始的方向之一。据报道称：“人民微博开辟‘民意通’、‘记者圈’、‘牛媒体’等特色栏目。其中，‘民意通’聚焦各部委和地方党政官员的微博。”① 而在2010年9月6日，人民微博还曾在人民网“七一社区”中表示要推出全国第一个党政机关新闻发言人微博群。但时至今日，人民微博的“民意通”栏目及党政机关新闻发言人微博群在页面上暂无法找到。

从注册用户、博主粉丝等指标考量，人民微博尚无法与新浪微博、腾讯微博相比，开通微博的人群也相对单一，微博内容的转发、评论数也相对较少，暂时没有大的公共事件因人民微博而被引爆。

例如人民微博“媒体报道”页面所列举的“国家博物馆官方微博落户人民网回应孔子雕像争议”案例，实际上，国家博物馆人民微博开通于2011

① 陈健、彭奇：《“人民微博”公测　中央网站推出的第一家微博客》，人民网，2010年2月2日，http://media.people.com.cn/GB/10905400.html。

年 1 月 3 日，但国家博物馆新浪微博早在 2010 年 4 月 26 日即已开通，人民微博也并非其独家信息发源地。

从目前对人民微博的内容观察来看，人民微博上的网络问政，还处于起步阶段。普通网友的匮乏使得人民微博的问政气息显得比较薄弱，而已开通的政府机构微博、官员微博，所发出的言论影响也相对有限。但在其已经形成的媒体生态环境下，各博主之间存在一定的交互关系，人民微博还是有其积极意义的。

同时，人民微博更重要的价值在于：它以官方新闻网站角度推出微博产品，在政府机构和官员系统中推广微博概念，并聚集了一批政务微博使用者，在一定程度上消弭了政府机构和官员对微博的恐惧和偏见，为政府机构和官员接受微博作出了一定努力，并为今后政府高层领导开通微博提供了一个可能的平台。

表 2–9　人民微博大事记

日期	事件
2009年8月	人民网开始酝酿开发微博客
2009年11月	组建人民微博研发团队
2010年2月1日	正式推出人民微博公测版
2010年2月21日	人民微博出现认证后的胡锦涛微博账号，次日关闭
2010年3月11日	全国政协副主席李金华开通人民微博，第一位开通微博的国家领导人
2010年6月10日	人民微博获国内首份微博系统“软件著作权登记证书”
2010年7月23日	人民网人民微博参加了人民日报海外版举行的《第二届海外合作伙伴恳谈交流会》，拓展瞄向海外华文媒体
2010年7月30日	人民日报编辑记者微博群正式，近200位编辑记者微博落户人民网
2010年9月1日	河北省公安厅官方微博落户人民网，开通当天粉丝近万
2010年11月12日	人民微博亚运专题上线
2011年1月3日	国家博物馆的官方微博落户人民网，回应孔子雕像争议
2011年1月8日	“责任中国”人民网2010年度评选揭晓仪式举行，公布2010年度“人民网十大人气微博”
2011年2月25日	国家新闻出版总署副署长、国家版权局副局长阎晓宏开通人民微博

续表

日期	事件
2011年3月3日	政协十一届四次会议开幕会期间，人民日报、人民网现场直播，人民微博在人民大会堂大屏幕“上墙”
2011年3月14日	“两弹元勋”朱光亚去世，人民微博联合人民网科技频道网络独家直播
2011年3月23日	人民网民主党派微博群上线，民革、民盟、民建、民进、农工党、致公党、九三学社、台盟的近50名党员和成员开通人民微博
2011年3月31日	欧盟驻华代表团的官方微博“欧盟在中国”正式在人民微博开通
2011年6月1日	安徽省淮南市所辖76家单位机构集体入驻人民微博并组建淮南市网络社会管理群
2011年6月27日	广州百名政协委员集体开通人民微博，委员微博内容及与网友互动将纳入履职档案
2011年6月29日	山东省菏泽市牡丹区人民网开通官方微博群“中国牡丹城”，该区21个乡镇办事处和34个区直单位在人民微博实名亮相，开我国县级单位整体在网上开设官方微博群之先河

数据来源：根据人民微博“媒体报道”页面及其他媒体公开报道整理。

第四节　网易微博：有态度的微博

2010 年 3 月 20 日，网易微博公测上线。网易也是四大门户网站中继新浪之后推出微博产品的一家，早于腾讯与搜狐。

在此两个月之前，网易微博即已开始进行内部测试，并邀请网友为网易微博设计宣传口号及个性 LOGO。期间，网友共提出 18442 条口号，其中网友 wei315998451 提出的“每时每刻你是主播”获最佳创意奖；另有“记录生活每一刻”、“分享，随时随地——网易微博”、“随心、随意、随手、随时，网易微博”等多条口号获其他奖项。

而后来网易微博提出的口号，则是“有态度的微博”，这一定位与网易理念一脉相承。网易新闻 2008 年年终策划提出“无跟贴，不新闻”的口号，2010 年 10 月网易改版提出“有态度的门户”口号。网易微博也继承了这一传统，定位“有态度的微博”，以与新浪微博形成差异竞争。2011 年 7 月 4 日，新生代市场监测机构展开的“网易微博媒体价值”研究显示，“有态度”已成网易微博形象特征。①

网易微博推出之后，相当长一段时间内为了营造亲和的网络环境而不推认证用户。2011 年 1 月 7 日，网易微博才首次推出“i 达人”计划，该计划通过对用户的专业能力和网络表现力的确认，授予有在某特定领域有专业影响力的微博用户一个“i”的身份标志，并且系统会将用户能力在页面上标志出来，以确认该用户为“i 达人”。②

目前，在网易微博的“i 达人”页面分类中，“政府官员”被列在“新闻达人”之下，且仅有如下 5 名用户。其中 @hongsebiaodai、@ 吴伟堂、@ 马希丰截至 2011 年 6 月 30 日的微博条数分别为 2 条、2 条、8 条。@ 云南红河伍皓的微博条数等也远远无法与新浪微博相比。

---

① 网易科技报道：《报告称“有态度”已成网易微博形象特征》，网易科技，2011年7月4日，http://tech.163.com/11/0704/14/784IQNA6000915BF.html。

② 网易财经：《网易微博推出“i达人”计划》，网易财经，2011年1月7日，http://money.163.com/11/0107/10/6PPR06U1002524SQ.html。

表 2-10　网易微博“政府官员”分类微博一览

序号	微博昵称	介绍
1	云南红河伍皓	云南红河州州委常委、宣传部长
2	hongsebiaodai	机械工业信息中心信息化推进处外联部主任
3	吴伟堂	香港驻上海经济贸易办事处副主任
4	马希丰	宁夏同心县生态移民工程指挥部副部长
5	安崇民	原名邓建华，四川德阳市政府新闻办副主任

数据来源：根据网易微博公开页面整理；截止日期：2011 年 8 月 1 日。

而在网易微博的“i 品牌”页面分类中，“政府机构”只含“政府”一项，且其下仅有如下 8 名用户。

表 2-11　网易微博“政府机构”分类微博一览

序号	微博昵称	介绍
1	成都发布	成都市人民政府新闻办公室官方微博，提供有关成都的各类信息。
2	昆宣发布	中共昆明市委宣传部：宣传昆明、服务公众。
3	微成都	微成都——官方微博。爱成都，爱生活！
4	甘肃省政府新闻办	甘肃省政府新闻办——官方微博发布甘肃省政府官方信息
5	三亚市政府新闻办	我们将发布三亚市政府官方信息
6	成都网事	成都市网络新闻信息中心官方微博
7	南充播报	千年丝绸之都、三国文化之源、山水田园之城、中国优秀旅游城市、成渝经济区北部中心城市——南充，地处川东北嘉陵江中游和川陕革命根据地。历史厚重，文脉深远，繁衍了灿烂的丝绸文化、三国文化、红色文化和嘉陵江文化，孕育了辞赋大家司马相如、良史之才陈寿、历法巨匠落下闳和大汉之魂——纪信将军，是开国元勋朱德、罗瑞卿和民主革命家张澜的故乡。
8	成都高新	成都高新区官方微博

数据来源：根据网易微博公开页面整理；截止日期：2011 年 8 月 1 日。

为了解网易微博上政府机构微博和官员个人微博的大致状况，作者利用网易微博的搜索功能进行了查询。

对政府机构微博，作者选取了“平安、公安、交通、司法”等10个关键词，这些关键词是政府机构类微博名称常用的字样；并对“代表”、“委员”也进行了搜索，这是两会代表、委员微博名称常用的字样。搜索结果取前10页中网易认证的政府机构类微博及两会代表委员个人微博进行统计。

对官员个人微博，作者选取了伍皓、金中一、廖新波等20位较活跃官员微博进行搜索，搜索时同时注意搜索其网名、真名，看其是否开通网易微博并经确认。

搜索结果如下，网易微博上政府机构微博和官员个人微博的状况，从中可见一斑。

表 2-12　网易微博部分搜索结果（政府机构及两会代表委员微博）

关键词	微博数量
平安	0
公安	0
交通	0
司法	0
法院	0
旅游	36
团委	0
卫生	0
工商	0
税务	0
代表	1
委员	0

数据来源：通过网易微博搜索整理；截止日期：2011年8月1日。

表 2-13　网易微博部分搜索结果（官员个人微博）

关键词	是否开通网易微博
巴松狼王/杜少中	否
陈士渠	否
陈永博	否
褚峰	否
传说中的女网警	否
段郎说事	是
郭韶翔	否

续表

关键词	是否开通网易微博
林炎志	否
刘维忠	否
桥上人家	否
曲靖何华/何华	否
庹祖海	否
王文华	是
王重一	否
伍皓红河微语/伍皓	是
叶青	否
医生哥波子/廖新波	否
章剑华	否
中一在线/金中一	否
朱永新	是

数据来源：通过网易微博搜索整理；截止日期：2011 年 8 月 1 日。

从表 2-12 和表 2-13 可以大致看出，网易微博上的政府机构官方微博和官员个人微博，可能比新浪、腾讯、搜狐上的同类微博都要少。

但网易首席执行官丁磊在 2011 年 6 月 29 日表示："微博在中国还处于一个启蒙阶段，这种新的关系和信息的组织方式是会长期存在的，但是很多人并没有运用好这个关系和信息的组织方式。网易微博在年内会有大动作。""我亲自挂帅做微博，而且我有这种信心可以比新浪做得好。"①

① 谢睿：《网易CEO丁磊：网易微博年内会有大动作》，《南方都市报》（深圳）2011年6月29日，转引自网易科技，http://tech.163.com/11/0629/06/77MPUB8J000915BF.html。

第五节　腾讯微博：新浪微博最直接的对手

2010年4月1日，由腾讯滔滔改版而来的腾讯微博正式上线。这是第三家推出微博产品的门户网站。而早在2007年8月13日，腾讯就推出滔滔产品，定位于迷你、即时博客。

时间再往前倒推11天，2010年3月20日，网易微博刚刚推出；往前倒推大概一个月，2010年3月4日，新浪微博用户达到500万；往前倒推大概八个月，2009年8月28日，新浪微博推出；时间再往后推6天，2010年4月7日，搜狐微博推出；往后推大概一个月，2010年4月28日，新浪微博用户达到1000万。

腾讯微博问世之际，新浪微博已经聚集了一批忠实用户，在社会上产生了一定影响，并正处于快速发展阶段。

腾讯微博，来得似乎晚了一些。

一、起步维艰

腾讯微博推出之前，其预告页面就吸引了业内及网友关注。例如2010年3月5日，腾讯微博预告页面“今晚我们一亿人在一起，你来不来？”的大标题，就让很多人误以为腾讯微博即将于当晚上线，但后来才发现事实不过是宣传当晚QQ同时在线用户数首次突破1亿，与腾讯微博并无关系。

与新浪微博的名人战略不同，腾讯微博推出之后，曾经有段时间主打草根路线，宣扬“与其在别处仰望，不如在这里比肩”。

很快，腾讯微博似乎发现名人战略更能迅速扩展市场，随即也开始抢占名人资源。但新浪微博已经延续了新浪博客时代的名人战略，积累了一批忠实用户，同时新浪网一向给人以高端、权威的印象，这些优势是腾讯所难以比拟的，腾讯微博的名人用户拓展起步较为艰难。

腾讯微博推出伊始，作者即开通使用。但通过之后的观察发现，腾讯微博上政府机构、官员用户数量较少，且活跃度较低，很长时间内都难以与新浪微博相比。尤其是独家微博方面，很多政府机构、官员在开通腾讯微博之前，都已经开通了新浪微博，腾讯微博的内容也就不再具有独家性，很少有重大事件通过腾讯微博爆发。因此，作者在确定“微博问政”这一研究方向之初，主要选取新浪微博为观测对象。

期间，还出现过新浪微博遭腾讯微博“山寨”事件。例如 2011 年 3 月 21 日，@传说中的女网警（北京市公安局网警高媛）发布微博称：“近期本人接到网友举报在某知名网站发现同名微博，由于本人分身乏术，故目前仅在新浪开通了以‘传说中的女网警’为网名并通过认证的微博，其他网站同名微博纯属仿冒。”这里所指的，就是腾讯微博上出现的 @传说中的女网警“山寨”账号。此外，之前还出现过 @刘谦（知名魔术师）“被”腾讯微博开通认证账号 @魔法士刘谦的现象。

当然，新浪微博也曾面临过类似的指责。2011 年 7 月 21 日，媒体报道刘翔、莫文蔚等腾讯微博内容被多名新浪微博用户复制，并提及“知名时装杂志《昕薇》在腾讯微博做了一次访谈，辛辛苦苦前后 9 个小时的发布内容却在瞬间被新浪微博的僵尸粉以各色 ID 席卷一空”。[①] 但很快，@昕薇（日本时尚第一刊 *ViVi* 杂志中文版）即通过新浪微博表示“《昕薇》并未在该媒体进行访谈，而仅在活动现场进行报道。所谓抄袭一事与《昕薇》杂志官方无关，且《昕薇》并无‘翟’姓工作人员与此事相关”。

二、抢占高点

提起开通腾讯微博的政府官员，@张春贤（中共十七届中央委员，新疆维吾尔自治区党委书记、新疆生产建设兵团第一政委）不可不提。这也是到目前为止开通微博行政级别最高的政府官员，而且是在腾讯独家开通微博。[②]

@张春贤开通腾讯微博，腾讯占据了最高级别官员微博这一至高点，

① 王伶玲：《新浪微博被指抄袭引发版权热议》，《法制晚报》2011年7月21日第A36版，http://www.fawan.com.cn/html/2011-07/21/content_318656.htm。

② 参见本书第四章第十节《新疆自治区党委书记张春贤：最高级别官员微博》。

在一定程度上也吸引了很多政府机构、官员开通腾讯微博。而在@张春贤开通微博之前，腾讯微博上也已经出现了@蔡奇（蔡奇，中共浙江省委组织部部长）、@郑继伟（浙江省人民政府副省长。负责教育、文化、卫生、人口和计划生育、广播电影电视、新闻出版、体育等方面工作。）等政府高官。

尤其是在2011年两会期间，腾讯成功邀请到多位政府高官独家开通腾讯微博。除@张春贤外，@李克（河南省委常委、常务副省长、省政府党组副书记李克，在两会期间听取网友为河南发展的建言献策，所开设的微博。）、@吉狄马加（中共青海省委常委、省委宣传部部长）等也开通了腾讯微博。

在@蔡奇的带领下，中共浙江省委组织部开通了官方微博@之江先锋，浙江11个省辖市市委组织部也都开通了腾讯微博，并均以“先锋”为名，形成了系列“先锋”组织部微博。

2011年7月7日，河南省高级人民法院开通@河南省高级人民法院官方微博（后更名为@豫法阳光）。河南省高级人民法院下属的河南法院网开通“豫法阳光”微博频道，由腾讯微博提供技术支持。同时，河南省高级人民法院还组织河南省多家市县法院开通以“豫法阳光”为头像的腾讯微博。而在新浪微博政务厅里，河南省法院系统只有@范县人民法院官方微博（河南省范县人民法院官方微博）一家。

虽然目前腾讯微博上政府机构、官员微博的热度和影响力仍然无法与新浪微博相比，但腾讯微博通过@张春贤、@蔡奇等一系列较高级别政府官员、机构独家微博的带动，逐渐形成了自己的特点。

三、逐步崛起

凭借巨大的用户基础，腾讯微博取得了长足的进展。2011年2月5日，腾讯公司宣布腾讯微博注册用户量突破1亿。这一成绩的取得，不仅绝对时间比新浪微博要早（新浪于2011年3月2日公布其注册用户于2月28日突破1亿），而且速度也比新浪微博要快（从上线到达到1亿注册用户，新浪微博用了18个月，腾讯微博则仅用了10个多月的时间）。

2011 年 12 月 31 日，腾讯微博用户达 3.73 亿，超过当时新浪微博 3 亿用户的规模。

从单一微博来讲，2010 年 12 月 10 日，@刘翔腾讯微博听众人数突破 800 万，超过 twitter 网站的第一名 Lady Gaga 近 70 万人，成为全球第一微博。2011 年 1 月 12 日，刘翔在腾讯微博的听众人数超过 1000 万，成为全球微博历史上第一位拥有粉丝超过千万级的博主。而新浪微博女王 @姚晨的粉丝在 2011 年 7 月 27 日才宣布突破 1000 万。

从如上公开数据来看，腾讯微博追赶新浪微博的势头越来越猛，并在一些指标上已经超过新浪。而在政务微博领域，在腾讯开通微博的 @蔡奇也率先成内地首个微博听众超百万的部级官员。

腾讯微博的逐步崛起，应该来说给新浪微博造成了一定压力，新浪 CEO 兼总裁曹国伟就表示“新浪微博在跟不同的产品竞争，就微博来说，腾讯是最直接的竞争对手”。[①] 但微博平台的增多，对微博问政则是好事，能够让更多的人通过更多的渠道参与公共政治事务，发布、分享相关信息。

---

① 林其玲：《新浪微博在跟不同产品竞争》，《新京报》2011年4月28日第B11版，http://epaper.bjnews.com.cn/html/2011-04/28/content_225349.htm。

第六节　搜狐微博：我们正加紧赶路

2010年4月7日，搜狐微博上线。搜狐也是四大门户网站中最晚推出微博产品的一家。

而早在2009年5月23日，搜狐就推出了SNS产品“白社会”，但2009年8月28日新浪微博上线，掀起微博风潮，搜狐白社会却一直没能爆发。对此搜狐董事局主席兼首席执行官张朝阳后来也说：“我们在做‘白社会’一半的时候，微博爆发了，被新浪抢到了先机。搜狐微博起步晚了，我们正加紧赶路。”①

在微博问政领域，与腾讯微博类似，同样少有大事件肇始于搜狐微博。而在博主数量上，开通搜狐微博的政府机构和官员，比开通腾讯微博的更少，更无法与新浪微博上庞大的政务微博群体相比。

为推广微博，@张朝阳亲自上阵。在搜狐微博排行榜2011年8月1日公布的三份榜单中，@张朝阳在粉丝人气总榜和转发人气总榜上分别排名第四和第二，在围观人数总榜上也能排到十几位。而搜狐微博的几次热点新闻，也都与@张朝阳相关。

在微博问政方面，@张朝阳下面这个案例也被媒体广为报道：

2010年12月5日23点45分，@张朝阳发布微博称：“@平安北京公安局领导同志，本人在顺义天北路名都园附近路段人行道上发现数个工程井没有井盖，对路人构成极大危险，希望尽快处理。”

12月6日14点52分，@平安北京表示“已联系市政相关部门前往处理”，并在15点进一步表示“已联系顺义区市政市容委员会，前往处理，请脖友继续关注”。

对此，12月9日出版的《北京晚报》以《张朝阳发微博投诉无盖井 公安局17小时解决》为题进行了报道并得到多家媒体转载。

---

① 胡希：《张朝阳坦承搜狐微博起步晚了》，《成都晚报》2011年5月9日第10版，http://www.cdwb.com.cn/html/2011/05/09/content_1266629.htm。

目前，从搜狐微博“名博”页面的分类来看，搜狐微博并未针对政府机构、官员单独设置分类，暂时无法查到搜狐微博上政府机构官方微博和官员个人微博清单。

为了解搜狐微博上政府机构微博和官员个人微博的大致状况，作者利用搜狐微博的搜索功能进行了查询。

对政府机构微博，作者选取了“平安、公安、交通、司法”等10个关键词，这些关键词是政府机构类微博名称常用的字样；并对“代表”、“委员”也进行了搜索，这是两会代表、委员微博名称常用的字样。搜索结果取前10页中搜狐认证的政府机构类微博及两会代表委员个人微博进行统计。

对官员个人微博，作者选取了伍皓、金中一、廖新波等20位较活跃官员微博进行搜索，搜索时同时注意搜索其网名、真名，看其是否开通搜狐微博并经搜狐认证。

搜索结果如下，搜狐微博上政府机构微博和官员个人微博的状况，从中可见一斑。

表 2-14　搜狐微博部分搜索结果（政府机构及两会代表委员微博）

<table>
<tr><th>关键词</th><th>微博数量</th><th colspan="4">主要博主/备注</th></tr>
<tr><td>平安</td><td>3</td><td>平安桂林110</td><td>平安北京</td><td>平安阜宁</td><td></td></tr>
<tr><td rowspan="3">公安</td><td rowspan="3">11</td><td>六合公安</td><td>南通公安</td><td>鹤城公安</td><td>海陵公安</td></tr>
<tr><td>大连公安</td><td>胶州市公安局户政科</td><td>长春市公安局绿园区分局</td><td>平安北京</td></tr>
<tr><td>平安桂林110</td><td>平安阜宁</td><td>消防在线官方微博</td><td></td></tr>
<tr><td>交通</td><td>0</td><td colspan="4"></td></tr>
<tr><td>司法</td><td>0</td><td colspan="4">搜索结果含8名律师、2家律师事务所</td></tr>
<tr><td>法院</td><td>0</td><td colspan="4">搜索结果共9页，含2名律师</td></tr>
<tr><td rowspan="3">旅游</td><td rowspan="3">51</td><td>山东省旅游局官方微博</td><td>烟台市旅游局官方微博</td><td>黄山旅游</td><td>广西旅游局</td></tr>
<tr><td>土耳其旅游局</td><td>大秦直道旅游景区</td><td>怀柔旅游官方微博</td><td>易县官方旅游网</td></tr>
<tr><td colspan="4">其中含国外旅游局微博20家</td></tr>
</table>

续表

关键词	微博数量	主要博主/备注			
团委	10	电科院电信工程学院团委	天津大学学生社团团委	北京市第二医院团委	人文地铁魅力校园
		农商银行卢沟桥支行团委	重庆交通大学校社联	河南工程学院社团联合会	地坛宝葫芦
		行知学院学生会	四川师大社团联合会		
卫生	3	北京世纪坛医院	北京协和医院	爱德基金会	
工商	0				
税务	0	搜索结果共9页			
代表	4	全国人大代表马文芳	人大代表王全杰的博客	陈思思	百益龙集团王国庆
		仅统计人大代表微博			
委员	8	冯世良	朱大鸣	百益龙集团王国庆	张晓梅
		王东林的微博	林炎志	编剧王兴东	李继和
		仅统计政协委员微博			

数据来源：通过搜狐微博搜索整理；截止日期：2011 年 8 月 1 日。

表 2-15　搜狐微博部分搜索结果（官员个人微博）

关键词	是否开通搜狐微博
巴松狼王/杜少中	否
陈士渠	是
陈永博	否
褚峰	否
传说中的女网警	否
段郎说事/段郎/段兴焱	否
郭韶翔	否
林炎志	是
刘维忠	否
桥上人家	是
曲靖何华/何华	否
庹祖海	否
王文华	是
王重一	是

续表

关键词	是否开通搜狐微博
伍皓红河微语	是
叶青	是
医生哥波子/廖新波	是
章剑华	否
中一在线/金中一	否
朱永新	是

数据来源：通过搜狐微博搜索整理；统计日期：2011 年 8 月 1 日。

从以上两表 2-14、表 2-15 更能清晰地看出，开通搜狐微博的政府机构和官员相对较少，且人气、互动性都比不上新浪微博。

面对新浪微博的强势崛起，张朝阳坦承“年初的时候光顾盯着搜狗的事情，微博的事情没盯住，最后一失足很悔恨，这件事没守住。”① 并进而表示“新浪还没有形成垄断，搜狐现在就要向新浪微博宣战，由我亲自抓微博，把微博放在公司最高的位置，倾全公司之力，投入不设上限，目标是做到至少与新浪微博旗鼓相当。”②

① 李斌：《张朝阳誓言再造搜狐》，《京华时报》2010年10月11日第B43版，http://epaper.jinghua.cn/page/1/2010-10-11/043/47801286718908739.pdf。

② 同上。

第七节　公仆微博：广东河源网络问政实践

2011 年 2 月 27 日，以“网络问政与幸福广东”为主题的第二届中国网络问政研讨会暨 2010 年度广东网络问政排行榜揭晓仪式在广东省河源市举办。会上公布了文以载粤、公安微博、群众论坛、青春第一棒、网播庭审、公仆微博、惠州样本、手机信访、韶关突起、城管问计等广东网络问政十大经典案例，并评出了“最受网民关注的广东网络问政榜样机构”、“最受网民关注的 2010 年度广东网络公民”、“中国网络问政年度事件”等奖项。

其中，“公安微博”系指以广东省公安厅为代表的广东公安系统的微博问政行为，广东省公安厅还因此入选“最受网民关注的广东网络问政榜样机构”。

而“公仆微博”则是指广东省河源市《河源日报》旗下河源网推出的政务微博。在广东各地市中经济并不发达的河源市同样入选“最受网民关注的广东网络问政榜样机构”，并获得“最受网民关注的广东网络问政年度城市”称号。另外，在 2010 年举办的首届网络问政研讨会上，河源市“公仆信箱”也曾入选网络问政十大经典案例。

公仆微博创始于 2010 年 4 月 1 日，是河源日报旗下河源网全力打造的互动新媒体，也是一个供网友，部门，领导发布，交流话题的全开放式网络问政平台。①

公仆微博的诞生，以及此前河源市公仆信箱的诞生，都与河源市市委书记陈建华（人称“华哥”）有关。

由河源网“华哥信箱”升级的“公仆信箱”，不但是全国第一个地市领导人实名信箱，也是国内子信箱最多的领导人 / 部门信箱，达 1000 多个。②

2010 年 4 月 3 日，公仆微博上线两天后，陈建华开通公仆微博。截至

---

① 河源日报河源网编：《河源网公仆微博操作手册》，2011年5月，http://wb.heyuan.cn/attachments/河源网公仆微博操作手册.doc。

② 《河源网简介》，河源网，http://www.heyuan.cn/about/about.html。

2011 年 7 月 31 日，@ 陈建华共发布微博 564 条，在作者随机查看的几位公仆微博中，属于比较活跃的。

2010 年 5 月 25 日，公仆微博成功全程直播了广州亚运火炬传递河源站的火炬传递活动。之后，公仆微博还陆续报道过如下活动。

表 2-16　公仆微博部分微博直播活动

时间	微博直播/专题项目
2010年6月11日至7月11日	南非世界杯时间
2010年9月28日	“纲要青春行‘团长’青年聚网论道活动之‘文化河源与青年作为’”
2010年10月15日至17日	2010年河源秋季精彩生活展示会
2010年11月28日至12月2日	第23届世界客属恳亲大会

数据来源：根据公仆微博“专题微博汇集”整理。

目前，公仆微博已有超过 5000 位注册用户，发帖近十万条次，从开通至今，网友们讨论的话题非常广泛，涉及民生民意、城市建设、医疗卫生、社会公益等话题。其中，网友先后对如何办好世客会、孙中山铜像百字碑记、市民最满意和最不满意的两件事、速生桉种植、如何做好城市管理工作、农村教育、看病难看病贵、万绿湖填湖事件等数十个事件与话题展开的讨论，引起了市主要领导及相关部门的高度重视，一些事件因此得到了较圆满地解决，受到网友好评。①

登录公仆微博后，其首页上最突出的微博内容中，单独给 @ 微博播报留出了置顶滚动位置，并链至“微博播报专栏”（即 @ 微博播报）。@ 微博播报 2011 年 4 月 15 日推出，它不仅仅是一个微博账号，还是公仆微博推出的新的网络问政平台，“突出新闻时效和本土新闻以及即时互动的特色，第一时间为网友带来当天重要新闻，并全天滚动播报，给力我市网络问政。”②截至 2011 年 7 月 31 日，@ 微博播报共发布 758 条微博。

---

① 河源日报河源网编：《河源网公仆微博操作手册》，2011年5月，http://wb.heyuan.cn/attachments/河源网公仆微博操作手册.doc。

② 参见@微博播报博文，2011年4月15日，http://wb.heyuan.cn/op/view/17097。

在公仆微博首页，除“微博达人”和“最新微博”板块推荐的用户外，“新闻发言人”板块是比较醒目的推荐微博用户区。2011年6月15日，河源全市69位新闻发言人集体开通公仆微博。这些新闻发言人在公仆微博上的活跃度还不够，很多发布个位数微博的发言人，也只是和网友打个招呼，距离真正的微博问政还比较远。据统计，截至2011年7月31日，这69位发言人微博中，@市公安局新闻发言人发布微博条数最多，为197条，其他发布微博达到及超过两位数的只有12位，还有14位发布微博条数为0。

目前公仆微博还存在一些技术和用户体验方面的小问题。例如无类似新浪微博排行榜或名人堂的功能，除“新闻发言人”外暂未公开政府机构和官员个人微博列表，因此无法了解河源其他政务微博的情况。

另外，根据河源市政府门户网站公布的河源市委常委名单中进行搜索，除市委书记@陈建华外，其他无一人开通公仆微博。

公仆微博，已经有了微博问政的基础，但前方的道路仍然很长。

第八节　上海滩微博：开辟微博本地化之路

2010 年 9 月 9 日，新民网新版及“上海滩”微博（http://t.xinmin.cn）同时上线。此次改版，新民网还尝试构建政府职能部门与网友互动的全新模式。上海虹口区等 14 个区县、上海市海事局、上海市防汛办等政府职能部门已在“上海滩”开设微博。①

上海滩微博首页导航栏共列出 5 个栏目：上海新闻、政务互动、有奖爆料、社区自治、实时路况，其各自简况如下表 2–17。

表 2–17　上海滩微博首页导航栏栏目简介

栏目	网址	说明
上海新闻	http://www.xinmin.cn/	新民网首页
政务互动	http://t.xinmin.cn/zhengwu	上海政务互动（微博）平台
有奖爆料	http://t.xinmin.cn/baoliao	上海滩爆料平台
社区自治	http://t.xinmin.cn/shequzizhi	上海社区自治平台
实时路况	http://t.xinmin.cn/lukuang	上海实时天气交通路况平台

数据来源：根据上海滩微博页面整理。

其中，“政务互动”与“社区自治”两个板块与微博问政有很大关系：前者主要汇聚的是上海本地政府机构及官员微博，网友可以较为方便地找到开通微博的机构和官员，通过微博与其交流。后者是基于微博的“微圈”功能（即新浪微博的“微群”功能）构建的“上海规模最大、参与度最高、互动性最强的社区自治平台，以居委会（街道）、物业（开发商）、业主（业委会）三方为主体就本社区事务进行网上议事、决策和博弈。”

截至 2011 年 6 月 30 日，上海滩微博共开通 133 家政府机构官方微博和 136 位官员个人微博，分类如图 2–11 所示。

---

① 潘佳：《新民网新版及“上海滩”微博平台今同时上线》，新民网，2010年9月9日，http://sh.xinmin.cn/minsheng/2010/09/09/6734766.html。

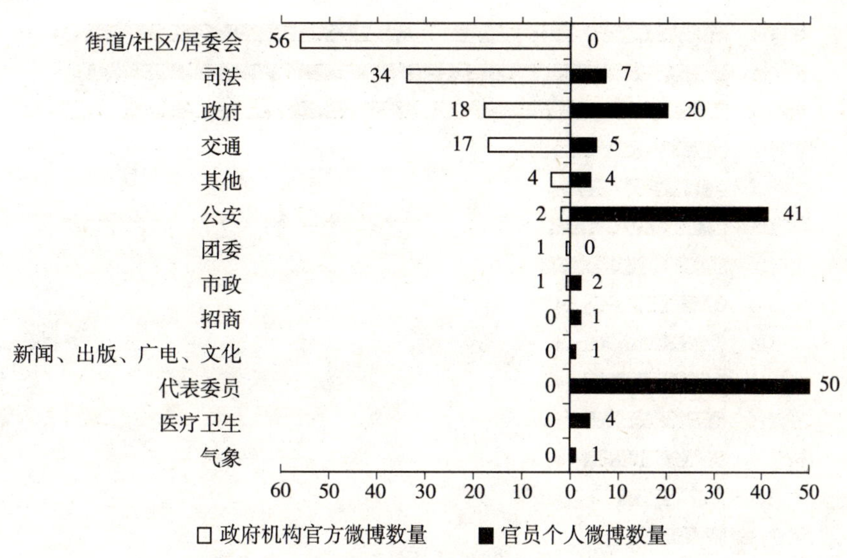

图 2-11　上海滩政务微博分类一览

数据来源：根据上海滩微博页面整理。

而在上海滩微博的社区自治平台上，上海各区县微圈数量分布如图 2-12 所示。

纵观上海滩微博尤其是其政务微博的相关发展，可以归纳为如下几个关键词。

关键词一：本地化

截至 2011 年 6 月 30 日，新浪微博上共有 336 家上海政务微博（政府机构官方微博 159 家，官员个人微博 177 位），而上海政务互动（微博）平台的建立，又聚拢了一批本地政府机构和官员，而这些机构和个人中的很大一部分并未在新浪开通微博，在一定程度上促进了本地政务信息公开，为微博问政提供了一个很好的地方化样本。目前上海滩微博共会聚 269 家政务微博（133 家政府机构官方微博和 136 位官员个人微博），这一数字已经相当于新浪微博上 336 家上海政务微博数量的 80.06%。

上海滩政务微博的发展，有几类政府机构、官员个人微博的集体开通，起到了关键作用，例如：

法院：2010 年 10 月 8 日，上海市高级人民法院、第一中级人民法院、

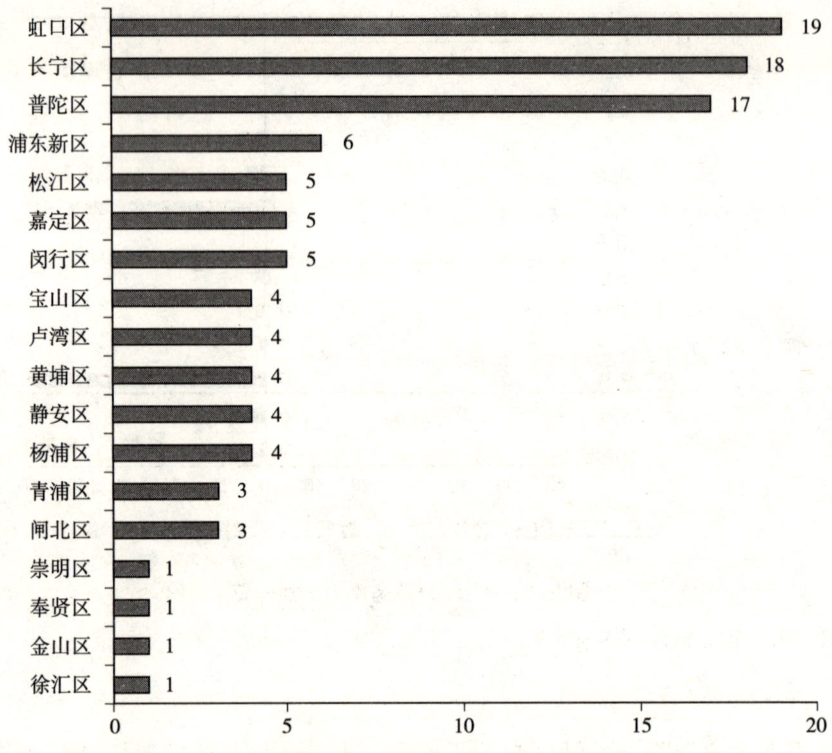

图 2-12　上海滩微博社区自治平台各区县微圈分布

数据来源：根据上海滩微博页面整理。

第二中级人民法院、海事法院、铁路中院、各区县人民法院等 28 家法院在新民网上海滩开通微博。①

民警：2011 年 1 月 14 日，上海市公安局和新民晚报、新民网联合举行“2010 年度十佳优秀社区民警”个人微博开通仪式，“活字典”徐志刚等 10 位优秀民警正式在新民网“上海滩”（http://t.xinmin.cn）开通个人微博。②

街道：2011 年 2 月 11 日，虹口区委宣传部、新民晚报社、新民网共同主办的虹口区“小巷总理”微博开通仪式举行。此前，2010 年 9 月，虹

① 宋宁华：《上海高院等28家法院新民网上开微博》，《新民晚报》2010年10月9日第A4版，http://xmwb.xinmin.cn/xmwb/html/2010/10/09/content_574534.html。

② 沈文林：《上海市十佳优秀社区民警齐在新民网开通微博》，新民网，2011年1月14日，http://news.xinmin.cn/t/xmsz/2011/01/14/8885002.html。

口区委宣传部在上海滩微博开通@上海虹口官方微博，位列新民网“上海滩”微博人气榜前列。2011年春节期间，虹口区所有8个街道的相关宣传干部也在新民网开通了个人微博。欧阳路街道近年来也一直积极试水基层新闻发布制度建设，在2011年推出了18个“小巷总理”兼小区新闻发言人。①

关键词二：早

其实早在2010年9月9日上海滩微博上线9个月之前，新民网就已经进行了相关尝试。

2009年12月30日，新民网推出新版，其全力开发的新闻SNS社区“新民e会”（http://sns.xinmin.cn）也于同日上线，“新民e会”主打“新闻微博”概念。这在当时新浪微博刚刚兴起、腾讯等其他门户网站还在内测微博产品的背景下，显得尤为难得。

而上海滩微博上线之后，所进行的这种地方化微博探索，尤其是“政务互动”和“社区自治”平台的开通，在全国地方网站中也是比较领先的。

关键词三：取舍

上海滩微博推出伊始，即开始“尝试构建政府职能部门与网友互动的全新模式”，这既是对微博问政的重视，又体现了新民网敢于取舍、集中优势兵力出击的运营策略。

其实微博作为一个平台，什么内容都能往里装，饮食、旅游、休闲、交友等传统地方网站通过“频道”进行组织的内容，都可以通过微博实现。但新民网暂时淡化其他垂直领域，而大力突出两点：一是政务微博（分政务互动、社区自治两个平台），二是自“新民e会”产品时即确定的新闻微博（即目前的上海滩爆料平台）。

而再回到微博问政领域，说服政府机构、官员个人开通微博其实需要一个渐进的过程，需要网站工作人员付出很多努力。对于那些难以说服的对象，不妨暂时搁下，集中精力去拓展样本用户，进而通过示范效应带动其他用户。例如虹口社区、奉贤民警、法院系统等集体开博，就起到了很好的模

---

① 根据如下新闻整理：沈文林、李若楠：《虹口欧阳路街道“小巷总理”今集体开通微博》，新民网，2011年2月11日，http://news.xinmin.cn/t/xmsz/2011/02/11/9257163.html。

范带头作用，这也是另一种意义上的取舍。

关键词四：反哺

一方面，上海滩微博在会聚进来大量政府机构、官员个人微博资源的同时，反过来还能让政府网站宣传自己，起到了“反哺”效果。例如：2011年2月22日，在上海滩微博实名认证的十位社区民警微博集体亮相上海市公安局网站，上海市宝山区人民政府网站“政民互动”栏目新增新民网的标志，宝山区委宣传部在上海滩的官方微博@上海宝山正式亮相宝山区政府网站。①

另一方面，上海滩微博又为新民网提供了大量的新闻线索，为新民网原创新闻提供了大量素材，这是一种内容反哺。而新民网的相关新闻在《新民晚报》等媒体落地后，又反过来宣传了上海滩微博，这又是一种宣传上的反哺。

目前，新民网已经初步走出了一条地方网站本地化运营之路。上海滩微博的开通，为新民网本地化之路提供了一个很好的产品平台，微博已经占据了新民网首页导航栏四分之一的位置，而新民网的很多栏目也都是基于微博构建而来。上海滩微博的微博问政平台，也值得其他地方网站参考。

当然，上海滩政务微博也存在一些问题，例如人气还不是很旺，部分微博、微圈开通后甚至未发布一条微博，政务微博行业区县分布不均等。这些问题，也希望在上海滩微博领先行业、区县标本榜样的带领下，能够逐渐改善推进上海市政务微博发展。

---

① 根据如下两则新闻整理：（1）龙云卿：《新民网社区民警微博亮相上海市公安局网站》，新民网，2011年2月22日，http://news.xinmin.cn/t/msrx/2011/02/22/9428469.html；（2）龙云卿：《新民网宝山微博亮相宝山区政府网站》，新民网，2011年2月22日，http://news.xinmin.cn/t/msrx/2011/02/22/9418536.html。

第九节　浙江微博：相信一滴水的力量

2011 年 7 月 6 日，被称为国内首个垂直类公务微博的“浙江微博”正式上线。

“浙江微博”是浙江在线与腾讯网实现“微博互通共享”的创新平台……“浙江微博”是政务公开的新渠道，也是反映民生吁求的最快捷通道。根据浙江在线的基本定位和主要网友特点，我们将以“浙江公务微博联盟”的概念重点打造公务微博。①

早在 2009 年 9 月 19 日，浙江在线就曾推出过微博服务，但网友应者寥寥。

2010 年 6 月 10 日，浙江在线微博全新改版，推出“一滴水微博”品牌和平台。“一滴水微博重视每位网友的意见，同时希望由‘一滴水’的意见转变为群体的力量，从而形成影响力，创造强大的舆论力量。”②当天，共有知名作家兼浙江博客网博主黄亚洲、杭城美女作家鲍贝等 160 位网友开通一滴水微博。③

2011 年 1 月 11 日，@蔡奇（蔡奇，中共浙江省委组织部部长）开通腾讯微博。浙江在线也很快于 1 月 19 日邀请蔡奇开通了一滴水微博。2011 年 2 月 15 日，网友 @天台先锋在一滴水微博上介绍天台县一女大学生村官试种万棵野生覆盆子的事，@蔡奇很快做了评论称“大学生村官要像郑江仙这样，帮助农户发展致富项目”，这是目前为止能搜索到的关于一滴水微博报道最多的事件。

目前，一滴水微博的“人气排行榜”页面上 TOP20 名单如下。这 20 个微

① 陈国平：《“浙江微博”：公务类微博的标杆》，浙江在线，2011年6月1日，http://bbs.zjol.com.cn/zjolbbs/system/2011/06/01/017564854.shtml。

② 浙江在线：《期待“一滴水”！浙江在线微博频道6月10日上线》，浙江在线，2010年6月9日，http://zjnews.zjol.com.cn/05zjnews/system/2010/06/09/016674574.shtml。

③ 参见黄优鑫：《美女作家鲍贝等160位网友开通“一滴水”微博》，浙江在线，2010年6月11日，http://zjnews.zjol.com.cn/05zjnews/system/2010/06/11/016679220.shtml。

博，有些是认证的政府机构和官员微博，有些是未经认证但从微博内容来看也属于政府机构和官员微博，有些则无法看出博主身份可能是活跃网友微博。综合来看，一滴水微博的人气还比较低，覆盖范围也较小，整体影响不足。

表 2-18　一滴水微博“人气排行榜”

排名	姓名	关注人数
1	蔡奇	3658
2	宣传组	3147
3	综合组	3104
4	指导组	3083
5	菊乡先锋	2064
6	党代表秘书	2060
7	鉴湖一滴水	2043
8	天一生水	1967
9	大地	1962
10	金基哲	1961
11	洞头百岛先锋	1959
12	春江水	1917
13	江郎先锋	1902
14	天姥新昌	1898
15	美丽马坞	1890
16	柚乡石城	1878
17	一琴一鹤	1579
18	洞头东屏金岙村	1569
19	五棵松	1558
20	蓝天下的风筝	1532

数据来源：根据一滴水微博公开信息整理；截止时间：2011 年 8 月 2 日。

可能也是在这种背景下，运行了一年多之后，浙江在线一滴水微博改版，与腾讯微博合作，利用 iWeibo 系统搭建“浙江微博”。在浙江在线或腾讯网注册开通微博的网友，只要点击“授权”选项，则登录两家网站中的任何一家，发布任何一条微博，其内容就可同步呈现于这两家网站的微博平台。

登录浙江微博后，其导航栏上除了“我的主页”、“广播大厅”、“话题墙”、“微直播”、“微访谈”等功能性板块之外，另设有“浙江公务微博联盟”标签，该联盟之下各类微博数量如下。其中，部分类别并非政府机构官方微博或官员个人微博，例如“新闻媒体”类。

表 2-19 浙江微博之浙江公务微博联盟分类数量

类别		微博数量
官员		27
政府机构		16
组织部		48
新闻媒体		45
公安政法		14
教育		54
共青团		27
旅游		12
医疗卫生		54
环保		8
大学生村官		2
杭州	政府机构	101
	公务人员	16
兰溪		2
舟山		16
丽水	县（市、区）政府官方微博	9
	市政府组成部门官方微博	28
衢州柯城		15
德清		2
青田	公务人员	45
新昌	公务人员	37
	机构微博	9
定海	公务人员	13
	政府机关	9
浙江在线		5
兰亭书法公社		19
大学生暑期社会实践		25

数据来源：根据浙江微博公开信息整理；截止时间：2011 年 8 月 2 日。

据观察，如上“浙江公务微博联盟”中的政府机构官方微博与官员个人微博数量，要低于腾讯微博上的浙江政府机构官方微博与官员个人微博数量。这表明，先开通一滴水微博尔后又开通腾讯微博的博主较少，而一部分已经开通腾讯微博的浙江政府机构与官员个人，却并未开通一滴水微博。这在一定程度上也反映出地方网站在面对门户网站优势时聚集本地政务微博资源的难处。

但另一方面，浙江本地政务微博氛围浓厚，浙江微博以垂直类公务微博为切入点，打造“畅政微博”，应该来说具备较好的基础。从技术上来讲，浙江微博完全可以把已开通腾讯微博的浙江政府机构与官员个人同步到浙江微博，并可进一步利用浙江在线在本地的优势，大力拓展其他资源，打造本地政务微博聚集地。

第三章
公共事件中的微博问政

微博正在改变中国。

起码，正在改变一部分信息的传播方式。

从 @ 邓飞微博直播“女厕攻防战”到微博打拐，从微博卖葱到郭美美事件，微博引爆一个又一个公共话题。

微博问政，不仅是政府机构和官员的官方行为，它更和你我息息相关。

第一节 宜黄钟声

2010年的宜黄自焚事件，是国务院发布《关于进一步严格征地拆迁管理工作切实维护群众合法权益的紧急通知》后第一起集中问责地方干部的拆迁事件。

@邓飞等通过微博直播事件进展，事件当事人@钟如九等开通微博公布信息进行维权，被认为是“促使宜黄县县委书记邱建国等人受到调查的关键”，显示出微博的巨大威力。

一、@邓飞微博直播“女厕攻防战”

【昌北机场直播四：女厕攻防战】有乘客私信来称，两女子躲在女厕不肯出来，而40多名官员在门外急得团团转，很多人在电话，因为机场派出所不情愿为宜黄处理，估计宜黄官员会调来当地女工作人员或者女特警来，冲入最后这个碉堡，活捉两女。谢谢机场乘客的友情支持~~~

这是@邓飞（凤凰周刊记者部主任）于2010年9月16日发布的一条微博，也是“女厕攻防战”一词首现网络。

后来，新浪微博另一名管理员刘新征说，当天整个新浪微博都被这个女厕门搅动起来，大多带v的用户都在转发、评论，满屏幕都是女厕攻防战。①

“由于微博直播，宜黄自焚事件，开始向一个万众瞩目的公共事件迈进。”②全国其他媒体迅速跟进报道，使得“一个名不见经传的江南小县一夜成名”。而在此过程中，广大网友又通过微博见证了@宜黄慧昌《透视江西宜黄强拆自焚事件》等相关言论的诞生。

---

① 邓飞：《微博巨澜》，《时代周报》2010年10月14日。

② 邓飞：《记者手记：微博直播宜黄事件当事人进京受阻》，《时代周报》2010年10月14日。

二、宜黄事件

2010年9月10日，江西省抚州市宜黄县凤冈镇发生一起因拆迁引发的自焚事件，钟如琴（拆迁户钟如奎的妹妹）、罗志凤（拆迁户钟如奎的母亲）、叶忠诚（拆迁户钟如奎的大伯，其父亲的结义兄弟）三人被烧成重伤。

9月12日下午，宜黄县人民政府办公室在宜黄县官网上发布“关于‘宜黄县一拆迁对象泼洒汽油不慎烧伤’的事实情况”一文，称“9月10日上午10时许，宜黄县城建部门工作人员到钟如奎家中开展政策法规解释和劝导工作。其间钟家以浇灌汽油等极端方式对工作人员进行威吓，却不慎误烧伤自家3人”。这是宜黄县政府首度回应“拆迁户烧伤事件”。

其后，多家媒体以“江西宜黄县强拆钉子户爆发冲突3人自焚”为题报道了该事件。

9月16日早，自焚住户的家属钟如翠、钟如九前往北京接受凤凰卫视《社会能见度》栏目的采访，但在昌北机场候机大楼领取登机牌的时候却遭遇宜黄干部们的围堵。期间，钟家姐妹拨通了@刘长（财新传媒《新世纪》周刊法治记者）的电话。7点39分，刘长发表了一条微博：

> 【紧急求助！】今天上午7点，抚州自焚事件伤者钟家的两个女儿在南昌昌北机场，欲买机票去北京申冤，被一直监控她们的宜黄当地四十多个人控制在机场，家属报警无用，现仍在机场，处于被扣状态中，泣血求助网友。

这条微博经@慕容雪村（知名作家）等转发后，影响迅速扩大，一小时之后转发数已接近一千次，当天上午被转发两千七百多次，评论一千余条。

8时许，机场派出所告知钟如翠“上级指示姐妹俩不能登机”，并建议钟家姐妹离开机场，换一个地方和宜黄官员交流。

姐妹俩不得不离开办公室，宜黄来的人依然尾随其后。经过一间女卫生间，钟家姐妹马上走了进去，把自己反锁在卫生间最里边的格子间。她们把卫生间看成是最后的避难所。①

在机场的卫生间里，钟家姐妹与 @ 刘长保持通话，@ 刘长则与 @ 邓飞等记者联系以求帮助。8 点 57 分，@ 邓飞发布了第一条“直播”微博：

【昌北机场直播一】被县委书记带队的 40 多名官员围住，自焚家属们插翅难飞，航班耽搁，钟如九心力交瘁刚才晕倒，幸而医生现场抢救，现在已无大碍。

而在第四条直播微博中，@ 邓飞首次使用了“女厕攻防战”这一名词。

10 时 16 分，@ 邓飞发出“机场女厕门直播”倒数第二条微博：

【昌北机场女厕攻防战直播之八：宜黄拿下两女，禁飞】在强大攻势下，钟家两女现在被带出厕所，由机场派出所一副所长、一民警和宜黄县副县长文波等人看守，对方欲把钟家二女带去机场派出所办公室，钟家人拒绝，现在僵持中。刚才公安向钟宣布：今天你们哪里都不能飞，不仅不能飞北京，全国哪里都不能飞。

9 月 17 日晚，江西抚州市委对宜黄县“9 · 10”拆迁自焚事件中的 8 名相关责任人作出处理决定，其中，负有重要领导责任的宜黄县委书记邱建国、县长苏建国被立案调查；负有主要领导责任的宜黄县委常委、副县长李敏军被免职、立案调查。②

9 月 18 日凌晨 1 时左右，叶忠诚因伤势严重经抢救无效死亡。

---

① 邓飞：《记者手记：微博直播宜黄事件当事人进京受阻》，《时代周报》2010年10月14日。

② 涂超华：《宜黄拆迁自焚事件：责任人受到处理1名重伤者不治身亡》，新华网，2010年9月18日，http://news.xinhuanet.com/2010/09/18/c_12583597.htm。

三、@ 钟如九现身微博

9月17日，钟如九发现“围观也是力量，上访不如上网”后，开通新浪微博并迅速得到新浪认证。11点19分，@钟如九（江西抚州宜黄县拆迁事件当事人钟如九）发布了第一条微博：

> 大家好，我叫钟如九。是江西省抚州市宜黄县自焚家庭的小女儿。我在网络上看到了大家对我们家的关心，非常感谢！
>
> 2010-9-17 11:19 来自新浪微博转发（3134）| 收藏 | 评论（2292）

新闻当事人现身微博，迅速引起网友围观，很多人都想通过 @ 钟如九的微博，了解事态的最新进展。@钟如九的每一条最新微博，都会引起网友大量的转发和评论，甚至9月17日 @ 钟如九第一次通过短信发布了“277780”这么一条仅6个数字的微博，都引起了网友三百余条评论，大家纷纷猜测是什么意思，例如网友 @ 关介介尧 _ahahasmile 猜测是“治疗费用嘛”，@ 杨梓言猜测“像是警号，转发关注”，@ 站-起-来猜测“应该是微博绑定手机的验证码多发了一次”,@越丛则表示“我用我的NOKIA输入法，在拼音模式下输277780，跳出来的词语是：出生入死”——这样的猜测也倒符合 @ 钟如九当时所处的环境。

@ 钟如九现身微博，以新闻当事人身份第一时间报道事态进展，媒体根据线索进行跟进报道，影响范围继续扩大，在一定程度上促进了当地政府对宜黄事件的尽快处理。

9月17日晚，抚州市委对宜黄县拆迁事件相关责任人作出处理，宜黄县委书记邱建国、县长苏建国被立案调查，宜黄县委常委、县政府副县长李敏军被立案调查，并被免去其宜黄县委常委、县政府副县长职务。这是国务院2010年5月发布《关于进一步严格征地拆迁管理工作切实维护群众合法权益的紧急通知》后，第一起集中问责地方干部的拆迁事件。

10月10日，江西省委宣传部再次发布新闻称，宜黄县委书记邱建国已被免职，县长苏建国也被提请免去县长职务。

四、微博接力　抢救钟妈妈

9月26日晚八时，@钟如九发布微博称妈妈情况非常危急，“急需寻找好的烧伤专家”（这条求助微博当晚即被转发一万余次）：

> 各位网友，我妈现在情况非常危及，她从昨晚到现在都没睡觉，肚子胀的快要爆炸了，生命垂危。现在医院也拿不出解决办法，医术设备已经达到极限。我们现在急需寻找好的烧伤专家帮她们脱离危险，并且能有办法帮我妈妈和姐姐转院，接受更好的治疗！求求大家了，一定要帮帮我们啊！我向大家跪下，求求你们了。
>
> 2010-9-26 20:23 来自新浪微博转发（12698）| 收藏 | 评论（3164）

@钟如九这条求助微博发布5分钟之后，@北京厨子（现微博昵称@北京兵人）即已成功联系到解放军总医院（实际为解放军总医院第一附属医院，即304医院，烧伤整形专科医院）;23点50分,@北京厨子表示“解放军总医院专家和广东红十字会烧伤专家及感染专家均愿意明天赶赴南昌”；新浪微博官方账号@万能的微博（新浪微博官方求助、救助公益平台）也在22点30分加入转发行列，号召网友提供解决办法。这也是@万能的微博开通后所发布的第1条针对具体事件的微博（总第2条），之后又陆续发布6条相关微博。

而在诸多网友纷纷提供帮助的同时，钟妈妈所在的南昌大学第一附属医院却因天色已晚陷入无法办理专家会诊邀请、转院手续的困境，诸多网友又纷纷为此出谋划策。凌晨3点20分，@董崇飞（视讯联合制作副总裁）表示已成功联系南昌大学第一附属医院党委书记。9月27日7点55分，@董崇飞表示南昌大学第一附属医院党委书记刘天祁已经在医院推进相关工作了。

10点21分，@钟如九发微博称“医院已经联系好了304医院的柴家科主任，到南昌的飞机下午三点起飞。我们听后总算松了口气”：

刚跟医生沟通了下，本想让他开邀请函谁知医院已经联系好了304医院的柴家科主任，到南昌的飞机下午三点起飞。我们听后总算松了口气，希望柴主任来后能给我们一些好的建议。也要非常感谢@北京厨子、@董崇飞、@王令律师和@朱孝顶律师彻夜未眠帮我们联系医院辛苦你们了，我代表妈和姐在这谢谢你们了。

2010-9-27 10:21 来自短信转发（286）| 收藏 | 评论（250）

9月30日，钟妈妈罗志凤和@钟如九的二姐钟如琴陆续做完手术。

宜黄事件共分两个阶段，在这两个阶段中，微博都起到了不可忽视的作用。

第一阶段是“宜黄强拆”，以@邓飞为代表的博友通过微博发布信息，经过关键节点传播后，这一事件在微博平台上迅速扩散，引起网友、媒体跟进，当地政府在舆论压力下迅速采取行动。后来作者采访@邓飞时，@邓飞也表示“2009年‘宜黄钟声’事件应该是第一次发现微博这么大的威力”。这一事件也直接促使@邓飞重视起微博这一平台，并基于微博平台来实现自己的公益计划，也就有了后来的微博打拐、免费午餐。

第二阶段是“微博大驰援”，广大网友齐心协力援救病情危急的钟妈妈。这次救援，在邓飞的微博上被称为“宜黄钟声、微博大驰援”。红网则把这次救援与曾入选中学语文教材的《为了六十一个阶级弟兄》事件相提并论：“还记得一篇中学课文吗？那是一则发生在1960年的新闻，讲的特效药二巯基丙醇，如何在八小时内，从北京火线送达到山西的故事。半世纪后，另一场救援上演。20个小时内，一群素不相识的网友，为一位重度烧伤者殚精竭虑。这一次，舞台是微博。”①

现在，@钟如九的新浪微博上已有三万余名粉丝，腾讯微博听众也已接近五十万。他们在聆听着@钟如九的声音，关注着钟家伤者的病情进展。而@钟如九在微博上，也在转发着其他地区强拆的信息，关注和自己有着相同命运的人们。微博，已经不仅仅是@钟如九自己的私人媒体。

① 曾鸣：《救助钟如九母亲微博路径：殚精竭虑20小时》，红网，2010年9月28日，转引自新华网，http://news.xinhuanet.com/internet/2010/09/28/c_12613578.htm。

第二节　从微博打拐到随手拍照

微博打拐和随手拍照解救乞讨儿童，可以说是2011年春节前后微博世界影响最大的事件，其影响一直延续至今。而@随手拍照解救乞讨儿童的合理合法性也引起了巨大的争议。微博已成长为万千网友随手实施微公益的平台之一，并进而推动了政府部门的相关行动。

一、微博打拐　小文乐回家

2011年1月26日，农历腊月二十三，小年夜。

晚七时。

@邓飞第四次发布寻找彭文乐的微博，想趁着网友们春节回家过年的机会，请大家多留意一下这个被拐走了三年的孩子。

> 【春节回家，大家顺便留意寻个孩子】这个孩子眉目很特别，希望见到他的同学一定要告诉我们或彭高峰（15915426545）或就地报警。这个孩子的父母一直在痛苦寻找，无法停歇。@范致行 @上官正义--仔仔 @彭高峰 @陈士渠
>
> @邓飞:【互联网能再创奇迹吗？请帮彭高峰找到他的孩子】2008年，一男子在深圳抱走了湖北人彭高峰的儿子彭文乐，令其裂肺撕心。深圳、东莞两地近年来共有上千男童被偷被拐（详见http://t.cn/h4GHWz），令国家掀起打拐狂飙，已解救5896儿童，移交民政736人，但未找到文乐。请朋友们回家多留心注意，谢谢　原文转发（6251）| 原文评论（1171）
>
> 1月26日19:18 来自新浪微博转发（76）| 收藏 | 评论（22）

@邓飞第一次发布寻找彭文乐的微博，还是在2010年9月27日。之后，趁节假日也好，趁有重大新闻事件也好，网友关注度高的时候，@邓飞多次重新发布这一信息，每次都有不少网友转发、评论，但都没有实质性线索。

而此时，距离彭文乐丢失已过去了一千多个日日夜夜。

2008 年 3 月 25 日 19 时许，广东省深圳市光明新区公明街，在湖北人彭高峰开设的公话超市外，一个黑夹克男子趁彭和妻子不注意，强行抱走他们 3 岁多的儿子彭文乐。

据警方十几天以后提供的街上六个监视器拍下的镜头，孩子在男子手上拼命挣扎，哭喊，甚至一度挣脱到了地上，想逃脱，但在众目睽睽之下，男子又一把抱起孩子，跳上一辆正好开过的大巴上，扬长而去。①

儿子的突然失踪，让彭高峰和妻子几乎崩溃，从此他们走上了艰难的寻子之路。他们在电话超市外挂上“寻亲子，悬赏 10 万”的灯箱和横幅，还在网上开起了“寻子博客”，想尽了一切可能的办法。之后有近百个记者编辑采访彭高峰，包括《纽约时报》等国外媒体，但小文乐却一直没有消息。

@ 邓飞就是帮助过彭高峰的记者之一。

这一次，@ 邓飞也不知道会否有线索。

但奇迹，似乎出现了。

2 月 1 日，腊月二十九，一个大学生曾在微博上看见过彭文乐的照片，回乡到江苏省邳州市八义镇一个村庄看见一个酷似彭文乐的孩子，连忙打电话给彭高峰，并在第二天发来孩子照片。看到照片，“彭高峰当时就傻了，那表情就是他孩子特有的表情”。

2 月 6 日，邓飞和彭高峰一起赶到当地向警方报案。

2 月 8 日 15 点 35 分，@ 邓飞在微博上发布了“就他”两个字，并附上了此前发布的微博，这时，关注 @ 邓飞微博直播的网友们，才知道此前 @ 邓飞一直没有透露姓名的这个孩子就是彭文乐。

2 月 15 日，彭高峰带着彭文乐终于回到了湖北老家。

期间，诸多网友和社会知名人士转发过 @ 邓飞的微博，2010 年 9 月 27 日发布的那条微博已被转发六千余次。

而彭高峰在三年的寻子过程中，还和全国各地上千名丢失孩子的父母组织在一起，组建了民间寻亲联盟，2008 年 6 月还曾和邓飞、《楚天都市报》

① 洪奕宜、汤凯锋：《深圳“寻子店”外来工借助微博找到失踪3年儿子 微博全程直播千里解救拐卖儿》，《南方日报》2011年2月9日第5版，http://epaper.nfdaily.cn/html/2011/02/09/content_6924478.htm。

记者陈杏兰等一起，在广西解救过两个被拐孩子。

彭高峰说：“我的孩子找回来了，不代表我的寻子路就结束了。”目前，彭高峰的微博昵称，已由@寻儿子彭文乐更名为@志愿者彭高峰。

二、@于建嵘呼吁@随手拍照解救乞讨儿童

就在@邓飞微博打拐成功解救彭文乐的前后，另一股微博浪潮也正在涌起。

2011年1月17日，@于建嵘（中国社会科学院农村发展研究所社会问题研究中心主任）接到一位母亲（即洪玉萍，微博@寻儿杨伟鑫）的私信求助，随后@于建嵘发布了这么一条微博：

> 真是丧尽天良！这个孩子叫杨伟鑫，今年六岁，福建泉州人，2009年被人拐骗并搞残成了街头乞丐，2010年年初有网友在厦门街头发现并拍此照，现仍下落不明。收到这封求助信，我愤怒极了。请求各位关注并保护好自己孩子，家人电话18906091815。公安部门也应有所作为！ http://t.cn/hbeRim
>
> 1月17日 14:22 来自新浪微博转发（9939）| 收藏 | 评论（2395）

当晚十时，@于建嵘在微博上表示了“以后凡是看到伤残儿童（十岁以下者）在街头行乞，我们就打110，并把110出警的情况在这里公布”的想法，并在晚11时继续扩展为“全国的网友都在这一天去拍摄街头行乞儿童的录相”的思路，这一思路也正是后来“随手拍照解救乞讨儿童”的雏形。

经与“几位大侠商量”，@于建嵘1月18日早八时在微博上表示“拍摄活动，统一时间进行，以了解同一时间的残儿乞讨情况。第一次初定本月二十九或三十日。”从这里可以看出，这时@于建嵘还只是把拍摄活动定性为若干次集中活动，而非日常持续性活动。

1月25日，@于建嵘另外开通@随手拍照解救乞讨儿童微博，随后通过新浪认证。

@随手拍照解救乞讨儿童发布第一条微博半小时之内，即有网友参与活动上传乞讨儿童照片，该微博粉丝也迅速增加，包括@陈士渠（公安部打拐办主任陈士渠）也于1月28日成为其微博粉丝。

1月29日，原计划活动开始的第一天，@于建嵘一早就在微博上表示“有近八千网友加了关注……有一百多网友发来了照片，这其中有多起得到了公安和民政部门的积极响应”。

2月2日，@薛蛮子（华尔街知名华人投资家、著名天使投资人薛蛮子）连续发布6条微博，发起“关于彻底消灭全国大规模拐卖儿童强制乞讨犯罪集团的倡议书”，号召政府、媒体、网友、企业联合行动起来。

2月3日，@于建嵘表示“李连杰先生的‘壹基金’秘书长杨鹏先生……希望资助我们建立完整的数据库和全国各地网友救助行动系统”。

2月3日，@陈士渠在回复网友@老榕的问题时表示“我会通过微博和大家保持沟通，欢迎提供拐卖犯罪线索。对每一条线索，公安部打拐办都会部署核查。”

2月5日，@于建嵘表示“多位全国人大代表来电，要在今年两会上发声”，并于7日继续确认说“全国人大代表、著名律师@迟夙生和全国政协委员、著名歌唱家@西藏人韩红已与我们联系，将就未成人乞讨的救助问题，分别向今年三月份召开的‘两会’提出议案和提案。”

2月8日，@平安中山（中山市公安局官方微博）表示“中山警方将马上联合城管、民政等部门对全市乞讨儿童进行清查”。

2月10日，公安部有关负责人表示，群众的参与对于拓宽线索来源、打击震慑犯罪、解救未成年人及提供社会救助具有积极意义，广大群众如果发现有虐待、组织、强迫、利用未成年人街头乞讨嫌疑的，应及时拨打110报警，公安机关将认真核查、依法严厉打击。①

2月10日，@公安网络发言人（河北省公安厅官方微博）发布微博称“河北省公安厅联合河北青年报#微博打拐#今日正式启动”。

2月27日，新华网、中国政府网联合专访温家宝总理与网友在线交流。期间，针对网友“果果”提出的乞讨儿童问题，温家宝表示“我在网上注意这个问题已经很久了，有的网民经过拍照上网来暴露许多流浪儿童的问题……最近我已经责成民政部会同公安部等有关部门，要立即采取综合措

① 邹伟：《公安部：发现虐待强迫未成年人乞讨应及时报警》，新华网，2011年2月10日，http://news.xinhuanet.com/legal/2011/02/10/c_121063059.htm。

施，加大对流浪儿童的救助……只要地方政府、各级部门动员起来，再加上人民群众的关注，我们一定能够解决这个问题”。

短短十天时间，@随手拍照解救乞讨儿童粉丝人数已经突破10万。而据中央人民广播电台报道，截至2011年2月8日，“通过网上照片辨认，已发现被拐卖儿童5个，目前已经被顺利解救”。[①]

网友热情如此之高，于建嵘自己也表示“之前预料到会有很多人关注，但关注的强度如此大，倒在意料之外”。网友参与还直接让这个本来计划只做几次集中活动的微博，变成了持续开展的常规活动，@随手拍照解救乞讨儿童也成为2011年春节期间网上最为热门的话题之一。

三、@随手拍照解救乞讨儿童引发争议

但@随手拍照解救乞讨儿童诞生之初，在广受网友支持的同时，也不断引来各种法律、政策和道德上的争议与质疑。这些质疑大多集中在对被拍照儿童肖像权、隐私权、尊严的伤害，以及可能给乞讨儿童带来的犯罪分子的报复性行动等方面，还有对于“限乞”活动本身合法性的质疑。

例如，@王小山就表示支持打拐但反对随手拍乞儿照片发布：

> 看能不能讲清楚：支持@薛蛮子@于建嵘打拐、扩大影响、督促立法、建立和警方对接的数据库。丢失孩子的父母贴孩子照片没问题。反对随手拍乞儿发微博和媒体，反对警方随意抓人、验DNA——抓人要在有基本证据，反对全面禁止儿童乞讨——现阶段这么做，无异杀人。其他，参看@联合国儿童基金会微博。
>
> 2月25日 18:44 来自新浪微博转发（84）| 收藏 | 评论（90）

@北京厨子针对目前网友未获当事人授权大肆擅自张贴乞儿照片的行为，要求立即删除并道歉，并表示“运动的发起者，无论是@于建嵘@邓

① 周益帆：《微博解救乞讨儿童行动形成声势 已成功解救5名儿童》，中国广播网，2011年2月8日，http://www.cnr.cn/china/gdgg/201102/t20110208_507654437.html。

飞还是其他人，负有不可推卸的监督责任”：

【声明】对于未获当事人授权，擅自以各种名义在网上张贴的，无论以打拐名义，还是以禁止乞讨名义发布的有关儿童乞讨及其他相关照片，各网站，各媒体，应予以立即删除，并在显要位置对发布未经证实的信息进行诚挚的道歉。运动的发起者，无论是 @ 于建嵘 @ 邓飞还是其他人，负有不可推卸的监督责任。

2 月 25 日 13:25 来自新浪微博转发（248）| 收藏 | 评论（196）

@ 和菜头则在其博文《被拐卖的是谁》里进一步对 @ 随手拍照解救乞讨儿童活动可能走向的歧路做了假设性预言：“下一步还准备干什么？在街头拍照，强拉乞丐父子做 DNA 测试只是第一步。用私刑处罚乞丐父母，处死拐卖者是第二步。把所有乞丐抓起来送去强制劳动，这是第三步。终极方案是对乞丐进行绝育手术，并且将 50 岁以上乞丐人道毁灭。是的，恭喜你！纳粹当年就是这么干的。”①

刚刚写了一片好文《被拐卖的是谁》http://t.cn/hqeVhm。

2 月 9 日 20:48 来自新浪微博转发（1075）| 收藏 | 评论（16）

而 @ 联合国儿童基金会（联合国儿童基金会官方微博）也对“普通的民众发布疑似 # 被拐卖儿童 # 但未经确认的照片”表示应谨慎行动。

【拍摄疑似被拐儿童照片应谨慎】失踪儿童的父母作为监护人，有权发布自己孩子的照片。同样，政府部门经监护人同意发布已确认失踪的儿童照片，有利于找寻失踪儿童。但是，普通的民众发布疑似 # 被拐卖儿童 # 但未经确认的照片，可能给儿童带来危险或者伤害，包括犯罪分子的报复以及别人的歧视。

2 月 22 日 11:02 来自新浪微博转发（571）| 收藏 | 评论（166）

---

① 和菜头：《被拐卖的是谁》，http://www.hecaitou.com/blogs/hecaitou/archives/134518.aspx。

对此，《南方都市报》报道称："一头是社会争议日渐激烈，'闹剧'之评不绝于耳；一头是成果乏善可陈，至今未有一个被拐孩子通过此举被解救出来。""尽管警方盘查了无数乞儿，但至今尚不能确凿地讲：有哪怕一个被拐孩子通过'随手拍照'获得解救。这一点是于建嵘和他的志愿者们都承认的。"①

而现实中的一些个案似乎也印证了这种尴尬局面，我们从一些媒体的报道中可见一斑：例如《"萝莉"被拐？微博打拐遭遇假打疯狂转发错上加错》(《天府早报》)；《微博打拐："乞讨女童"找到了不是甘肃菲菲》(《西部商报》)；《"微博打拐打跑了我的女儿"》(《生活新报》)；《照片疑似失踪儿童大举营救摆了乌龙》(《羊城晚报》)。

面对种种质疑，@于建嵘2月16日通过微博发布了"对当前解救乞讨儿童问题的几点回应"，称"禁止儿童乞讨是现代文明社会的基本常识"。

> 对当前解救乞讨儿童问题争议的几点回应：1. 禁止儿童乞讨是现代文明社会的基本常识，让乞讨儿童回归学校是父母、国家和社会的责任；2. 以此为机会，让政府真正重视民生，推动国家福利制度的改革，推进儿童福利法律的建设；3. 讨论不宜简单化，不宜为否定而否定，多提建设性意见。人身攻击没有意义。
>
> 2月16日09:31 来自新浪微博转发（644）| 收藏 | 评论（597）

@邓飞针对@北京厨子的质疑则回应说："我见到疑似被控制乞讨的儿童，我还是会拍下发到微博上让更多人看见，帮助可能的被拐孩子家庭，如有相关法律，我愿意坦然承担。"

四、打拐还是禁乞

《南方都市报》在一篇报道里称"'随手拍照解救乞讨儿童'运动开始

① 冯翔：《微博"打拐"改"禁乞"：高潮，还是收尾？》，《南方都市报》之《深圳读本》2011年2月15日第SA01版。

半个多月后，于建嵘纠集各路人马召开会议，将方向由‘打拐’突然转为‘禁乞’”。①

作者并不这么认为。据观察，@于建嵘发起@随手拍照解救乞讨儿童活动，起因确实是因为被拐儿童杨伟鑫母亲的求助，但活动伊始@随手拍照解救乞讨儿童就表明了是针对乞讨儿童而非被拐儿童。@于建嵘自己也在2月13日的微博中表示“杨伟鑫妈妈的信，让我更加重视了乞讨儿童问题。但我从来没有把乞讨儿童等同于被拐儿童”。

只是，在网友和媒体热情关注的过程中，人们似乎自觉不自觉地模糊了二者的界限，例如河北省公安厅与《河北青年报》联合发起微博打拐活动时，其实是受@随手拍照解救乞讨儿童的影响，但不自觉地就把活动限定在微博打拐上了。

这种误解有其背景基础。@邓飞在调查南中国男童贩卖情况时发现“被拐男童一部分卖到福建潮汕山东等地人家需要男童家庭，部分流向职业乞讨产业”，“乞儿”和“被拐”之间的这种关系，也许就是人们混淆微博打拐和@随手拍照解救乞讨儿童二者的原因。

> 为什么要拍摄乞讨卖艺孩子？我在调查南中国男童贩卖时发现，被拐男童一部分卖到福建潮汕山东等地人家需要男童家庭，部分流向职业乞讨产业。对于后者，我们可通过各自摄像手机拍下照片上网供寻找，并可帮助警方打拐。我们举手之劳，却可能帮助一孩子和一家庭一辈子。各地同学，我们加油！
>
> 1月30日 15:39 来自 iPad 客户端转发（110）| 收藏 | 评论（44）

一部分被拐儿童中流向职业乞讨产业，反之职业乞讨儿童不都是被拐儿童。这也是@随手拍照解救乞讨儿童招致诸多争议的原因所在。因为很多乞讨儿童或者说大部分乞讨儿童并非是被拐而来，可能是由父母、亲戚、老乡乃至专业“带香”人带领乞讨，但他们并非被拐，因此贸然拍照、报警、

① 冯翔：《微博“打拐”改“禁乞”：高潮，还是收尾?》，《南方都市报》之《深圳读本》2011年2月15日第SA01版。

解救往往会遇到各种尴尬和困难。

而彭文乐的情形则有所不同，他之所以被成功解救，更多是在于彭高峰多年来坚持在网络散发儿子照片，包括请@邓飞通过微博发布照片，先有照片后被网友看到、举报，这和@随手拍照解救乞讨儿童先拍乞儿照片，然后举报、解救的路径有所不同。彭文乐被解救，这也是典型的“宝贝回家”模式——请原谅我一直到这里才提到这个名词，以及这个名词后的组织、个人。

宝贝回家网站（http://www.baobeihuijia.com）是隶属于宝贝回家志愿者协会的公益网站，宝贝回家志愿者协会则是在民政部门正式注册的民间志愿者组织，是独具法人资格的地方性非营利社会公益团体，主要为失踪儿童家长提供免费寻人服务，帮助走失、被拐、被遗弃儿童寻找亲人，同时帮助因各种原因流浪、乞讨、卖艺儿童回归正常生活。

在微博打拐、随手拍照解救乞讨儿童活动的过程中，@宝贝回家、@宝贝回家张宝艳以及@GJ的微博、@上官正义--仔仔等民间打拐人士，也都积极响应，发挥了很大的作用。

打拐和禁乞有所不同，但@邓飞、@于建嵘发起活动的初衷，则没有区别，都是为了孩子。

五、问责政府

@于建嵘因@随手拍照解救乞讨儿童饱受争议，@邓飞也因为转发网友关于动车上孩子哭闹疑遭拐卖的微博而受质疑并向孩子家长微博致歉，他们的做法或许有欠妥之处，但网友最应该质疑、问责的，不是他们，而是政府部门。

在@随手拍照解救乞讨儿童活动期间，有公安机关积极响应，但同样也有政府部门敷衍以对的情况，例如@邓飞提到的“@草根屁民反映衡阳市110拒绝出警核对乞讨儿童和@GJ的微博反映广州市一派出所敷衍处理”。

@草根屁民反映衡阳市110拒绝出警核对乞讨儿童和@GJ的微博反映广州市一派出所敷衍处理，折射部分基层民警厌于处理流浪乞讨儿童事务。而有民警称，把这些孩子带进派出所后很麻烦。考虑到各地民众报案剧增，大批乞讨儿童流入派出所，如何安置他们的生活，救助站？福利院？需要大家拿更多主意@善养浩然。

2月8日09:59 来自新浪微博转发（465）|收藏|评论（195）

再如@李蒙记者（《民主与法制》记者李蒙）提到的《国际旅游岛商报》报道称“警方核实乞儿身世仅凭家属说辞”，都暴露出警方工作所存在的一些纰漏。

【警方核实乞儿身世仅凭家属说辞】报道里的这句话，让“乞讨儿童多由亲属携带”的论调不攻自破，由亲属携带的恐怕是少数，乞儿多数是被组织，被雇佣，被拐骗。所谓“维护儿童乞讨权”，就是在保护一些人“组织雇佣拐骗儿童乞讨权”。http://t.cn/h5X9Ms

2月17日17:03 来自未通过审核应用转发（212）|收藏|评论（87）

还有，@于建嵘称自己2月23日“为成立[残疾乞讨儿童养护中心]跑了北京市通州区民政局，也是不理不睬……我好不容易找到区民政局，叫我去找残联；好不容易找到残联，却说这事归民政局。推来推去的”。以至于3月2日看到“民政部将召集十几个省市进行座谈、研究，讨论流浪乞讨儿童的现状和救助问题”的新闻后，@于建嵘愤称“总理重视了，民政部才出来装样子”。

总理重视了，民政部才出来装样子。这些天找你们民政部门商量建立民间组织救助乞讨儿童的事，受够了你们的官腔。放开民间公益组织，让社会力量行动起来，就要了你们民政部的命?!“民政部将召集十几个省市进行座谈、研究，讨论流浪乞讨儿童的现状和救助问题”。http://t.cn/htAKVc

3月2日21:11 来自新浪微博转发（1118）|收藏|评论（605）

而在这些具体的个案之外，大量被拐儿童和乞讨儿童现象的背后，则是国家政策法规、社会福利制度的缺失，以及在实际执行中的政府缺位。这场由民间人士自下而上发起的微博打拐和随手拍照解救乞讨儿童运动，不但引起了公众和媒体的广泛关注，更通过微博这一平台的放大，引起了诸多政府部门的行动和回应。正如@于建嵘所言："我们最终目标是通过制度建设和全民参与减少和彻底杜绝未成年人乞讨现象。"也许，这才是更大的意义所在。

春节期间的热潮过去之后，微博打拐和随手拍照解救乞讨儿童仍在继续。6月1日,@邓飞自微博发来儿童节捷报，称"我们活捉一人贩子"，"手里有一本本子，数十个孩子买卖的记录"。

6月19日，邓飞发布委托@张志伟律师制定的《反拐志愿者行动准则》，请大家讨论修改，这是一个可喜的进展，表明邓飞们的行动正在逐渐走向规范化、专业化。

4月12日，公安部副部长张新枫在公安部深化打拐专项行动电视电话会议上表示，从现在起，全国警方将开展为期6个月的来历不明儿童集中摸排行动，不放弃任何一起未破打拐案件。

而引起@于建嵘发起@随手拍照解救乞讨儿童的杨伟鑫，迟迟没能找到，他的父母仍在通过@寻儿杨伟鑫等渠道苦苦寻求。对此，陈士渠接受媒体采访时表示："案件不破，被拐儿童（杨伟鑫）没有找回来，就不能停止侦查。"①

我们期待着。

---

① 刘波、庄丽祥：《杨伟鑫案不破不收兵　全国建失踪儿童速查机制》，《东南早报》2011年5月15日第A7版。

第三节　春运：微博上的回家路

春运，被称为“人类历史上规模最大的、周期性的人类大迁徙”。2011 年春节前后，公安部首次大规模组织全国公安微博，统一开展“2011 年春运安保”行动，直播报道春运安保工作。期间有全国 800 余家公安微博参与，为网友提供了及时的春运信息服务。

一、八百公安奔微博

2011 年 1 月 30 日，农历腊月二十七，公安部联合新浪微博、腾讯微博特别策划推出“2011 年春运安保”行动，直播报道春运安保工作。①

这是公安部首次组织全国公安微博统一开展的主题直播活动，据公安部网站资料显示，全国 800 余家公安微博联动，截至 30 日 17 时，新浪网、腾讯网直播专题页面共产生相关微博 40 余万条（包括网民互动留言）。②

期间，各地公安微博发布了大量与春运安保相关的微博内容，向广大网民介绍春运安保工作情况，直播各类交通、安全信息。该活动获得了大量网友关注，据媒体报道“网友直呼：‘这个平台太好了，太方便了’”、“不少网友还在线报名希望成为‘春运志愿者’”。

二、典型行动

微博直播“2011 年春运安保”活动期间，各地公安微博都积极行动起来，通过微博发布实时路况等大量信息，为网友回家出行提供帮助。

根据日常作者对政府微博的观察，选取了 8 家比较活跃、影响较大的

① 新浪微博专题：http://news.sina.com.cn/z/mpsanbao/，腾讯微博专题：http://z.t.qq.com/zt2011/cyab2011/。

② 《全国800余家公安微博联动直播春运安保工作》，公安部网站，2011年1月30日。http://www.mps.gov.cn/n16/n1237/n1342/n803715/2684430.html。

公安微博（其中省级公安微博5家，市级公安微博3家），对其直播“2011年春运安保”期间的微博内容进行分析，发现比较典型的做法如表3-1所示。

表3-1　部分公安机构官方微博“2011年春运安保”活动简况

序号	政府微博	微博主要内容及典型案例	新浪微博数量	腾讯微博数量
1	广东省公安厅官方微博	发布高速路况及其他交通信息	107	82
2	北京市公安局官方微博	以#春运安保平安贴#为标签，总结发布“36招”；以#春运安保进行时#为标签，及时提供机场、四大火车站、长途客车站、各大公交车站客流、消防、安检等情况及相关提示信息	70	0
3	安徽省公安厅官方微博	发布高速路况及客运站等交通信息，并针对返乡农民工较多的现实情况针对性发布返乡民工注意事项，例如“车站防骗局、返乡途中防盗招数”等	35	34
4	湖南省交警总队官方微博	发布交通、天气等相关信息；由于本微博系交警微博，发布交通信息为微博常态工作，加上2011年1月底湖南大雪，因此本微博在1月30日之前多日即发布多条相关微博	14	3
5	河北省公安厅官方微博	在石家庄火车站现场直播旅客出行情况，发布突发情况和提示信息	9	10
6	深圳市公安局官方微博	发布交通、路况、安检等信息；其中公交民警在福田汽车站抓捕在逃人员信息较受媒体关注	129	122
7	济南市公安局官方微博	在济南长途汽车总站、济南火车站直播交通路况、安保等信息	41	91

续表

序号	政府微博	微博主要内容及典型案例	新浪微博数量	腾讯微博数量
8	肇庆市公安局官方微博	发布交通、路况、安检等信息，直播肇庆警方警车带道护送集体返乡摩托车大军情况及回应质疑	182	/

注：

1. 北京市公安局官方微博：腾讯微博数量为零，系当时未开通腾讯微博；
2. 湖南省交警总队官方微博：如上表分析“发布交通信息为微博常态工作”，这里仅统计了1月30日当天相关微博数量，在此前、此后湖南省交警总队官方微博均发布了相关信息；
3. 广东省肇庆市公安局官方微博：由于其直播“肇庆警方警车带道护送集体返乡摩托车”事件引起了媒体广泛关注，之后也有与此相关的微博，对新浪微博仅统计其2月2日除夕之前的数量；腾讯微博因技术原因未能统计。

三、成功背后的原因

公安部发起的这次“2011年春运安保”行动，总体可称规模大、影响广、效果好，是政府微博一次较为成功的尝试。其取得成功的原因，大致有如下几点：

第一是话题本身受网民关注。1月30日为农历腊月二十七，正值春运高峰，广大网友极为关注春运、交通、安全等信息。赶在这个时间点推出此项活动，为网民提供及时的信息服务，自然会受到关注和欢迎。

第二是微博的兴起创造了良好的平台。一方面，作为国内微博产品的领先者，新浪试图在春节期间扩大微博的影响力和覆盖面，在春节之前接连推出了“寻找同路人”、“带着围脖回家过年”等活动，并通过“让红包飞”等奖励刺激网友使用微博。另一方面，腾讯微博为了缩小与新浪微博的差距，也在积极寻求各种业务突破机会，公安部的此次合作提议，自然与腾讯业务发展的目标一拍即合。由此，公安部与新浪微博、腾讯微博两大平台达成合作，两大网站都花了大力气推广本次活动，为活动取得最终成功提供了强大的平台。

第三是公安微博自身的热度和影响。公安微博一直是政府微博中最为热

门和数量最多的子类，在目前开通的政府机构微博中，公安微博占据了很大的比例，例如新浪微博“名人堂”中，“政府官员”类微博一直把“公安”项单独列出。而公安微博所发布的内容和网友生活有着密切关系，一直有着较高的人气。本次“2011 年春运安保”行动，公安部发动了全国各级公安机构积极参与，数量约达 800 余家。

第四，也是最重要的一点，“2011 年春运安保”不是为行动而行动，确实为广大网友提供了及时、有效、有益的信息，这是活动受到网友广泛关注和欢迎的最根本原因，而微博时代的到来无疑又给这一活动创意创造了更为便捷的平台。

除了春运工作之外，公安部还在兔年春节期间统一组织开展查处酒驾工作公安微博直播活动，及时反映各地公安交管部门加强对各类车辆的通行管理，严查酒驾等严重交通违法行为的情况。

四、新浪微博 VS 腾讯微博

这次“2011 年春运安保”行动，新浪微博与腾讯微博同时参与，经观察，发现腾讯微博整体表现不如新浪微博。

1. 公安微博数量

开通新浪微博的公安机构，数量远远多于开通腾讯微博的，具体比较如下：

表 3-2 “2011 年春运安保”活动新浪、腾讯公安微博数量比较

<table>
<tr><th>网站</th><th>省级
公安微博数量</th><th>省会城市
公安微博数量</th><th>其他城市
公安微博数量</th><th>交警
微博数量</th></tr>
<tr><td>新浪微博</td><td>10</td><td>8</td><td>92</td><td>13</td></tr>
<tr><td>腾讯微博</td><td>6</td><td colspan="2">33</td><td>0</td></tr>
</table>

2. 专题架构

腾讯微博专题，可以说是一个“纯微博”的专题，除了公安微博列表、

滚动微博内容外，专题焦点图、头条等内容，均链接到相关微博。

新浪微博专题，除包括腾讯微博专题的如上因素外，还发挥了新浪专题的一贯优势，加入了大量新闻内容，以新闻正文页（包括视频正文页）形式呈现，并增加了春运安全手册、相关专题两块内容，以及往日专题回顾、专题内搜索两项功能模块。

整体来讲，新浪微博的专题更为丰富。

3. 专题页面长度

新浪微博专题，页面长度约 9 屏；腾讯微博专题，页面长度约 4 屏。

五、网站自选动作

春运，已经成为中国特有的一种社会文化现象，被称做人类最大规模的周期性迁徙活动，过年回家，是这一群体的最大心声。2011 年春运期间，全国有近 29 亿人次乘坐不同的交通工具前往各地。

公安部在 2011 年春运期间，联合新浪微博、腾讯微博推出“2011 年春运安保”行动，直播报道春运安保工作，是政府部门运用新媒体服务人民的尝试，值得称道。

而新浪和腾讯这两大互联网企业，在春运期间，与微博相关的自选动作，还有很多。

通过考察新浪网和腾讯网各自的春运专题（指由两网新闻中心各自制作的春运总专题），发现与新浪微博相关的活动主要有微博求票转票、微博行、微博直击农民工骑摩托千里回家、微摄影、春运微博地图 5 项，与腾讯微博相关的活动主要有新年愿望、最想去的地方、最想与父母说的一句话、宝贝回家关爱行动 4 项。

其中，腾讯网宝贝回家关爱行动专题，系腾讯公益与宝贝回家志愿者协会联合发起的“宝贝回家关爱行动”，旨在借助微博，帮助走失、被拐、流浪儿童早日回到父母身边，同时呼吁网友见到街头乞讨的儿童时请拍照或录像，连同时间、详细地点等发布到腾讯微博。

新浪微博的“三人行”活动，则是邀请了 @羊加鱼、@北京隐形人、

@木棉三名网友，分别从北京出发，沿京广线、陇海线、京哈线回家，通过新浪微博全程记录自己从购票，起程到归家的全过程。而“微博直击农民工骑摩托千里回家”活动，则是与《东方早报》合作，由《东方早报》记者全程追踪三个家庭从广东肇庆起程的“摩托返乡之路”。

当然，新浪、腾讯在春运期间的其他活动还有很多，例如与腾讯网宝贝回家关爱行动专题相对应，春节前后在新浪微博上掀起了由@邓飞、@于建嵘等发起的微博打拐、随手拍照解救乞讨儿童活动热潮。[①] 与新浪微博求票转票活动相对应，腾讯网春运专题也有该项功能，但不是以微博为依托。这里仅就新浪、腾讯2011年春运总专题中与微博相关的部分进行分析。

另外，新浪和腾讯除各自的春运总专题和2011年春运安保活动专题外，还各自推出了如下与微博相关的专题：

表3-3 “2011年春运安保”活动新浪、腾讯相关专题一览

网站	专题名称	专题地址
新浪	2011春运来微博求票转票寻找同路人	http://t.sina.com.cn/z/2011chunyun/
	三人行春运亲历微博全程纪实	http://news.sina.com.cn/z/2011cych/index.shtml
	记者直击农民工骑摩托千里回家路	http://news.sina.com.cn/z/nongmingonghome2011/index.shtml
	微博直击农民工骑摩托千里回家路	http://topic.t.sina.com.cn/news/cymthj/index.shtml
	铁路局微博一键关注	http://news.sina.com.cn/tblog/2011-01-14/plgz_17.html
	让爱回家别让父母的爱成为永远的期待（含微摄影、春运微博地图）	http://client.sina.com.cn/201101besturn/index.php
腾讯	最想与父母说的一句话	http://news.qq.com/zt2011/speak/index.htm
	宝贝回家关爱行动	http://gongyi.qq.com/zt2011/bbhj/
	春运平安微博	http://news.qq.com/zt2011/2011chunyun/pingan.htm

① 参见本书第三章第二节《从微博打拐到随手拍照》。

第四节 两会上的微博问政

"两会"作为每年一度中国最大规模的政治事件，牵动着全国人民的目光。

2010 年两会期间，刚刚诞生半年时间的新浪微博上两会代表虽少，但已有樊建川微博直播政协会议、何水法微博征集两会建议等微博问政行为。2011 年两会，仅新浪即已有数百名两会代表开通微博，微博问政已经蔚然成风。截至 2011 年 12 月 31 日，新浪微博、腾讯微博上已经汇聚了近四万名政府及官员微博，2011 年也被媒体称为政务微博元年。2012 年两会上微博更是大放异彩，从两会代表到政府、官员微博，从媒体记者到普通网友，微博已经成为参政议政的重要平台。

微博走进大众视野刚过两年，却经历了三年两会。

2010 年两会期间，微博问政还是新鲜事物。一年时间过去，开通微博的两会代表从寥寥无几到应者云集，2011 年两会期间微博问政已经蔚然成风。2012 年两会上微博更是大放异彩，从两会代表到政府、官员微博，从媒体记者到普通网友，微博已经成为参政议政的重要平台。

首先让我们来看看两条微博：

今天下午 3 时，全国政协十一届三次会议即将拉开 2010 年全国两会大幕，@ 俞敏洪 @ 葛剑雄 @ 冯军 @ 张晓梅 @ 国画家何水法 @ 李延声 @ 贺强 @ 宋林飞 @ 盛连喜 @ 王超斌 @ 全国政协委员严琦 @ 杨文龙 @ 杨利霞 @ 宋纯鹏 @ 阿夫等 2010 政协委员走上微博倾听民意、传递民声，详情请关注 http://weibo.com/huodong/2010lh

2010-3-3 11:06 来自新浪微博转发 (169)| 收藏 | 评论 (83)

两会今日召开，新浪微博助力网络问政。目前入驻新浪微博的政府机关及官员微博已经超过 3000 个，覆盖到政府、公安、交通、旅游、医疗等多个领域，其中公安微博 1500 多家。政府机构通过微博与网友互动，发布民生信息等，快来围观你身边的政府微博吧。http://t.cn/hGzj3S

2011 年 3 月 3 日 20:16 来自新浪微博转发 (147)| 收藏 | 评论 (86)

这两条来自@微博小秘书（新浪微博官方账号）的微博，分别发布于2010年和2011年全国政协会议开幕当天（注：全国政协会议开幕要早于全国人大会议开幕），从中可以看出，2010年时，开通新浪微博的两会代表、委员还是屈指可数，微博问政还属于新鲜事物，而到了2011年，开通新浪微博的政府、官员微博已经超过3000个，新浪也无法再一一列出主要两会代表、委员的微博。一年时间，微博问政深入人心。

据统计，2010年共有20位人大代表、27位政协委员共47人开通新浪微博；2011年则有140位人大代表、188位政协委员共388人开通新浪微博。

"全国人民代表大会"和"中国人民政治协商会议"这"两会"，肩负着把从广大人民中得来的信息和要求进行收集及整理，传达给党中央，向政府有关部门提出选民们自己的意见和要求的使命，作为每年一度中国最大规模的政治事件，牵动着全国人民的目光。

下面就让我们看看，从2010年到2012年，微博在地方、全国两会期间都发挥了什么作用，两会代表、媒体、网民又在微博上关注了哪些议题。

一、2010年两会

1. 代表委员试水微博问政

新浪微博于2009年8月28日正式对外公测，2010年两会召开时，新浪微博用户不过500万左右，比起当时全国近4亿的网民总数，以及2011年3月超过1亿的新浪微博用户数量，都还处于起步阶段，微博问政更是新鲜事物，尤其是在全国两会这样的场合下，使用新浪微博的两会代表、委员，还是寥寥可数。

而中央重点新闻网站中第一家推出微博的人民网微博，则在2010年2月1日才正式对外开放公测。新华网更是在2011年4月19日才推出微博产品，相比新浪微博等商业网站，中央重点新闻网站在微博方面起步较晚，影响较小。

2010年两会期间，共有40位代表、委员在人民网开通两会微博；新华网在新浪开通@新华视点两会微博（现已改为@新华视点），@微博小秘书称其"召集三百名记者轮番直播"（新华社2010年两会报道记者总数约为

300人）；而开通新浪微博的则共有20位人大代表、27位政协委员；另外，其他地方媒体也分别召集部分代表、委员开通了相关微博。

总体来讲，2010年两会期间，代表、委员们使用微博还属少数，即使是影响最大的新浪微博，聚集了47位全国人大代表、政协委员，但这一数量相比全国人大代表2981人、政协委员2237人的规模，仍不足百分之一。

2. 媒体微博的盛宴

与代表、委员相比，媒体、记者们对微博则熟悉得多。新浪微博开通初期，一直把名人微博与媒体微博作为主要拓展方向，两会之前更是投入大量人力物力邀请全国各大媒体及上会记者开通微博。

据统计，约有六十多家媒体在新浪开通两会微博，部分微博在两会结束之后通过修改微博昵称进而作为媒体官方微博继续存在。而开通新浪微博的记者更多，例如央视两会记者王小丫、撒贝宁、鲁健、张泉灵等均开通了微博。

在页面呈现上，人民网与新浪网各自的两会专题中，“微博”都被作为主要元素之一，出现在专题导航栏中。

其中，人民网专题每天精选若干条代表、委员微博观点进行推荐阅读，新浪网专题的微博板块中，除了重点合作对象@新华视点两会微博内容外，还对11名人大代表、18名政协委员、4名上会记者、8家媒体的微博进行集中推荐。

两会期间，很多媒体除开通新浪微博外，还在自身媒体上开设了专门的微博专栏，例如《人民日报》两会特刊开辟“微博来客”专栏，《四川日报》在“2010全国两会特别报道”中开辟《记者微博》专栏，《羊城晚报》两会期间设立“微拍客”专栏，《新京报》开辟“微博大义”专栏，《青年时报》开辟“‘微’言大义”专栏等。开通了微博产品的新民网、大洋网等一些地方网站，除了借用新浪地盘外，更是邀请地方两会代表委员做客自己网站开通微博，发动记者网友通过微博进行两会报道。

两会期间，大量媒体、记者通过微博发布消息，由于微博的即时性与互动性，很多新闻热点在传统媒体报道之前，在网上都已经火了起来，甚至有一些新闻点率先通过微博热炒起来之后传统媒体才予以关注。这种现象其实也是微博等互动媒体的特点之一，而不仅仅是表现在两会召开期间。

对此，媒体、网民都给予了较高评价，例如，两会结束之际，@朱永新（全国人大常委、民进中央副主席、中国教育学会副会长）就通过微博表示:“今年两会的一大特色是‘围脖’引发了‘网络两会’”。

> 今年两会的一大特色是“围脖”引发了“网络两会”，网民参与政治的热情空前高涨。两会再也不是人大政协的代表委员关起门来讨论问题议论国是，而是会上会下互动，网络内外联动。
>
> 2010-3-14 22:47 来自新浪微博转发 (12)| 收藏 | 评论 (14)

3. 案例 1：樊建川川普微博直播政协会议

2010年1月24日,@樊建川（四川省政协委员，建川博物馆馆长樊建川）通过短信发布了一条微博，称“本人是省政协资深委员,戴起牌牌,提起包包,一身正装,正儿八经地去参政议政了”。

当日为政协四川省2010年会议（第十届委员会第三次会议）开幕日，这条微博也是@樊建川发布的第一条两会相关微博。此时，@樊建川开通新浪微博刚刚20天。

这条微博最开始引起的反响并不大，只有1条转发、2条评论，但两条评论都很到位，一是呼吁“其他委员也应该来开微博”，二是“期望直播”。

> 从今往后几天,我吃会议伙食了。本人是省政协资深委员,戴起牌牌,提起包包,一身正装,正儿八经地去参政议政了。地点在一般人都不去的金牛宾馆哈。
>
> 2010-1-24 08:09 来自短信转发 (1)| 收藏 | 评论 (2)

从整装出发到会议报到，从会议流程到会议伙食，从他人发言到自己提案，樊建川用平实、活泼的“椒盐”川普（指川味普通话）向网友即时播报四川省政协会议情况。

期间，有网友希望改用普通话，四川网友却“强烈要求樊老师继续椒盐”。还有网友主动请缨:“要是哪个听不懂四川话，我来负责翻译，基本上相当于同传。”

24日当天，樊建川连续发布了22条微博直播政协会议，共计1900余字，其中20条系通过手机短信发送。

@樊建川微博直播两会，首先引起了四川本地媒体的注意，1月25日，《成都商报》对此进行了报道，称“委员首次微博直播政协会议，受到网友热捧”。①

1月25日，@樊建川继续微博直播。

10点3分，@樊建川发布微博请网友提供提案建议。

> [弹药]本次政协会议，本委员准备了四颗手榴弹(提案)，全扔出去了。没得搞了哈，穷慌了哈，只有打烂条了哈，各位朋友，有弹药没得，提供给额，本委员只有觉得是真火药(屁火药不要)就负责摔出去哈，轰，轰，轰。
>
> 2010-1-25 10:03 来自短信转发(7)| 收藏 | 评论(8)

22点26分，@樊建川发布当天最后一条微博，称：“这次本委员在政协会议期间用微博进行直播，事前没准备，属于心血来潮之举。没与任何人商量，没与任何人汇报。至今，也没有任何组织上的人找我说‘聊斋’。太愉快太巴适了。”

4. 案例2：何水法微博征建议

@樊建川微博直播四川省政协会议，而首先通过微博征集网友建议、形成两会议案的，则当属@国画家何水法（全国政协委员，国画家）。

2010年2月22日12时，@国画家何水法发布微博请网友提建议，并公开了自己的电子邮箱。

> 邮件可以发到：hsf48@126.com.
>
> 2010-2-22 12:01 来自新浪微博转发 | 收藏 | 评论(4)

① 余文龙：《樊建川椒盐川普微博“直播”政协会：贤达能人多开会当上学》，《成都商报》2010年1月25日第3版。

初六接到省政协电话通知，将于3月2日赴北京参加全国政协会议。今年已有五个提案再酝酿之中，这几天要集中精神整理成文。博友们有什么建议，请尽快和我联系哦！

2010-2-22 11:58 来自新浪微博转发 (15)| 收藏 | 评论 (49)

发布这条微博之后仅9个小时的时间，何水法表示“我的微博2月2号才开，现在已有粉丝9012人了！微博发展得很快，到现在我收到的意见就有1000多条。”①

2月25日，杭州本地媒体《青年时报》率先注意到这一现象，并于当日开通@青年时报两会微博（现已改为@青年时报），所发布的第一条微博即提及此事。2月26日，《青年时报》以《何水法织“围脖”3天收建议千条》为题进行报道。

据何水法表示，他计划提交五个建议，其中两个是自己提的，另外三个则准备通过微博进行征集。

面对网友提出的大量意见建议，何水法说，“粉丝关注比较多的问题有，住房问题、村干部选举制度、青年艺术家政府扶持问题、医药费与工资相比太高的问题。我们要尽量想些切实可行的应对办法。”②

3月1日，@国画家何水法发布微博表示将把网友的意见建议“正式提交有关部门”。

是的！网友参与群策群力，你们的留言与评论已经各大媒体的关注，他们纷纷在留言中寻找报道的素材。我和我的助手们正在全力整理大家的建议与意见，汇集成册后，会正式提交有关部门。

@国画家何水法：政协提案：创新高等教育办学思路提升满足社会适用性 http://t.cn/hOIt8 原文转发 (13)| 原文评论 (24)

2010-3-1 21:36 来自新浪微博转发 (3)| 收藏 | 评论 (12)

---

① 张秉璐：《何水法织“围脖”3天收建议千条》，《青年时报》2010年2月26日第A9版。

② 同上。

5. 案例 3：浙江省政协开通微博社区

2010 年浙江两会之前，省政协门户网站特别推出了“政协委员微博社区”，微博社区围绕大学生创业，每天设置一个主题，包括大学生创业的途径、意义等共 5 个话题进行讨论，邀请省政协委员徐向东、林东、周少华等开通微博，“第一天就来了近百条评论。”①

这是地方政府及媒体主动利用微博产品，结合两会开展微博互动的典型代表。但该微博社区只能算是试点和实验，关注的话题较为单一，参与人员较少，且完成阶段使命后即行关闭，目前该微博社区已无法访问。

6. 最热话题：网友微博呼吁委员捐电脑

2010 年 3 月 2 日，全国两会召开前一天，新浪微博上和两会相关的最热话题并非提案议案，而是有关电脑。

首先是 @ 张晓梅（《中国美容时尚报》出版人、全国政协委员）于 3 月 2 日早 8 时发布微博透露“今年委员发电脑，昨天委员报到时每人领到一部新电脑，和去年不同的是，今年电脑用后不用再归还，这要实际得多。去年发电脑要退还并没有意义，有电脑的懒得为几天重新熟悉新电脑，不用的你发他也不会用，会议结束回收的数千台电脑的确很浪费”。

这条微博一经发出，迅速引起网友热议，短短数小时内引发一千余条转发及数百条评论，其中 @ 杜子建（华艺首席顾问）的一条微博，更是被网友转发八千余次，评论近三千条：

> 【请各位帮我转发】，我恳请二会代表，在开完二会后，请将你们手中的这个“公款电脑”，捐赠给贫困地区的小学老师们，他们目前最缺的就是这个教学工具了。请让我们的下一代都记得感谢二会的温暖！谢谢大家转发！请转发到 3000 次以上吧。
>
> 2010-3-4 22:02 来自新浪微博转发 (8616)| 收藏 | 评论 (2945)

---

① 《网上交提案　微博议热点　政协委员“信息化”履职》，浙江在线，http://zjnews.zjol.com.cn/05zjnews/system/2010/01/24/016262584.shtml。

面对众多网友的质疑与建议，@张晓梅未能正面回应，并删除了原始微博。

3月8日，全国政协大会秘书处技术保障组负责人、全国政协办公厅信息中心主任张振山在接受媒体采访时表示，向委员提供电脑且不在会后回收，是为了促进委员履行职能经常化、常态化，不做“会间委员”，而是“全天候”地发挥作用。如果委员不需会议配发的电脑，可将电脑交回。

7. 遗憾：部分微博会后休眠

虽然微博成为2010年两会报道期间的一大亮点，但仔细考究一番，代表、委员微博问政还存在诸多问题。

第一是微博关注度。虽然很多代表委员的微博一经开通就迅速引来上万粉丝，但很多粉丝是慕“名”而来，冲着博主代表、委员的名头而来，纯属围观。而且很多微博转发、评论廖廖，不排除这些微博的粉丝有很多虚假的“僵尸粉”。例如@全国人大代表王静，据《时代周报》报道，湖北的人大代表、武汉市公交集团驾驶员王静在3月3日全国政协会议召开当日，即开通新浪微博“并写下4条微博，但当天仅收到2条评论。到3月12日，王静总共写了19条微博，反应平平，绝大部分博客内容无人响应。此后，王静的微博再未更新，截至3月16日晚，其粉丝只有19人。”①（@全国人大代表王静最新一条微博的发布时间为2011年3月7日，距离上一条微博已近一年，此时其微博粉丝已接近万人，但单条微博评论、转发均未超过20条）。

第二是微博问政实质内容。虽然有一些代表、委员包括媒体通过微博向网友征集提案建议，但征集到的问题数量有限（起码在公开的微博评论之下能看到的建议有限，像@国画家何水法通过电子邮箱收到的上千份建议，则未能考证），而且部分网友提出的问题，在往年两会中已经有人提及，当然，“代表提了多年，还是无法促成其实现，那我们在这里还凑什么热闹？”——这一问题并非网友或微博之过，而是与中国社会目前的现实情况密切相关。从这个层面，代表、委员微博问政的符号意义大于实际意义，他们的微博更多是起到了“私媒体”的作用，通过微博向网友传递会议实况。

---

① 陶喜年：《“微博”问政》，《时代周报》2010年3月18日。

第三是部分微博会后“休眠”。一些代表、委员在媒体邀请之下开通了微博，但在两会结束之后，这些微博却陷入了“休眠”状态，两会期间与网友的互动沟通不复存在。例如@全国政协委员严琦，2010年3月1日开通微博，当天发布一条微博，3月3日发布三条微博，之后微博即一直处于休眠状态。再来考察一下在新浪网2010年两会专题中微博板块中所重点推荐的两会代表，从中随机选取5名代表，发现他们的微博在两会之后几乎没有更新。

表3-4　部分2010年两会代表发布新浪微博数量统计

微博昵称	微博认证信息	全国两会前	全国两会期间	全国两会后三个月内	合计
丁强	全国人大代表，天威保变董事长	7	10	1	18
吉林省歌刘春梅	吉林省歌舞团团长，全国人大代表	24	0	0	24
阿迪力吾休尔	钢丝王子	3	0	2	5
全国人大代表方青	全国人大代表方青	2	1	1	4
全国人大代表王鸣	全国人大代表王鸣	5	3	0	8
浙江张新建	全国人大代表	0	0	0	0
李稻葵	清华大学经济管理学院Freeman经济学讲席教授，博士生导师，长江学者特聘教授	7	0	0	7

数据来源：作者根据新浪页面公开信息统计。

对于这一问题，固然与代表、委员不熟悉网络及工作繁忙等原因有关，但最重要的一点，仍是他们能否、愿否通过微博这一新的渠道，去了解互联网民意，去真诚地与网友沟通。很多媒体专为两会开通的微博，在两会结束之后都转身为媒体官方微博，继续与网友进行互动。这种方式，值得两会代表、委员们参考。

二、2011 年两会

1. 微博问政深入人心

一年时间过去，待到 2011 年全国两会召开之际，微博已经掀起一股热潮，新浪微博的用户数已经超过 1 亿，相当于一年之前的二十余倍。此时入驻新浪的政府机关及官员微博已经超过 3000 个，微博问政的概念已经深入人心，2011 年两会期间，使用微博尤其是新浪微博的代表、委员大大增加。

在人民网上，共有 178 位全国两会代表委员开通实名微博。① 而在新浪微博"微观两会"的专题中，显示共有 171 位人大代表和 217 位政协委员开通微博。在新浪微博"2011 年全国地方两会"的专题中，显示共有 167 位地方代表、委员开通微博（其中包括四十余位 0 关注、0 微博、无头像用户）。

2. 张春贤：开通微博的最高级别官员②

2011 年 3 月 2 日，新疆自治区党委书记张春贤通过腾讯网和天山网给网友写信，并开通了腾讯微博。张春贤是第一个在网上公开开通微博的省（区、市）党委"一把手"，也是到目前为止开通微博的最高级别官员。

两会期间，@ 张春贤微博下网民留言过万，为了让这些意见落到实处，新疆自治区党委还于 3 月 17 日下午专门召集各职能部门分别领回"问题"，从民生优先的高度限时答办。

3 月 18 日晚，@ 张春贤连续发布三条微博向网友表示感谢及道别。至此，@ 张春贤在两会期间共发布 86 条微博，收获近三十万名听众。

2011 年两会结束不久，作者再次登录腾讯微博，发现 @ 张春贤微博已经修改昵称为"新疆自治区"，两会期间所发布的微博全部清零，近三十万名听众也被几乎清空，目前仅显示 713 名听众。

---

① 詹新惠、沈佳子：《2011年两会报道：互动性 · 原创性 · 交融性》，人民网传媒频道，http://media.people.com.cn/GB/22100/213308/213309/14905642.html。

② 参见本书第四章第十节《新疆自治区党委书记张春贤：最高级别官员微博》。

3. 为总理开微博

2011年2月25日,《东亚经贸新闻》联合搜狐微博，推出全国两会策划报道——总理，网友邀您上微博，开通@2011八宝饭搜狐微博，呼吁总理开通微博与网友互动，并号召网友参与讨论理出两会建议。

“八宝饭”是温家宝总理粉丝后援团的自称，@2011八宝饭这一微博的开通，虽然打着“为总理开微博”的旗帜，但微博仅有256名粉丝，关注为零，在开通三天之内发布6条微博后也就偃旗息鼓了，微博内容也主要以《东亚经贸新闻》的两会报道互动为主，总体来看，只能说是《东亚经贸新闻》和搜狐微博一次不错的策划。

但“为总理开微博”却真真切切地体现了网友和媒体的心声。温家宝总理一贯的亲民形象以及他在2009年、2010年两次与网民在线互动的先例，都让网友对总理开通微博报以很大期望。早在2010年全国两会召开之前，就有很多网友力挺温家宝总理开通微博，也有媒体对此进行报道。而媒体人@石扉客所写的《温家宝总理会上微博吗》一文更是因为被2011年1月6日《南方周末》作为“开年十大猜”之一发表而广受关注。

4. 由微博引发的两会提案

提案一：微博打拐　韩红全国两会提议案

2011年春节前后，由@于建嵘发起的@随手拍照解救乞讨儿童行动引起了公众极大关注。[①] 两会前夕，@西藏人韩红（现为@西藏昌都人韩红，全国政协委员、歌手）在微博中表示，全国两会上提交关于“严厉打击和惩罚拐卖儿童案”的提案。

@西藏人韩红最早于2月5日（大年初三）发布了3条关于乞讨儿童的微博。2月6日，又继续表示将在两会上提交关于“严厉打击和惩罚拐卖儿童案”的提案，并邀请网友及@于建嵘一起帮忙完成提案。

2月7日19时，@西藏人韩红表示“提案的准备工作今天正式开始”；

2月8日10时，@西藏人韩红表示“我们的队伍越来越强大了……我

① 参见本书第三章第二节《从微博打拐到随手拍照》。

们的提案主旨已基本确定”；

3月3日，全国政协会议开幕。3月4日10时，@西藏人韩红表示“请原谅我拒绝所有记者采访……人民网刊登了我的提案，我想说的话都在那里面了”，“我的提案名字叫<让困境中的孩子生活得更有尊严>”。

3月10日10时，全国政协十一届四次会议举行“政协委员谈文化建设”记者会，韩红在会上就微博打拐提案事宜接受了记者采访，这也是韩红“唯一一次机会对媒体讲这件事情”。韩红表示，“我跟于建嵘教授有不同的是，他们呼吁的是微博打拐、解救儿童，我想的更多的是，当孩子被解救出来以后后续安置问题，孩子救出来以后谁去养？”面对媒体，韩红还进一步阐释了她提出的设立专门的儿童保护机构、建立“三级监护干预机制”、提出可操作的明确司法干预权等建议。

这是韩红在全国两会上连续三年为儿童保障呼吁，“而且有两项提案已经变成了现实”。提案期间，韩红得到了社会诸多人士的帮助，其中同为政协委员的@濮存昕，在2009年、2010年全国两会上就连续提交关于打击拐卖儿童的议案，濮存昕2010年在接受媒体采访时表示“中央部委挺重视，很快就成立了‘打拐’办公室，并部署了两年打拐专项斗争。经过去年一年的努力，这个行动成绩不错，据说有约4000名儿童被解救”。

提案二：@李东生微博征集人大议案

2011年2月11日11时，全国人大代表@李东生（TCL集团股份有限公司董事长兼总裁）发布微博，表示“在此我愿意开放微博平台，听取各位博友的声音”。

> 两会即将召开，我作为人大代表将在人大会议提出改善民生的议案或建议；包括调控房价，改善教育和医疗服务，提高社保水平以及改革个税。另也准备提出改革国家财政税务分配体制，促进经济协调发展的议案或建议。在此我愿意开放微博平台，听取各位博友的声音。
>
> 2月11日 10:58 来自 TCL_i898 新浪微博手机转发 (10980)| 收藏 | 评论 (2431)

@李东生这条微博转发超过万条，评论达两千余条，网友纷纷跟帖，提出各类建议。据媒体报道，一周之内“共吸引了10万名网友的积极参与”。①

十天之后，@李东生发布微博表示“决定在本次会议中提出税制改革议案”；

3月1日，@李东生进一步明确建议“将个税起征点提高到5000元”；

3月3日，@李东生表示“我将联同其他代表大力推进将个税起征点调整至5000元”。

@李东生通过微博征集网友建议，最终参考网友建议提交两会议案，被媒体誉为全国人大代表中“第一个吃螃蟹的人”，相关提案也被称为“首个‘微博问政’两会议案”（注：上文提到的2010年两会期间@国画家何水法应该是第一个通过微博征集两会议案的人，但具体议案主题未见媒体报道）。

5. 和微博直接相关的两会提案

提案一：@李丹阳建议严管微博

2011年3月1日，全国人大代表、歌唱家李丹阳在接受《华西都市报》采访时表示：“加强互联网的微博管理刻不容缓！我建议国家进一步采取措施，加强互联网以及微博管理！如果有可能的话，尽快实现网上论坛和微博的实名制。”②

此语一出，顿时引来网上一片板砖。尽管李丹阳在接受采访的同时还“列举了微博好的一面：比如打拐救助妇女儿童、用微博给两会代表提建议，都显示了微博的传播力量”等，并在微博上表示“这是我的一个建设（注：应为“建议”），还不完全成熟，请大家帮忙，说出你的看法”，但该提案本身涉及的网络实名问题早就被网民痛骂过，这次李丹阳又与新兴的微博挂钩，自然会招致网民反感。

3月3日，@李丹阳连续发布3条微博对自己的观点进行阐释，在肯定微博正面作用的同时指出微博上存在的“不真实的信息”等问题，并强调

① 《人大代表首次通过微博征集两会议案　网友称李东生为首个“微代表”》，中国经济网，http://www.ce.cn/cysc/newmain/yc/jsxw/201102/18/t20110218_20834905.shtml。

② 杜恩湖：《全国人大代表、歌唱家李丹阳：加强微博管理尽快实行实名制》，《华西都市报》2011年3月1日第3版。

“科学的管理绝非强行的管制”，对微博“理当细心呵护，科学管理”。

但@李丹阳的观点很快被淹没在网友反对的声音之中。

李丹阳在接受媒体采访时表示“真是不想再谈这个话题了，本来只是一个建议，（没想到）引起网上一片骂声”，并表示网民的谩骂让她压力很大。随后，@李丹阳关闭了微博评论功能。

2011年12月16日，《北京市微博客发展管理若干规定》公布施行，微博实名制提案得以落实。

提案二：@爱国者冯军建议政府部门试点开微博

2011年3月2日，全国政协十一届四次会议开幕前夕，全国政协委员@爱国者冯军（爱国者总裁）通过关联博客发布微博，建议国家选择关系民生的政府重要部门试点开通微博，服务民众。

从冯军当时的博文中可以看到，他认为“微博在政务公开、民意表达、收集舆情等方面起到了有效作用。微博在政府管理领域的运用还有很大空间”，建议“甄选试点部门，建议将铁道部公安部两大关系民生的重点部门作为试点开通微博”，“建议开通微博的部门，设置专人、专岗、专题”，“根据试点情况，政府可调整举措，决定下一步关于微博的应用方法”。

3月11日，@爱国者冯军发布微博称“提案办来电话，通知我此提案今天转交到国务院办公厅，据说将选一个部委试点”。

自称“微博控”的@爱国者冯军，之所以提出这一议案，与他自身的经历相关。“他发现自从他开了微博后，不论是和员工还是和客户或者消费者交流起来都非常快捷，而且可以很快就能发现问题。由企业想到政府部门，冯军觉得微博同样可以成为政府与群众之间传递民意、发表意见、反馈信息的便捷渠道。”①

在2011年两会期间，除了提出这一与微博相关的议案之外，@爱国者冯军还通过微博就自己提出的其他议案征求网友意见，并主动与其他博主互动，例如他在看到@于建嵘提出“希望在两会上，与偶人大代表和政协委员问责民政部……”时，就主动在微博上表示：“于老师能不能将您这个想法写成建设性提案，我来帮您传递？”

---

① 邵泽慧：《建议铁道部 率先开微博》，《北京晚报》2011年3月3日第3版。

三、2012年两会

1. 高层领导重视

2011年以来，微博问政逐渐得到政府及社会认可，越来越多的政府高官开始重视微博的巨大作用。

2011年3月2日，新疆自治区党委书记张春贤开通腾讯微博，成为第一个在网上公开开通微博的省（区、市）党委“一把手”。2012年2月29日，原全国人大常委会副委员长@铁木尔·达瓦买提在腾讯的微博正式对身份进行认证，成为政务微博中首位认证的中央领导级别的人物。

2011年1月8日，广东省委书记汪洋在中共广东省委十届八次全会上要求，各地领导干部要“通过开设在线聊天室、网络直播室、专线电话、博客、微博等途径，就群众关心的问题进行在线回答，并形成在线处理群众诉求的制度”。

2011年3月8日，云南省委书记白恩培对此表示：“开微博是每个人的自由，各级政府要利用网络这个平台，使执政公开透明。”

2012年1月1日，四川省委书记、省人大常委会主任刘奇葆通过四川省政府官方微博发表2012年新年致辞。

2012年2月20日，山东省两会上，山东省长姜大明在政府工作报告中提出“重视网络舆情，了解包括‘微博’在内的社情民意”，微博问政首次写入政府工作报告。

2012年2月29日，上海市委书记俞正声通过微博了解到癌症患者家属秦岭写给自己的公开信后，通过@上海发布（上海市政府新闻办公室官方微博）进行回应。

2012年3月4日，浙江省委书记赵洪祝通过腾讯网平台致信网友，称关注民生、履职为民是人大代表义不容辞的职责，在2012年全国“两会”召开之际，通过微博这一渠道，能更广泛、更直接地听到广大网民的“同期声”、真心话，他会认真对待大家的意见和建议。

2. 微博问政基础扩大

据作者统计，截至2011年12月31日，开通新浪微博的政府机构已有11744家，官员个人已有6685位；开通腾讯微博的政府机构已有11651家，官员个人已有8102位。2011年也被媒体称为政务微博元年。

而与政府微博、官员微博的迅速增长相对应，中国微博用户在过去两年中也得到了突飞猛进的增长。据CNNIC（中国互联网信息中心）发布的《第29次中国互联网络发展状况调查统计报告》数据显示，截至2011年12月底，中国网民规模达到5.13亿，其中微博的使用率为48.7%，微博用户为2.4988亿。

微博总体用户和政府、官员微博用户的迅速增长，为微博问政的继续深化奠定了基础。而微博走进大众视野两年多以来，给信息传播方式和媒体生态环境带来了革命性变化，同时微博上所传播的信息内容也更为开放和多元化，越来越多的人们通过微博传达自己的声音，以普通人的身份关注国是民情，全民微博时代即将到来。

3. 全民微博时代

与2011年的政务微博元年相对应，2011年两会也是微博大放异彩的第一年，两会代表委员们通过微博征集提案线索，直播两会进程，与网友积极互动，开创了微博问政的新局面。

2012年两会刚刚开始，在全民微博时代的背景下，越来越多的两会代表委员、政府微博、官员微博、媒体微博、两会记者微博正在多角度、全方位的参与、报道两会进展，两会期间的微博问政正如火如荼。

与2011年相比，微博问政得到了更多官员、两会代表的认可。例如2011年2月，河南省漯河市市长祁金立开通微博，成为全国第一位开通微博的市长。6月，@祁金立就任开封市市委书记，并通过微博告知网友。期间@祁金立所发布的微博只能说是中规中矩，“首位市长微博”的象征意义大于实际意义。但2012年两会期间，@祁金立开始通过微博征集网友意见，微博问政步入更加务实的新一阶段。

在微博平台方面，除了新浪微博、腾讯微博影响较大外，人民微博

2010 年 2 月 1 日正式推出，2011 年两会期间其影响尚小，但 2012 年两会期间，开通人民微博的两会代表委员、政府机构和官员个人越来越多，包括新闻出版总署党组书记、署长，国家版权局局长柳斌杰和十一届全国政协副主席、原审计署署长李金华等政府高官。其在 2012 年两会期间推出的“我有问题问总理”专题策划，截至 2012 年 3 月 5 日 24 时已有两万余条网友微博，在人民微博历来的活动中名列前茅。

从下图可以看出，新浪微博、腾讯微博、人民微博三大微博平台上，已经聚集了一千余位两会代表委员（不计相互之间重复），再加上数量众多的政府微博、官员微博等，以及有更多的网友在微博上讨论两会相关话题，2012 年两会期间的微博问政更是精彩纷呈。

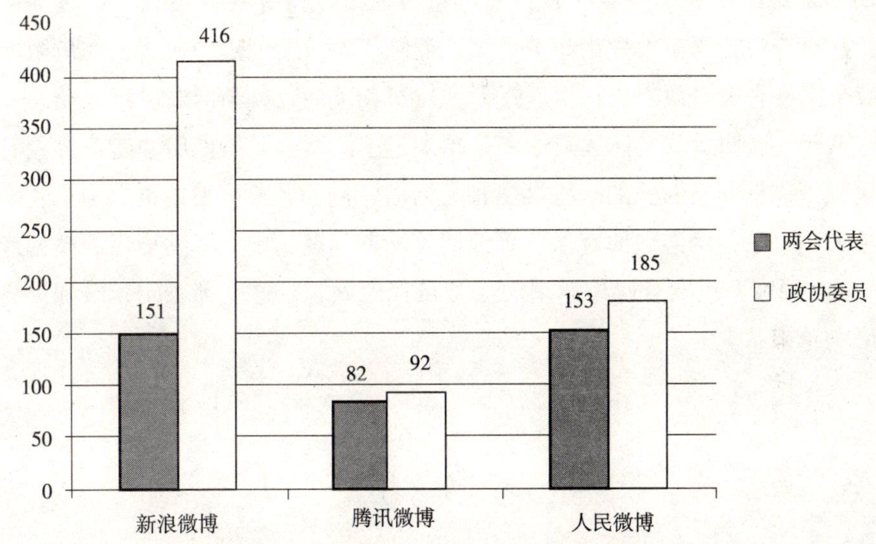

图 3-1　三大微博平台两会代表微博数量比较（截至 2012 年 3 月 14 日 24 时）

数据来源：作者根据新浪微博、腾讯微博、人民微博公开页面整理。

四、小结

两年时间过去，开通微博的两会代表从寥寥无几到应者云集，微博问政蔚然成风。2012 年两会与 2010 年、2011 年两会相比，微博问政明显呈现出如下几个特点，而这些正体现出微博影响逐步扩大，并得到越来越多的政务人员认可：

第一，代表、委员微博数量急剧增加。以新浪微博为例，2010 年仅有不到五十位全国人大代表、政协委员开通微博，2011 年这一数字则接近四百位，2012 年则超过 400 位。

第二，开通微博的官员行政级别明显提高。包括新疆维吾尔自治区党委书记、新疆生产建设兵团第一政委张春贤，新闻出版总署党组书记、署长柳斌杰和十一届全国政协副主席、原审计署署长李金华，以及中共浙江省委组织部部长蔡奇，浙江省人民政府副省长郑继伟，河南省委常委、常务副省长、省政府党组副书记李克等一批政府高官通过微博与网友互动。

第三，微博问政的方式更加多样、内容更加丰富。除了微博直播、微博互动等常规手段外，两会代表、委员直接通过微博寻找提案线索则逐渐增加，甚至专门针对微博提出相关议案。而除了本节所列出的代表、委员微博问政个案外，大量政府机构也通过微博发布相关话题，与网友进行互动。

第四，微博运营主体逐渐增多。越来越多的网站开始推出微博产品，它们也积极借助两会召开的时机推出相关活动，例如齐鲁网就邀请到山东省省长姜大明登录“两会微博直播”页面回答网友问题，中国移动推出的微博产品“139 说客”也联合媒体邀请两会委员代表做客，这些都表明，微博世界的影响越来越大。

第五节 从卖葱、卖菜到卖瓜：微博上的一声叹息

2011年年初的微博卖葱、卖菜和卖瓜，2011年年末的微博卖土豆、卖萝卜、卖白菜、卖苹果……结果固然令人欣喜，但目前基于微博还没有形成比较完善的电子商务平台，这些农产品通过微博得以销售的原因更多是基于媒体和网友的关注，我们更愿意把它们看做是偶然事件。围观固然是一种力量，但仅有围观的社会无法形成常态良性运行。在此背后，更应该被问责的，当是政府。

一、微博最后一公里：新野卖葱

2011年1月11日晚，央视新闻频道《共同关注》栏目播出一则题为“大葱滞销怎么办 微博帮忙看卖葱”新闻报道，新闻提到：“新野县是南阳市重要的蔬菜生产基地，大葱种植已有多年历史。但是今年，全县近4万亩大葱已经成熟，可销售价格和渠道却成了难题。就在此时，正在外打工的南阳新野籍网友 shansir81 从父母那里了解到家乡大葱滞销的情况后，就尝试着利用微博发布消息，以求得采购商的关注。没想到在几个小时内，这条微博就得到了上千次的转发。”

央视参与报道，似乎为“微博卖葱”事件画上了一个挺高规格的句号。但早在央视关注之前，微博世界里早已掀起了一场声援热潮。

让我们来回顾一下事件过程：

2011年1月3日，网友 @shansir81（山骏，河南省南阳市青年，时在广东省佛山市打工）发布一条求助微博：

博友們，新年好，我老家河南今年種有大葱约几十万斤，目前已快年底，乡亲们都盼能买出，过一好年，无奈采购的寥寥，且价格稍低，真挚希望有需求的采购商能与我联系，13450758637 山骏先生。再此感谢。

1月3日 13:20 来自 Android 客户端转发（1718）| 收藏 | 评论（593）

半小时后，该微博得到知名网友 @ 王小山转发：“大葱，我喜欢”，这也是该条微博下有据可查的第一条评论。

当晚 22 时 10 分，@ 饿鹰回眸（新浪河南网编辑王新峰）在该微博下留言：“你好，朋友，请问你是哪里的？请把详细情况说给 @ 新浪河南，也行（注：应为“也许”）新浪河南会帮助你们。微博的力量，宣传的力量”。该留言迅速得到了博主 @shansir81 回应。

短短 1 天多时间，@shansir81 这条微博被网友转发 1600 多次，评论 460 多条，期间不乏诸多名人例如 @ 光头王凯、@ 徐小平等的支持。

1 月 5 日，河南人民广播电台新闻广播记者证实该爆料属实并及时进行报道。

1 月 5 日 17 时，@ 新浪河南官方微博对此进一步进行报道，该微博也被转发近 1600 次。从 1 月 5 日起，新浪河南每天的网站头条都是新野大葱的专题，甚至有网友开玩笑说新浪河南“变成大葱网了”。

1 月 7 日早，新浪河南联系到当地政府、蔬菜办并得到大力支持，1 月 7 日上午，新浪河南进一步联系到当地葱农、合作社，沟通了当地具体情况及大葱出售价格等具体事项。

1 月 7 日 10 时 30 分，第一步大额订单诞生：河南永乐生活电器看到新浪河南网报道后，决定采购 2 万斤大葱。其他商家、个人也陆续表示购买意向，其中网友 @ 吖呀吖呀个人即表示第一批将订购 1000 斤。

1 月 8 日，河南人民广播电台记者再赴新野采访发现：大葱销售有了好转，外地客商和收购大葱的车辆多了起来。

同时，微博上越来越多博友开始自己开微博发求购信息：@ 肖莹 2 说：“新野大葱真的是销售不出去啊。”@lll8489555 说：“我家里也种了 10 多亩大葱，求求大家帮帮忙吧。”@ 龙行天下的微博 2010 说：“供应优质新野大葱”……

1 月 10 日早，新浪河南、河南人民广播电台、河南卫视、河南电视台都市频道、河南电视台民生频道、东方今报、郑州晚报等媒体及时到达新野县，永乐电器等商户前往南阳市新野县范集乡杨庄村购葱。媒体及商家的热情获得当地农户及政府感谢。

1 月 14 日，新野县农业局副局长兼蔬菜办主任王清鹏在接受媒体采访时表示：“昨天，新野大葱迎来销售高峰，当天卖了约1500吨，这样卖下去，到春节，就卖得差不多了。”

1月16日，@西峡同城会（注：这是河南小伙庞涛注册的一个新浪微博账号）组织网友前往新野樊集乡，这是他们于1月10日发起的“#微博最后一公里#，来帮你身边没有电脑和手机的人发条微博”活动的一部分。17日，@西峡同城会发布数十条微博，其中，这条微博中的照片被媒体广为引用：

http://t.cn/hGcX8M 希望有客商前去采购这些大葱，让葱农们过一个开心的春节！@安哥无敌@微博同城会

1月17日 14:50 来自活动—#微博最后一公里#... 转发（441）| 收藏 | 评论（130）

据新浪河南统计，本次活动共帮到葱农500户、卖出6000吨新野大葱。

二、“包菜皇后”微博捐菜十万吨

微博卖葱之后，又有美女微博卖菜。

2011年春，部分地区菜价狂跌。

4月16日，山东省济南市唐王镇菜农韩进因卷心菜低至8分钱一斤而上吊自杀，引起全国对“菜贱伤农”的关注。

韩进选择了这样一种激进而无奈的方式对抗狂跌的菜价，而同期，网友@叶薇祺美玫则误打误撞正在走着一条备受争议的微博卖菜之路。

@叶薇祺美玫，一个在深圳打工的湖北女孩。2011年春节期间，@叶薇祺美玫回老家过年时，发现家人所种包菜销路困难，自1月30日起陆续发布“美女卖菜”微博，但应者寥寥。

4月13日11点28分，@叶薇祺美玫发布微博称“每斤包菜几乎卖到2分钱左右，更有些1分钱也无人问津”。接着又发布了3条主题为“【求关注】免费捐献10万吨包菜”的微博，承诺“我家的10万吨包菜全部捐献灾区，捐给西北偏远地带”。

> 【求关注】免费捐献10万吨包菜，今年包菜不值钱，菜农们血本无归，与其让肥嫩的包菜烂在菜地，不如全部免费捐献给偏远山区。如有人愿意出资运输费用，本小姐在此承诺，我家的10万吨包菜全部捐献灾区，捐给西北偏远地带，我都愿意捐献给他们。各朋友、粉丝、媒体请关注，请转发，让更多有需要的人知道！
>
> 4月13日11:46 来自新浪微博转发（1905）| 收藏 | 评论（664）

美女“免费捐献10万吨包菜”引起网友关注。其中，第三条微博在发布7分钟之后，网友@天津张翔主动以@形式“请@邓飞关注”。

5分钟之后，@邓飞转发了这条微博，当天共发布了4条与此相关的微博，并在第4条微博中主动提请@南方都市报、@楚天都市报等媒体关注。@邓飞的这4条微博，共被直接转发200余次，并扩散至诸多媒体、名人，引来更多人的关注、转发。

4月13日当晚，三湘华声全媒体记者@欧晓敬率先在湖南在线发布题为《美女农民工微博求助　贱价心痛愿捐百吨包菜/图》的报道。

14日中午，湖北当地媒体《长江商报》记者@长江商报周慧赶赴嘉鱼县实地探访，《长江商报》于4月15日发布题为《嘉鱼数千万斤包菜卖不动》的报道。

《长江商报》刊发报道的当天中午，湖北省商务厅即下发《关于组织好嘉鱼县滞销包菜分销工作》紧急通知，督促各武汉商务局、咸宁商务局等，抓好“拯救嘉鱼滞销包菜”工作，要求武汉市商务局、荆州市商务局，组织中百、中商、武商等大型超市，白沙洲市场、四季美农贸城、两湖绿谷市场等大型农贸市场，与咸宁市商务局对接，尽快赴嘉鱼县，到田头直接采购滞销包菜。并要求“3日内汇报购菜情况”。

据《长江商报》后续报道称，新闻见报后的第一天，嘉鱼县包菜就卖了500万斤，价格还比市场价略高。其中，嘉鱼县81家县直单位共计自销或帮销包菜200余吨（20万公斤）。

媒体跟进报道，无疑给当地政府带来了一定压力，上至湖北省商务厅下到“嘉鱼县81家县直单位”都在关注微博卖菜事件，那几天，@叶薇祺美玫再接到父亲的电话，不再是要她多发微博求关注，而是要求不要再发了，“当地已经受不了啦”。甚至，4月21日，@叶薇祺美玫的父亲接到政府方面电话，称有县直单位到他家地头买菜，当天就销了25吨，有的单位甚至只给菜钱不要菜。

5月5日，赶在包菜开花之前，@叶薇祺美玫家最后一批近百吨包菜被一个湖南批发商买走。但最终，叶家所承包的菜地还是因为亏损导致合作伙伴退出。@叶薇祺美玫的妈妈则表示“包菜收完，准备种水稻，可以参加农业保险，风险较低，不会担心出售”。

叶家如此，嘉鱼县其他菜农境况不会更好，这场“微博卖菜”行动，使得嘉鱼县的包菜声名远扬，但于菜农来说，却已经“无力回天”。“很多老掉的包菜已不能出售，已全部用机器打碎，准备种下一季的蔬菜了。”

“微博卖菜”，使得@叶薇祺美玫获得了“包菜皇后”的称号，对此她欣然笑纳。而针对媒体、网友关于“捐菜还是卖菜”的质疑，@叶薇祺美玫也坦承“十万吨”的数字确实有些夸大，这个数字是当地而非自家包菜的产量，自己“微博捐菜”的初衷，也是情急之下的呼吁，为显示“捐”的诚意，@叶薇祺美玫还表示，只要有人愿意要，自己的菜可以一分钱不要捐出来。

三、微博卖瓜：沧沟政府巧借东风

2011年5月，西瓜膨大剂事件让公众不知如何是从，多地西瓜销量也大受影响。

5月25日11时39分，一个名为@攀枝花人卖西瓜的账号在新浪微博发布了求助信息：

> 我是攀枝花市盐边县永兴镇新民村的农民，我们这里的红沙瓤西瓜味道甜口感好，往年子卖的都很好，今年那个膨大剂把西瓜弄爆了的新闻把我们害惨了！几万斤西瓜都烂在地里，再拖下去要烂完！求好心人转发下，去年卖1快2一斤，今年我们三四角都卖，总比烂了好哦！多谢多谢！付友莲：13980355154
>
> 5月23日11:39来自新浪微博转发（68620）|收藏|评论（13853）

11时55分，网友@毛涛涛微博注意到这条微博，直接转发并@了多家媒体及记者："@新浪四川@天府早报@笨笨的夏虫@王兴渠"（注：@毛涛涛微博系新浪微博公关部工作人员，其所@的四个微博，后两位分别为《天府早报》和《成都晚报》记者）。

这几家媒体、记者微博也都及时进行转发，并直接带动了其他网友关注此事。据统计，一个半小时之内，这条求助微博已被转发超过2000次，8个小时内则被转发超过2.6万次，评论近5000条。

当天下午16时，@攀枝花人卖西瓜所在的四川省攀枝花市盐边县政府表示将全力以赴解决瓜农问题，盐边县分管农业副县长表示次日上午县委县政府将召开工作会，帮瓜农滞销的西瓜找销路。16时49分，@攀枝花人卖西瓜在微博上公布了这一进展。

> @新浪四川@天府早报今天很多人都报道了这个事情，刚才县上的领导也打电话询问这个事情，谢谢媒体朋友们的帮助，尤其谢谢微博博友们的转发!!!谢谢你们，欢迎你们来攀枝花，我一定免费招待你们吃西瓜啊!!下面这个图就是我请人帮我照的我家西瓜http://t.cn/heg5jX
>
> 5月23日16:49来自新浪微博转发（50）|收藏|评论（70）

当晚18时，成都红旗超市联系新浪四川，表示愿意到盐边县购买数万斤西瓜。

一天之内，@攀枝花人卖西瓜的这条微博被转发近6万次，其他几条微博也获得较高转发。

事情进展到这里，可以预见的是，“微博卖瓜”将和“微博卖葱”、“微博卖菜”一样，获得网友、媒体、企业、政府的高度关注，最终也将促进攀枝花市盐边县西瓜的销售。

实际情况也确实如此，23日当晚18时51分，@攀枝花人卖西瓜表示“在你们的帮助下，我的瓜已经卖得差不多了”。5月27日，“盐边县滞销的10万吨西瓜都已基本卖完了”。

如果单纯是这样，这样的重复案例也不会被列进本书。

实际上，在@攀枝花人卖西瓜微博卖瓜的同时，期间又涌现出另外一个插曲：重庆市武隆县沧沟乡政府趁机巧借东风，在微博上推广自己的西瓜——虽然轰动效应更大的是“攀枝花卖瓜”，但这与“微博卖葱”等一样都属于在网民、媒体关注下引爆的突发事件，而沧沟乡的微博营销行为，似乎更值得关注，真正体现了政府引导、积极利用微博平台的精神。

5月23日15时41分，@沧沟西瓜官方微博（重庆沧沟乡政府西瓜推广官方微博）转发@攀枝花人卖西瓜的微博：

西瓜打“膨胀剂”的事情影响了很多无辜的瓜农，希望粉丝看到互相转发支持一下，我们希望善良种瓜的瓜农不要被谣言连累，我们的瓜农看到也转发一下。

@攀枝花人卖西瓜：我是攀枝花市盐边县永兴镇新民村的农民，我们这里的红沙瓤西瓜味道甜口感好，往年卖的都很好，今年那个膨大剂把西瓜弄爆了的新闻把我们害惨了！几万斤西瓜都烂在地里，再拖下去要烂完！求好心人转发下，去年卖1快2一斤，今年我们三四角都卖，总比烂了好哦！多谢多谢！付友莲：13980355154 原文转发（68620）| 原文评论（13853）

5月23日15:41 来自新浪微博转发（14）| 收藏 | 评论（13）

实际上，@沧沟西瓜官方微博早在4月26日即已开通，并在5月初即引起多家媒体报道。同期开通的，还有@沧沟瓜农徐万坤、@沧沟瓜农左昌谷等其他十位瓜农个人微博，这十位瓜农微博和 @ 沧沟西瓜官方微博一起，通过微博记录种瓜过程，直播西瓜长势，并与粉丝展开互动。

其间，5 月 19 日起，@ 沧沟西瓜官方微博还推出“百名粉丝同游沧沟”活动，邀请网友前往沧沟“见证无公害绿色西瓜的成长”。

> 为了感谢粉丝对沧沟西瓜的关注和支持，沧沟乡政府将在五月底邀请百名粉丝同游沧沟，这百名粉丝将作为沧沟“瓜粉”的代表，亲自前往沧沟见证无公害绿色西瓜的成长，欢迎大家踊跃报名。只要你关注了沧沟西瓜及十名瓜农的微博，就可发私信到沧沟西瓜官方微博报名参加。赶快报名吧！沧沟瓜农等你来哦！
>
> 5 月 19 日 08:03 来自新浪微博转发（190）| 收藏 | 评论（106）

沧沟乡是重庆市武隆县最偏远的乡镇之一，沧沟西瓜在武隆本地已有三十多年的种植历史，小有名气。沧沟乡政府能够想到通过微博这一平台推广当地西瓜，其实是有其必然原因的。

沧沟乡以及武隆县政府，都在积极推进沧沟西瓜这一当地知名农业产品，他们为沧沟西瓜注册了商标、开发了“瓜娃”的卡通形象、展开了绿色食品认证和地理标识申请。2010 年，他们还请来了专门的策划公司，在武隆县里办起了沧沟西瓜文化节，让乡里的 1 万吨西瓜一售而空。

2011 年，受到政府部门和官员开通微博与网友互动的启发，沧沟乡党委书记张宏策划发起了这一“微博卖瓜”行动，也因此被网友称为“西瓜书记”（张宏也于 5 月 6 日开通微博，即 @ 武隆西瓜书记张宏）。

据报道，@ 沧沟瓜农徐万坤等十名瓜农的微博，前期主要是沧沟乡的 6 名大学生村官在负责管理，但他们所发布的照片等信息，都是真实的瓜农种瓜情况。

虽然 @ 沧沟瓜农徐万坤等并非完全由瓜农自己管理发布，@ 沧沟西瓜官方微博的影响也没有 @ 攀枝花人卖西瓜那么轰动，直接产生的经济效益可能也没那么高。但综合看来，沧沟乡政府的尝试，却是一次由政府主导的真正意义上的地方产品形象推广。无论是他们通过官方微博 + 个人微博的方式集中推广农产品，还是“直播西瓜”这一创意，以及通过微博开展粉丝

“同游沧沟”活动，其微博运用都可以说是中规中矩甚至颇有亮点。

当然，其在@攀枝花人卖西瓜“微博卖瓜”期间跟帖的行为，可能也不过是无心为之，但实际效果是，经媒体报道后，确实对@沧沟西瓜官方微博又进行了一轮宣传。

另外，@沧沟西瓜官方微博的上级政府机构@重庆武隆也开通了官方微博，但其微博运营还处于初级阶段，2011年5月31日之前仅发布了6条微博。甚至在发生“微博卖瓜”这一有利于塑造当地形象、推广当地品牌的时机，也没能发布任何相关信息，表现远远不如@沧沟西瓜官方微博。

四、总结与反思

从卖葱、卖菜到卖瓜，短短4个月时间里，微博世界里上演了蔬菜水果多幕剧。

这三个事件既相似又不同，从中还恰能看出中国农民运用微博的逐渐成熟:“微博卖葱”事件中，网友的求助微博只是起到了一个导火索的作用，更多是媒体和网友的力量促进了事态解决;“微博卖菜”事件中，@叶薇祺美玫则持续发布微博，表现得更为积极主动，“美女卖菜”和“包菜皇后”的新闻点，反过来又进一步促进了媒体关注；而到“微博卖瓜”阶段，不仅@攀枝花人卖西瓜一天之内问题即得到解决，期间巧借东风的@沧沟西瓜官方微博，更是体现出政府主导的特色。

如果说@shansir81微博卖葱、@叶薇祺美玫微博卖菜，以及@攀枝花人卖西瓜微博卖瓜事件中，最重要的力量是网友和媒体，当地政府更多是基于媒体报道而采取相关措施，甚至出现“有的单位甚至只给菜钱不要菜”以求解决问题、平息事态的情况，@沧沟西瓜官方微博则真正是政府出面，为农民、农产品搭建宣传平台，真正是“微博问政”。

微博卖葱事件中，@西峡同城会这一账号的所有者庞涛曾对媒体表示:“当地农民知道新浪网，但是并不怎么了解微博”，“但对于通过微博帮助他们销售大葱，他们都很乐意”。

这确实也是事实。微博发展势头很猛，但在中国网民中的普及率还远远不够，更遑论是在广大农民群体中。在微博卖葱和微博卖菜事件中，率先发起微博求助的，恰恰都是生于农村但在广东（一在佛山，一在深圳）打工的新生代农民工，这也不是没有道理的，他们比父辈们更能接受新鲜事物，更容易运用微博这一工具。而到了微博卖瓜阶段，@攀枝花人卖西瓜则是真正的农民在微博上发言，这表明微博正逐渐为包括农民在内的广大网友所熟悉，微博的威力在逐渐扩大。

但在欣喜于微博力量的同时，不由也让人一声叹息——叹农民之多艰。

微博卖葱、卖菜和卖瓜，以及2011年年底出现的微博卖土豆、卖萝卜、卖白菜、卖苹果……结果固然令人欣喜，但目前基于微博还没有形成比较完善的电子商务平台，这些农产品通过微博得以销售的原因更多是基于媒体和网友的关注，我们更愿意把它们看做是偶然事件。

@沧沟西瓜官方微博让我们看到了基层政府微博在打造农产品品牌方面所作出的努力，这可能也是政府微博常态化经营的可取之路。但目前中国农产品生产、经营、管理还相对粗放，尤其存在地方政府拍脑门、随大流的弊病，有媒体就曾分析表示，流通环节固然推高了蔬菜价格，但并不能将其作为当前事件的主要原因，菜贱伤农的彻底真相是政府行为严重干扰市场信息。

沧沟政府正在打造当地的西瓜品牌，但真正打造成了知名品牌之后，就可以高枕无忧了吗？显然不是。

例如“章丘大葱”，已经是比较知名的农产品品牌，被认定为“中国驰名商标”、品牌价值超过20亿元。但就在2011年4月，“章丘一直引以为自豪的大葱”就出现了“一毛一斤无人收购”、“章丘大葱‘叫好不叫座’田间地头零元免费拉”的现象。而在三个月之前，还有多家媒体报道“章丘大葱销售火暴　走一趟章丘没买到大葱”。这背后折射出的，则是特色农产品生产一哄而上、盲目扩张种植规模等诸多问题。

再从另外一个角度考虑，目前中国社会食品安全问题令人触目惊心，公众已成惊弓之鸟，对涉嫌质量安全的食品，很多消费者都抱着宁杀错不放过的心理，怀敬而远之心态保持距离，这样同样影响了农产品的销量，四川攀枝花西瓜受其他地区西瓜膨大剂新闻误伤，即是其一。

网络能放大白璧微瑕，也能聚焦星星之火。希望在现实世界中，地方政府能为中国农民多做一些实事，微博同样会把你们的努力放大。

第六节　郭美美微博炫富引发红十字危机

郭美美事件起于微博，兴于微博，一夜之间让红十字会“红”遍中国。拿中国红十字会常务副会长赵白鸽的话来讲是“三天毁掉一百年”。

对郭美美事件，媒体报道已经足够丰富，不再赘述。在此仅让我们简单回顾一下其事件过程。

@郭美美Baby已不是一个人，她已经成为一个符号。也许，微博还将引爆出现下一个郭美美。我们这样希望，又不希望这样。

2011年6月20日起，新浪微博上开始疯传一个名为@郭美美Baby的微博ID。该微博的认证信息显示为“中国红十字会商业总经理”，微博头像显示为一名年轻女子。而@郭美美Baby引起网友围观的原因，不仅仅是她发布多条微博炫富，更重要的是其“中国红十字会商业总经理”的身份，让网友质疑其奢华生活从何而来。

@郭美美Baby在微博中发布大量照片、文字，显示其家住别墅，拥有多个爱马仕名包，开玛莎拉蒂跑车等。

短短两日之内，@郭美美Baby红遍微博世界，其多条微博均被转发数千次。“郭美美事件”很快引起中国红十字会总会的注意，并于6月22日发布声明，称“中国红十字会没有‘红十字商会’的机构，也未设有‘商业总经理’的职位，更没有‘郭美美’其人”，“我会保留进一步追究有关方面相关责任的权利。”①

2011年6月22日上午，@郭美美Baby微博的新浪认证信息被取消，@微博小秘书（新浪微博官方账号）也于6月22日12点27分发布微博，表示在@郭美美Baby认证说明修改过程中“新浪微博没有进行严格审核”：

① 中国红十字会总会《声明》，中国红十字会网站，2011年6月22日，http://www.redcross.org.cn/zx/yw/201106/t20110622_42602.html。

> 经查，用户 @ 郭美美 Baby 原认证说明为演员，后经本人申请将认证说明更改为“红十字会商业总经理”，此过程中新浪微博没有进行严格审核。新浪微博在此对红十字会、相关人员、广大新浪微博用户深表歉意。今后我们将严格规范认证流程，欢迎大家监督。
>
> 6 月 22 日 12:27 来自新浪微博转发（11419）| 收藏 | 评论（5710）

6 月 22 日 13 点 52 分，@ 郭美美 Baby 通过微博发布“郑重声明”，否认与红十字会及会长的关系：

> 本人郑重声明：1. 我和红十字协会没有任何关系；2. 我不是红十字会会长或郭沫若先生的子孙。3. 我当时新浪认证是演员。4. 我所说的红十字商会并不是公司或机构名称。5. 其他我不想解释太多，舆论和谣言太可怕，你们爱怎么说都可以但请不要攻击我的家人，我们也是纳税人挣自己该挣的花自己该花的碍着你们了吗？
>
> 6 月 22 日 13:52 来自 iPhone 客户端转发（21681）| 收藏 | 评论（80311）

至此，“郭美美事件”当事者三方均有表态。甚至 @ 红十字国际委员会（红十字国际委员会官方微博）也在当日通过微博回复网友称“中国红十字会已对此事件发表声明”。

但 @ 郭美美 Baby 及中国红十字会总会的声明并未打消网友的各种疑虑，网友继续追问并搜寻出更多疑点。

期间，天略集团、王鼎公司、中红博爱等公司被疑与 @ 郭美美 baby 有关。

6 月 24 日，中国红十字会网站连续发布三份声明。前两条声明分别以天略控股集团有限公司和中国商业系统红十字会发出，分别解释二者之间关系，并均否认与郭美美有关。第三条声明则是《中国红十字会总会对“郭美美事件”再次声明》，除重申该会未设“红十字商会”及与郭美美无关外，还表示 6 月 24 日下午该会已向公安机关报案。

6 月 26 日下午，@ 郭美美 Baby 连续发布三条微博，称自己“出于无知在新浪微博上自称为‘中国红十字会商业总经理’”，“本人从未在中国红十字会工作，这个身份完全是本人杜撰出来的”。这三条微博均被网友转发万次以上，第三条微博评论甚至接近十八万条。

6月28日，中国红十字会总会就“郭美美事件”及相关问题召开新闻通气会，并在中国红十字会网站发布相关消息。

6月29日，中国红十字会总会再次发布声明，称已邀请审计机构对中国商业系统红十字会进行审计，商请中国商业联合会进行调查，在此之前暂停中国商业系统红十字会的一切活动。

7月4日，中国红十字会总会官方微博@中国红十字会总会开通，仅关注了@红十字国际委员会（红十字国际委员会官方微博）和@中国红十字基金会（中国红十字基金会官方微博）两位博主。@中国红十字会总会前三条微博，先是介绍了国际红十字运动起源以及中国红十字会创立情况。第四条微博则发布了“中国红十字会秘书长王汝鹏答博友问”，所链接的博文对郭美美等相关问题进行了回应。

7月7日，@平安北京（北京市公安局官方微博）连续发布三条微博称“郭美美（女，20岁，湖南省益阳市人）及其母与中国红十字总会无直接关联”，“郭美美认为原来在新浪微博上注册认证的‘主持人、演员’身份层次较低，为满足其炫耀心理，于5月自行杜撰了‘中国红十字会商业总经理’身份”：

> 后郭美美认为原来在新浪微博上注册认证的“主持人、演员”身份层次较低，为满足其炫耀心理，于5月自行杜撰了“中国红十字会商业总经理”身份，提交新浪微博网站审核通过并加“V”认证。在审查中，郭美美对自己的不当行为表示后悔和歉意。
>
> 7月7日21:17来自新浪微博转发（13047）| 收藏 | 评论（8489）

当晚，中国红十字会网站及@中国红十字会总会均转载了新华网对北京市公安局如上调查结果的报道。@中国红十字会总会7月7日的这条微博也成了其关于郭美美事件的最后一条微博。而@郭美美Baby则在7月5日发布最后一条相关微博后，之后再也未发布过有关此话题的微博。

但公众并没有忘记。

在此期间，网友及媒体曝出郭美美事件中各机构、人物之间错综复杂的关系，但中国红十字对此并未进行回应。

愤怒而失望的网友转而在@中国红十字会总会的微博上通过评论等功能表达自己的意见。例如@中国红十字会总会7月6日通过微博要求“全国红十字会系统进一步加强廉政建设”，“结果，众多网友用‘还钱！还钱！还钱！’表达对其财务不透明的不满。”[①]7月8日，@中国红十字会总会再次表示向网友表决心：“中国红十字总会再次真诚感谢广大公众和媒体对红十字会工作的关心和监督。今后将以谨慎务实的态度和作风，继续发扬人道主义精神，致力于保护人的生命与健康，把每一分爱心、每一笔善款，传递给最需要帮助的人。”但网友“纷纷以‘呸！’作为对红十字总会这一表态的回应。”[②]而当北京市公安局公布对郭美美的调查结果，称“郭美美认为原来在新浪微博上注册认证的‘主持人、演员’身份层次较低”时，“层次较低”一时间也风靡网络。

@郭美美Baby以其无知者无畏的微博炫富行为打开了红十字会珍藏多年的潘多拉魔盒。在这一事件中，网友关心的不是郭美美的炫富，而是对红十字会的问责，以及对官方慈善机构的信任危机。

此后中国社会上发生的诸多事件，让媒体对郭美美事件的报道有所减弱，但中国红十字总会已经被网友牢记。

@郭美美Baby已不是一个人，她已经成为一个符号。

也许，微博还将引爆出现下一个郭美美。

---

① 《红十字会微博引来“呸”声一片》，《深圳晚报》2011年7月10日第11版，http://wb.sznews.com/html/2011/07/10/content_1653584.htm。

② 同上。

第四章
政府官员微博成长录

最具争议的官员微博 @ 伍皓是怎样炼成的？

新疆自治区党委书记 @ 张春贤如何成为行政级别最高的官员微博？

第一个上微博的村长是谁？

……

本章将带你走进十位官员个人微博，分享他们的成长历程。

无关十大。

却是典型。

第一节 医生哥波子：不一样的卫生厅长

曾开过国内级别最高的官员博客，如今又在微博上讨论医患关系、医疗卫生事业现状，为医改鼓与呼，这就是@医生哥波子，广东省卫生厅副厅长廖新波。@医生哥波子说："从我的现象看，得以（注：应为"益"）的不是我，而是政府。有人很佩服广东，认为只有在广东这样宽松的政治环境才有廖新波这样的人才存在。"

我就是你们知道的或者想知道的医生哥。医生哥，乃较年长之医者也。同辈谓之，含爱护之意；波子乃粤人之昵称。子，亦称师。吾秉信和为贵之铭，擎粤域医政之旗，肩负千斤责任重，祈，终归大海作波涛。

2009-9-4 20:21 来自新浪微博转发（2）| 收藏 | 评论（6）

这条微博解释了"医生哥波子"称谓的由来，这也是@医生哥波子（广东省卫生厅副厅长廖新波）发布的第一条微博。

2009年9月4日，这条微博的发布日期，在官员微博中算是比较早的。而早在博客时代，"医生哥波子"就是政务博客中的领先者。2005年12月30日，廖新波在新浪开通个人博客"医生哥波子"，这是当时国内级别最高的官员博客。截至2011年6月30日，"医生哥波子"已发布了2085篇新浪博客，访问量接近千万。而廖新波开通的人民网强国博客也连续三年获得"最负责任的官员博客"称号。2009年8月29日中央电视台《小崔说事》栏目还以"廖副厅长的网络事件"为题做过一期节目。

@医生哥波子最初的三百余条微博，大多是分享"医生哥波子"的博文，尽管一些涉及医疗改革等方面的观点比较犀利，但由于其真正与网友互动的平台还是博客，微博的人气相对较低。开通微博三个月之后，@医生哥波子通过短信发布的一条微博，由于涉及当时公众关注的甲流疫情，且与钟南山"甲流死亡病例中80%是孕妇"言论相关（注：钟南山原话8%，本消息系媒体误报；稍后 @ 医生哥波子又通过短信发布微博修正称“广东死亡病例中孕妇死亡有 3 例，占 16%”），引来多条转发和评论。这也是 @ 医生哥波子当时收获的最多转发与评论的微博：

> 大家对钟院士的关于“甲流死亡病例中 80% 是孕妇”非常关注，甚至引起不少的担心与恐惧。我看大可不必。因为死亡病例不多，广东孕妇死亡只有一个。况且我们还没有确切的统计学数据。如果真是的，也仅仅是医学界继续关注的范畴。我们更加关注患任何病的孕妇，因为她们是弱者。
>
> 2009-12-9 14:50 来自短信转发（75）| 收藏 | 评论（19）

2010 年 2 月 3 日，@ 医生哥波子首次在微博主贴中回复网友问题，此后又多次以回复的形式发布微博。也就是在这时，@ 医生哥波子微博上的互动氛围才真正形成：

> 回复 @ 喜洋洋与牛魔王：你觉得如何呢？你认为花 200 搞 20 公里的 BRT 实在还是用这些钱搞 10 年的广州医改实在些呢？
>
> > @ 医生哥波子：公共卫生事业属于典型的公共产品，提供公共卫生服务是政府的基本职责。这一点在任何情况下都不能动摇。除此之外，在一般医疗领域，基于个人疾病风险的不确定性及个人经济能力的差异，政府也必须承担筹资与分配责任，这是实现社会互济和风险分担的前提，也是实现合理干预目标的基本条件之一　原文转发（59）| 原文评论（18）
>
> 2010-2-3 20:29 来自未通过审核应用转发 | 收藏 | 评论

@ 医生哥波子最出“风头”的时候，当属“要有尊严，别学医”事件。2011 年高考期间，@ 医生哥波子就 5 月 30 日江西上饶医闹事件发布微博：

网友愤怒了：上饶医闹，砸坏医院，暴打医生致残，生命垂危。医护人员求救公安，竟以不介入医疗纠纷为由，拒绝求救，导致百多名医护人员抗议。虽上饶离我们很远，但心里特别难受。医生也是人，无怨无悔地奉献青春，守护生命，他们的安全谁来保护？今是高考，唯告学子：要有尊严，别学医！

6月8日 07:49 来自新浪微博转发（1796）| 收藏 | 评论（832）

此言一出，很多媒体都纷纷进行报道，称“广东省卫生厅副厅长劝高考生别学医”。但这一观点并非@医生哥波子原创，他在当晚发布的博客中说明了发布该微博的情况，称看到上饶事件的帖子后“将网友亲爱妈咪长达200字的回帖浓缩成”如上文字，并表示“我引用我博客网友的愤怒，是提醒社会关注与思考！”①

@医生哥波子这条微博的背后，反映的是他长期以来对医患关系、医疗卫生事业现状的思考，例如2010年2月6日，@医生哥波子就发布为微博叹息“今天是一个非常令人发指和令人沉思的一天：为什么砍医生事件再次发生在我省！”

上面这条微博，被转发一千七百余次，评论八百余条，也给@医生哥波子带来了很多非议。@医生哥波子此后就此事发布三十余条微博及两篇博文，但并未因网友和媒体非议而改变观点。例如《南方日报》评论称：“以廖新波先生广东省卫生厅副厅长的身份，这声疾呼出现在高考填报志愿即将开始之际，对莘莘学子想必是会产生‘负面导向’作用的，苟如此，我认为其言论非常不负责任。”对此，@医生哥波子在博客中表示：“学医者对于前途早已存在的悲观思潮，并非我说没有就没有。为什么不把一种早已存在的思潮客观的告诉涉医者呢？为什么总以‘掩耳盗铃’之态‘安慰’学子呢？”②

“要有尊严，别学医”事件，只是@医生哥波子微博中较为极端的例

① 《“要有尊严，别学医”》，“医生哥波子”的博客，2011年6月8日，http://blog.sina.com.cn/s/blog_4940b3f601017qmy.html。

② 《再续“要有尊严，别学医”》，“医生哥波子”的博客，2011年6月10日，http://blog.sina.com.cn/s/blog_4940b3f601017qo0.html。

子。截至 2011 年 6 月 30 日，@ 医生哥波子共发布 2983 条微博，大部分内容都与医改、医疗卫生现状等相关。例如，作者从 @ 医生哥波子最新和最初发布的微博中，分别选取了 5 条较为典型的话题和观点：

表 4-1　@ 医生哥波子部分微博观点摘录

微博涉及话题/观点	微博发布时间
医生误诊一定要追究。但是误诊要有裁定标准	2011-6-27
政府为什么不优先发展网络医疗，解决基层基础医疗不足的状况呢？	2011-6-25
……报考医学类专业。我认为是一次“大浪淘沙”	2011-6-23
换届在即，谁对医改负责？	2011-6-22
回扣，一个羞于启齿的话题	2011-6-22
新医改能解决悬而未决的问题吗？	2009-9-10
公共卫生事件中如何管理信息	2009-9-8
做人行医当以法祖为鉴	2009-9-8
如何对医院补偿？	2009-9-8
寻求医疗质量最优的路径	2009-9-4

从表 4-1 可以大致看出 @ 医生哥波子微博所关注的内容取向。而 @ 医生哥波子自从 2005 年开通博客以来，一直就医改等问题发布观点，这些观点有时候比较理想化，有时候比较激烈，甚至与官方观点、网友普遍认知都有不同，但其开放、坦诚和认真态度赢得了网友的认可。这种风格同样延续到微博时代，这也是 @ 医生哥波子微博获得较高人气的原因所在。

@ 医生哥波子是一个敢说话的卫生厅长，甚至还顶撞过卫生部长。2007 年两会期间，卫生部长高强称“年底医改方案要出来”，廖新波则称“没有两三年都出不来”。媒体报道后，“第二天，省长着急了，但也没有什么话可说。第二天，卫生部发言人发表谈话，没有针对廖新波，只是说高强所说的是权威的，意思就是说我不要说话了。事实上，我这个语言灵验了，真的是两三年间出来，2009 年 4 月份。”①

① 《广东省卫生厅副厅长廖新波：我的博客心迹》，奥一网网络问政平台，2011年3月25日，http://wz.wen.oeeee.com/Content/69988.htm2011-3-25。

面对别人称“敢说”的评价，@医生哥波子自己则说“不是我说，而是事实存在”：

> 周末感悟：人们在说，廖厅，您真的敢说。其实，不是我说，而是事实存在。不说，会不存在吗？不！我敢不敢说是你放不放得下。在这个世界上，我们之所以不快乐，并不是因为拥有的太少，而是因为想要的太多。
>
> 6月25日14:25来自iPad客户端转发（71）| 收藏 | 评论（45）

@医生哥波子的言论，可能也会引起领导不高兴，但“从我的现象看，得以（注：应为“益”）的不是我，而是政府。有人很佩服广东，认为只有在广东这样宽松的政治环境才有廖新波这样的人才存在。”①

① 《广东省卫生厅副厅长廖新波：我的博客心迹》，奥一网网络问政平台，2011年3月25日，http://wz.wen.oeeee.com/Content/69988.htm2011-3-25。

第二节　中一在线：司法微博第一人

自称“破旧网民”的浙江省海宁市司法局长金中一，不仅自己是微博控，还“先后把老婆、女儿、侄女、外甥拉下水，然后再动员同事、同学、朋友、领导登录微博不下五十员”开通@海宁司法微博集团军，推出“微博公文”，被网友称做“最具人气司法局局长”，被《检察日报》旗下正义网评为“全国政法官员微博问政热度排行榜第一名”。

一、局长是个“微博控”

——这是《浙江日报》报道金中一时所用的标题。[①]到底“控”到什么程度，不妨先来看看@中一在线（海宁市司法局长金中一）的两条微博：

今天，一家子回乡下（钱塘江畔）过年，晚饭后我一直在弄电脑、上微博，老婆一气之下，开了汽车回城里去了。这样也好，今天上网上得可以晚一点了，哈哈~~~

2009-12-31 23:26 来自新浪微博转发（7）| 收藏 | 评论（8）

我的时间，10%在开会，10%在办公，10%在调研考察学习，10%在汇报接待应酬，10%在锻炼娱乐保健家务休闲，10%在发呆浪费时间，20%在睡觉，20%在上微博。

6月7日 20:23 来自iPhone客户端转发（18）| 收藏 | 评论（26）

这就是@中一在线的微博生活。这位自称“标语书法家、车窗摄影家、低级政治家、无股资本家、搭车旅行家、茅庐建筑师、乡村规划师、贫农园艺师、无照旧律师、社会评论员、双哌高球手、破旧网民”的县级市司法局

① 徐齐、李迪刚：《海宁司法干部“粉丝”数万——局长是个“微博控”》，《浙江日报》2011年3月22日第15版。

长，在微博上却被称为“最具人气司法局局长”，曾名列正义网全国政法官员微博问政热度排行榜第一名、上海交通大学公共关系研究中心《2011中国政务微博报告》政务人员微博影响力第二名。

2009年10月15日晚，@中一在线开通微博，在“折腾了两个小时”的摸索之后，终于在16日凌晨发布了第一条微博“我也来试试微博客。”

很快，@中一在线就成了“微博控”，粉丝也逐渐增多。当他有了近三万名粉丝时，媒体称“海宁金局长天天召开3万人‘大会’”，截至2011年6月底，@中一在线已发布近六千条微博，拥有近七十万名粉丝。

二、从“打官腔”到“说三话”

@中一在线刚开通微博的时候“还没有适应微博的表达方式”。他的微博多以记录工作行程为主，有时候还穿插一些上级领导的讲话和指示。“说官话、打官腔”带来的后果，就是粉丝数明显下降。“我开始意识到，微博的世界有自身的规则，把官场的那一套东西带进来，是不合适的。”金中一说，“这是一个慢慢适应的过程。”①

转变思路之后，@中一在线的微博粉丝开始增加，他“说实话，说真话，说人话”的微博风格，也逐渐受到网友喜爱。对官员开通微博，@中一在线也逐渐形成了自己的看法，下面是他总结的对政府官员开微博的六点看法：

> @中一在线：回复@杜子建#政府官员开博#1.政府官员在社会生活中还是在网上不可能上班是官、下班不是官；2.官员也是民的一部分，也要从自身感受的拓展来体恤民情民意；3.官员有责任对网民宣传解释国家有关政策与法律，也有义务在合法的前题下通过网络舆论为民呼吁和关注一些民生问题；4.与网友辩论要大肚、有风度。原文转发（2）|原文评论（3）

① 林天宏、郑宇钧：《微博不伺候官腔》，《中国青年报》2011年4月4日。

> 1. 不管职务高低，在网上独立发表言论要有能力承担责任，要敢于掉乌纱帽。当然乌纱帽不能是临时借来，是自己一步一步取得的，掉了也不欠别人的。2. 当然也不能发表反党反国家的言论。
> 2009-12-29 00:03 来自未通过审核应用转发 | 收藏 | 评论（4）

在微博上，@中一在线主要关注两块内容，一是与工作有关的信息，二是自己感兴趣的社会热点问题。工作时一般只关注、发布工作话题相关的内容，并曾就此要求过下属司法所工作时间少发工作无关微博。@中一在线下班后上微博则多在晚上九点以后，这时他又变成了微博个人简介中自嘲的那个“社会评论员”。

三、司法微博集团军、微博公文[①]

@中一在线不仅自己玩微博，而且还“先后把老婆、女儿、侄女、外甥拉下水，然后再动员同事、同学、朋友、领导登录微博不下五十员”，目前，海宁司法局下属各机构都开通了官方微博，24个官方微博和26个个人微博，打造了一个司法微博“集团军”。

@中一在线不仅影响了自己所在的海宁市司法局，而且还推动了整个浙江省司法系统开通微博的进程。2011年3月22日，《浙江日报》刊登了《局长是个“微博控”》的报道后，浙江省司法厅赵光君厅长批示“可以倡导厅机关干部开微博，厅领导带头示范”，@中一在线在微博上公布了这一消息：

> 今天浙江省司法厅赵光君厅长在当天的浙江日报上批示：“请丹军副厅长阅研。司法行政部门领导干部开微博，是普法宣传方式方法的创新，也有助于提高政府公信力和司法行政部门社会影响力。可以倡导厅机关干部开微博，厅领导带头示范。”
> 3月22日 17:21 来自新浪微博转发（359）| 收藏 | 评论（175）

---

① “微博公文”有关信息请参见本书第五章第五节《海宁司法：开创微博公文》。

3月30日，浙江省司法厅、浙江省普法办官方微博@浙江普法开通。5月6日，@浙江普法称“赵光君厅长要求全省司法行政系统都要开通政务微博”。从一个人开微博，到整个浙江司法系统开微博，以及全国其他地区司法微博的增加，@中一在线可以说是功不可没。

海宁司法局全体机构开通微博后，@海宁司法、@中一在线的一些工作，甚至都可以通过微博进行，这也为微博公文的诞生创造了条件。

2011年4月2日18点54分，@海宁司法发出01号微博公文，此时正值清明小长假前一天工作日的下班时分。这条带有试水性质的微博公文，开全国政府机关微博公文之先河。

【微博公文】01号。关于做好清明节假期值班工作的通知。@本市各司法所：为了做好社区服刑人员管控工作，各司法所应严格落实值班制度，要求值班人员手机必须保持24小时开通，做好手机定位监控和记录表登记工作，如有情况及时上报@社区矫正之家。

4月2日18:54来自新浪微博转发（50）| 收藏 | 评论（41）

“微博公文”这一现象迅速被网友及媒体关注、报道，引发热议。4月3日起，《人民日报》、《浙江日报》、新华网、新浪网等媒体对“微博公文”进行大量报道和评论。

4月18日，浙江省委书记赵洪祝在新华社某内参上对《浙江海宁司法局探索“微博公文”》一文作出批示，对海宁市司法局在全国率先启用“微博公文”的做法表示肯定。①

5月27日，《法制日报》刊登深度报道，指出微博公文面临如内容合法性、格式规范性、制定主体法定性、制发程序性等一系列法律问题，并归纳为“有限公开、流于形式、于法无据”三大质疑。②

对此，@中一在线表示“改进需要共同的探索”。

---

① 《省委书记赵洪祝对海宁市司法局“微博公文”作出批示》，海宁司法行政网，http://www.148.gov.cn/sfj2/sfjpd/ShowArticle.asp?ArticleID=1887。

② 陈东升、王春：《有限公开流于形式于法无据微博公文遭遇三大质疑》，《法制日报》2011年5月27日第4版，http://www.legaldaily.com.cn/bm/content/2011-05/27/content_2682084.htm。

第三节　桥上人家：寂寞的最牛城管

"赵阳，办城管论坛，开城管博客，曝光城管打人秘笈，举报全国城管局长联席会议非法组织，一名最具争议性的南京城管队员。"

——这是@桥上人家（南京城管队员赵阳）微博上对自己的介绍。他行政级别不高，微博粉丝不多，写了两千多条微博才收获两千多名粉丝，眼看着微博数即将超越粉丝数。但他持续曝光城管执法中的不文明现象，无论是在工作中还是在微博上，其一贯的坚持让人敬意油生。

史上最牛城管桥上人家【赵阳】开通新浪微博
2009-10-25 12:14 来自新浪微博手机版转发 | 收藏 | 评论

2009年10月25日，微博世界里出现了一位早已"成名"的城管。12月14日，@桥上人家通过新浪微博认证，认证信息为"南京城管队员赵阳"。而@桥上人家微博的个人介绍中则写道："赵阳，办城管论坛，开城管博客，曝光城管打人秘笈，举报城管局长联席会议非法组织，一名最具争议性的南京城管队员。"

@桥上人家在个人介绍中已经把自己干的最牛的事介绍清楚了："曝光城管打人秘笈，举报城管局长联席会议非法组织"，在国内城管系统率先"办城管论坛，开城管博客"并坚持至今的，则是@桥上人家如上行为的平台。"城管打人秘笈"系指@桥上人家2007年在网上曝光、2009年4月引起媒体关注的《城管执法操作实务》一书（北京市城市管理综合行政执法局、北京市市政管理委员会培训中心培训教材），因书中诸多城管执法操作方法遭网友痛批而引起媒体广泛关注。而@桥上人家举报城管局长联席会议为非法组织，则是在2009年8月，同样获得媒体广泛关注。截至@桥上人家开通新浪微博时，民政部仍无答复。为此@桥上人家于2010年年初再次向民政部咨询办理情况，并在微博中多次揭露该联席会议。

@桥上人家"成名"的这两件事，都与"城管"有关，他自己也正是一名城管队员，城管向城管“开炮”，不由不引人注意。有人把他视做城管的“叛徒”“败类”，他也自认是城管中的另类：

> 有人奉劝我“不要以为自己就代表城管”，这真是冤枉了我。我一直认为自己是城管中的另类，是“一小撮”，甚至有人视我为城管的“叛徒”“败类”，我又怎么能代表城管呢？我只是独立发表个人的见解罢了。
>
> 2009-11-9 09:29 来自新浪微博转发 | 收藏 | 评论

细看 @ 桥上人家的微博，以及此前的相关博文、网帖、媒体报道，可以发现，@ 桥上人家所曝光的，大多是城管执法中的不文明现象，并不遗余力地进行批驳，例如：

> 几天前某广州城管说“死一两个小贩没什么大不了的”，让小贩去死，媒体曝光后再次引起公愤。小贩还没死，昨天一名广州城管倒是刚出家门就突发脑溢血死了，官方照例宣传其如何辛苦敬业。生命是平等的，两件事情一对比，就像一幕讽刺剧了。
>
> 2009-12-26 10:56 来自新浪微博转发 | 收藏 | 评论

同时，@ 桥上人家还经常发微博介绍城管执法情况，从这些微博中，也能看出城管执法中的无奈和各种困难，例如：

> 一位残疾人因为生活困难，在路边摆了个摊点。几年来，城管每逢年节都上门慰问，残疾人感激不已。实施“大城管”体制后，考核越来越严，这个摊点的存在让城管屡屡被上级批评扣分。于是温情不再，冲突频起，城管一夜间完成由好人向坏人的成功转型。这个冬天显得格外冷。
>
> 2009-12-19 08:12 来自新浪微博转发 | 收藏 | 评论

@ 桥上人家曝光城管乱象时，别人托关系找他删帖一概谢绝，而且本地的城管机构、领导也不放过。例如，2010 年 10 月，南京玄武区城管以影响市容等为由拆除书报亭，遭网友及媒体质疑。对玄武区城管此举，@ 桥上人家在微博上表示反对：

> 拆报亭事件发生在南京玄武区，而我就是玄武区城管队员。对于我微博支持报亭的言论，我发布声明如下：1. 我以个人名义发言，不代表官方；2. 我不像领导那样能看到送上门的公费订阅报刊，只能每天光顾报亭。我有喜爱支持报亭和反对城管局做法的权利。如果搞民意调查，我这个城管投支持报亭的第一票！
>
> 2010-10-29 17:54 来自 Follow5 转发（447）| 收藏 | 评论（189）

这条微博是 @ 桥上人家两千余条微博中被转发、评论第二高的微博，从中可以看出他一贯的态度。而就在发布微博的第二天，@ 桥上人家又继续对上级机构领导的态度评价说“在拆报亭一事上，他们就没搞清真正的民意，只看到了上喻”：

> 南京市城管局宣传教育处处长徐少林说，拆除报刊亭后，有市民抱怨买报不方便，但如果不拆除，另一部分市民对其影响交通或影响市容也有怨言，对于管理部门来说，两种民意要平衡掌握，颇为不易。——我认为，让城管部门了解民意、尊重民意更为不易！在拆报亭一事上，他们就没搞清真正的民意，只看到了上喻。
>
> 2010-10-30 09:51 来自 Follow5 转发（16）| 收藏 | 评论（8）

对 @ 桥上人家曝光国内城管内幕的行为，其上级领导表示“不支持、不反对”：

> 我曝光了很多国内城管的内幕，在系统内声名狼藉。我在南京电视台做一档节目时，主持人谈到了上级领导对我的表态：“这是赵阳的个人行为，市局不支持、不反对。”不反对是因为实在不便说出反对的理由，不支持才是真的。官方的一句“不支持”，可以清楚看出他们提倡什么，害怕什么。
>
> 2010-3-27 12:05 来自 Follow5 转发（1）| 收藏 | 评论

@桥上人家此举，会让一些人既恨又怕，视其为城管“叛徒”、“败类”也就顺理成章了。可以想象，@桥上人家在城管系统里可能会有“寂寞”之感慨。

同时，在微博世界里，@桥上人家其实也比较“寂寞”，其一贯的坚持并未获得网友相应的认可。按理说，@桥上人家所写的内容，其实与@派出所值班那点事有相似之处，而且涉及城管、又多负面披露，理应获得网友“追捧”。实际上，@桥上人家写了两千余条微博，也只收获两千余名粉丝，比起@文明合肥（合肥市城市管理局官方微博）65条微博收获近七万名粉丝、@玉林市市政市容管理局（广西玉林市市政市容管理局）“微博通过认证当日，微博粉丝就超过了1000个”来讲，并不算高。而平时其微博转发、评论数一般也只是个位数，似乎并未引起网友太多关注。

作者认为，@桥上人家一贯的坚持让人敬意油生，也让我们看到了真实的城管。不管其观点对错，希望能有更多表达自己真实想法的官员微博出现，微博也会让我们看到越来越多的真相。

第四节　派出所值班那点事：身边的故事

@派出所值班那点事曾被2010年11月15日出版的第335期《新周刊》评为年度最有价值微博TOP10之一，评语如下：

它是最不像公安微博的机构微博。它讲厦门的天气，讲值班的内勤MM，讲如何杀土猪，讲QQ和360斗法如何令值班的同事头疼，讲为一个柚子打架的小贩，讲赌博的案子如何定性……家长里短，接着地气儿，充满人情味，围观的博友称，把它每天写下的素材改一改，就能拍成电视剧。

@派出所值班那点事，新浪微博认证信息“厦门市公安局湖里分局金山派出所”，它不是一个人，但本书把它放在政府官员个人微博中，是因为这个微博最初只是一个警察的个人微博，在发布了近两千条微博、逐渐“成名”的时候，大众甚至都不知道这个警察姓甚名谁、所在单位。从@派出所值班那点事的成长历程，也许对公安个人微博、官员个人微博管理能有一些启发。

下面就让我们来看看这个微博。

一、讲述派出所值班的故事

想了很久，派出所值班那点事还有点意思。人间百态，人性的美丑，都或多或少丰富着我和我的同事们的阅历。但因为太多，容易淡忘，微博似乎可以让我随时写下这点事，与大家分享。

2009-10-30 17:09 来自新浪微博手机版转发（6）| 收藏 | 评论（22）

这是@派出所值班那点事发布的第一条微博，这条微博其实一语道尽了其今后大部分微博的内容：一名警察在值班期间所经历的“人间百态”，同时也说出了博主开通微博的初衷：随时记录所见所闻所想，“与大家分享”。

截至2011年6月30日，@派出所值班那点事共发布微博8271条，吃饭时发，早起发，午睡醒来也发，熬夜到凌晨也发，还真是一个“微博控”，

做到了“随时写下这点事，与大家分享。”

例如，@派出所值班那点事的第二条微博，讲了“昨天晚上”“一个厦门某报的报料人”的案子；第四条微博，讲了派出所里打扫卫生的千万身家的阿姨；第六条微博写派出所“401的空调”；第七条微博讲自己开车出去巡逻看到“早起赶学的学生娃缩着脖子迎风前行”；第八条微博汇报工作说“等下要去抓鸡了”并感慨“这年头，早上都有嫖娼的，身体真好”，结果网友调侃评论说“等下要去嫖鸡了，这年头，早上都有抓嫖的，责任心真好”；第九条微博，说“回家了”；开通微博的第三周，晚上出去吃饭还一连发布十几张照片。

@派出所值班那点事发布最多的微博，应该是值班期间所遇到的各种各样的案件，以及形形色色的人们。这些140字以内的段子，叙事平实但语言却不乏幽默，经常还会带上博主自己的评论，而这些段子或者是平实网友难以接触的办案实录，或者是老百姓身边的故事，或者是听起来难以置信的真事，很受网友欢迎。短短半年时间，在没有新浪认证和推广的情况下，@派出所值班那点事收获了两千余名粉丝，而且这些粉丝大多比较活跃，与@派出所值班那点事保持经常沟通。

二、带动微博社区警务

@派出所值班那点事到底是谁呢？ 2010年5月20日，《厦门商报》的记者“几经周折，终于‘揪’出了这位‘织围脖’的厦门民警——金山派出所教导员邱达峰。”①

邱达峰表示，“媒体记者一般只关注大案要案，派出所的事小而杂，记者无法一一关注。但派出所是基层，所遇到的事大多触及百姓切身利益，我总想把他们的酸甜苦辣写出来。”“如果通过媒体发布一些信息，老百姓或许还带有疑问，但通过微博在网上议论，沟通后就可以实现了解和理解。”②

---

① 蔡立荣：《“织围脖”唠叨派出所的事 厦门民警惹三千粉丝追捧》，《厦门商报》2010年5月20日第A2版，http://www.xmnn.cn/dzbk/xmsb/epaper/page/1/2010-05-20/A02/83491274289640156.pdf。

② 同上。

在@派出所值班那点事的带领下，金山派出所以及湖里分局的其他几位警察也开通了微博。例如2010年5月30日厦门市公安局湖里派出所微博平台@守护特区发祥地开通；2010年6月4日，厦门湖里派出所民警周海洲开通微博@片警周SIR的会客厅，这是以湖里村里社区为试点的宣传防范主题微博（注：截至2011年6月30日，以“片警某SIR的会客厅”形式为名的湖里派出所民警微博，仅新浪认证的就有15名）；2010年6月23日，厦门市公安局湖里派出所所长陈子竞开通微博@竟善竟美，定位为以投诉、诉求、探讨为主题的派出所所长微博。

对于湖里派出所微博的热度，湖里派出所副所长林志敏（@淡志敏行）表示，“一是我们的微博做得比较早，而且定位非常明确，率先提出并尝试‘微博社区警务’，立足社区治安防范工作做文章。二是我们的内容很实在，都是跟百姓日常生活密切相关，是百姓喜闻乐见的东西。”①

@守护特区发祥地把@淡志敏行称为“#微博社区警务#工作模式的思考者和实践者”，对“微博社区警务”，@淡志敏行认为：

推动微博社区警务工作，我有两个体会，一是不能为创新而创新，要将新模式当做可持续发展的机制来运作，找定位、做框架、谋战略、求发展，形成合力，以团队集体运作促成效；二是基层派出所领导要以身作则，要别人会做的，自己先做好，做好引导和带动，可事半功倍。行动永远比大道理更有说服力。你说呢？

> @守护特区发祥地：想知道公安部一级派出所的风采么？欢迎关注厦门市首个派出所团队微博群：厦门市公安局湖里派出所集体微博 http://t.cn/br4lW，陪您走进最年轻最新锐的派出所民警世界！原文转发（8）| 原文评论（7）

2010-8-5 12:41 来自新浪微博转发 | 收藏 | 评论

而对于民警开微博的效果，林志敏给予了直接肯定：“像周海洲的微

① 林宏杰：《近一个月两民警微博粉丝双双破万》，东快网，2010年7月21日，http://www.dnkb.com.cn/archive/info/20100721/000303166.shtml。

博，从我们的统计资料看，自从其开通微博，及时发布相应警情后，其所在的辖区发案率在 6 月份环比下降了 8.1%。”“原来海州的辖区商店拎包案件很多，但自微博开通后，很多店员自觉与民警建立了联系，发案率明显下降。”①

三、变身官方微博

2010 年 7 月 19 日 13 时起，@ 派出所值班那点事连续发布多条微博。

其中第一条微博首次称“我们是厦门市公安局湖里分局金山派出所”，并请网友帮忙给思路：

> #虚拟服务现实#我们是厦门市公安局湖里分局金山派出所。如何让我们这个微博能够实实在在的服务于我们的辖区群众？这是个问题，所长向我提出了这个课题，大家帮忙，给我们一个思路。谢谢。
>
> 2010-7-19 13:02 来自新浪微博手机版转发（3）| 收藏 | 评论（21）

一小时之后，@ 派出所值班那点事修改微博简介：

> 我的简介改为：”俺们是厦门市公安局湖里分局金山派出所。如何让微博实实在在服务于辖区内群众，这是个课题。真诚问计于微博的朋友：给我们灵感和力量吧。谢谢。”
>
> 2010-7-19 14:02 来自新浪微博手机版转发（8）| 收藏 | 评论（20）

两小时之后，@ 派出所值班那点事通过新浪微博认证。

7 月 20 日和 7 月 25 日，@ 派出所值班那点事两次发布微博，请教网友更换微博头像的策略（注：微博的美女警察头像是邱达峰从网上找来的）。该警花头像受到很多网友欢迎，由此，截至 2011 年 6 月 30 日，@ 派出所

① 林宏杰：《近一个月两民警微博粉丝双双破万》，东快网，2010年7月21日，http://www.dnkb.com.cn/archive/info/20100721/000303166.shtml。

值班那点事还在使用该微博头像。

变身为金山派出所官方微博后，@派出所值班那点事增加了一些柔性的宣传和官方提示等信息，但整体风格倒没有太多改变。其实，这种风格，以及微笑警花的头像，已经成了@派出所值班那点事的符号。就在这些140字的琐事中，原来远离网友生活的派出所工作，逐渐变得清晰直观，微博也改变了很多网友对警察的看法。从@派出所值班那点事的微博里，我们看到了一个基层派出所的真实面貌、一群基层民警的酸甜苦辣。

第五节　美庄村委会主任林桂河：首位村主任微博

@美庄村委会主任林桂河，中国第一个实名认证的村主任微博，微博认证一周内“今天粉丝的数量一下子到了五千多，远远超过了我们美庄村的人口数了”。而他家电脑刚买回来的时候，他连开机都不会，上微博也是女儿女婿推荐和教育的结果。

> 我村决定在本月29日农历10月24日早上11时举行2010年秋茶黄金桂茶王赛．欢迎参观，指导。
>
> 2010-11-16 18:20 来自新浪微博转发（6）| 收藏 | 评论（5）

这是@美庄村委会主任林桂河开通微博三个月之后发布的一条微博，而他使用的电脑是2010年8月刚买回来的，那时他连开机都不会，上微博也是女儿女婿推荐和教育的结果。

11月29日当天，@美庄村委会主任林桂河共发布25条微博直播“美庄斗茶会”（含转发）。由于当时@美庄村委会主任林桂河粉丝数比较少，直播微博影响有限，但同时直播该活动的@茶友汇（安溪茶叶合作社自发联盟理事）等微博却引起了较多网友的注意。

微博直播斗茶会后，当天下午，山东淄博的茶商就把电话打来了，声称要购买“斗茶会”上的一批优质茶叶。[①] 对此，林桂河感慨道：“我也没想到，一场我们村普普通通的斗茶赛，放到微博上，就把全国各地的爱茶之人聚集了过来一起探讨，一起交流”。[②]

12月1日，@美庄村委会主任林桂河通过新浪认证，认证信息为“福

① 刘波、潘登、罗昊：《网友力挺“中国首位实名微博村主任”》，《东南早报》2010年12月6日第A08版，http://szb.qzwb.com/dnzb/html/2010/12/06/content_229530.htm。

② 杨国林：《安溪近20户茶农集体开微博　将打造全国首个微博村》，新浪厦门，2010年12月7日，http://fj.sina.com.cn/xm/news/2010-12-07/182010198.html。

建安溪黄旦发源地美庄村委会主任林桂河"，这是中国第一个实名认证的村主任微博。

@美庄村委会主任林桂河微博通过认证后，迅速引起网友和媒体的注意，@新浪财经（新浪财经官方微博）等对该微博进行了推广，福建本地报纸《东南早报》也对@美庄村委会主任林桂河进行了采访。12月7日早9点47分，@美庄村委会主任林桂河发布微博称"今天粉丝的数量一下子到了五千多，远远超过了我们美庄村的人口数了"。

在@美庄村委会主任林桂河的带动下，村里的茶农们纷纷开微博，截至2010年12月7日"该村开微博的茶农已经有近20户"[①]。@美庄村委会主任林桂河的微博粉丝也上升到两万余名，美庄"黄金桂茶、黄旦茶"的品牌也通过微博传播到得更广。到2011年5月6日@美庄村委会主任林桂河再次微博直播"2011#黄金桂斗茶赛#"活动时，人气最高的一条微博被转发24次、评论18条。

短短几个月时间，原来连电脑开机都不会的@美庄村委会主任林桂河，已经能够比较熟练的使用微博。在微博上，@美庄村委会主任林桂河除了发布有关当地茶叶的各类信息外，还会向网友介绍当地的美景，秀一秀五香卷、白米粿等当地的特产，晒一晒侄女的嫁妆，并在和网友@华尔街金牛的互动中知道了"OUT"是什么意思。甚至，有时候@美庄村委会主任林桂河还能像一些政府机构微博的常规化操作那样，发一发本村的官方新闻和通知：

> 今年我村一事一议工程：上马水公路加宽已完工。准备明年1月份完成西公奄公路长一公里，3.5米宽的水泥路建设。春节前完成内村角落路灯建设。
>
> 2010-12-20 17:51 来自新浪微博转发（5）| 收藏 | 评论（7）

① 杨国林：《安溪近20户茶农集体开微博　将打造全国首个微博村》，新浪厦门，2010年12月7日，http://fj.sina.com.cn/xm/news/2010-12-07/182010198.html。

通知：美庄村出门在外的各位乡亲。你们好！因2010年10月起算2011年度计生指标。请11年度第一期妇检单未寄的乡亲近日寄回。请支持，谢谢合作。

2010-12-20 18:46 来自新浪微博转发（2）| 收藏 | 评论（3）

上面的这条“通知”，甚至比@海宁司法发布的01号“微博公文”还早（注：后者时间为2011年4月2日，参见本书第五章第五节：《海宁司法：开创微博公文》），当然，这仅仅是一条单向发布的个案。

看到@美庄村委会主任林桂河的微博后，有网友建议其开通淘宝店。2010年12月8日，@美庄村委会主任林桂河公布了“美庄村茶叶专业合作社”的淘宝店地址，并表示“微博粉丝会有优惠的价格”。

目前，该淘宝店的销量还比较低。对此，林桂河称“主要时间有限，接下去等品牌注册完后他们也将鼓励茶农试水微博抱团式营销。”[①] 通过微博，美庄黄金桂茶打出了品牌。而接下来，美庄村要加强的，正是线下的一系列功夫，例如注册商标等。届时，再推广、销售黄金桂茶，微博无疑仍将是一个重要的平台。

---

① 杨艳瑜：《实名微博村主任成“微博控”下月三村联合茶王赛》，泉州广播网，2011年4月20日，http://news.qzgb.com/2011-04-20/1303285018d39376.shtml。

第六节 伍皓：最具争议的明星官员

提起官员微博，伍皓是绝对绕不开的一位，也是最具争议的一位。这位毁誉参半的前云南省委宣传部副部长、现云南省红河州州委常委、宣传部长，在微博世界里掀起的风风雨雨，值得我们关注。

一、“首家政府微博”幕后推手

2009 年 11 月 21 日上午 9 时许，云南省昆明市螺蛳湾批发市场发生群体性事件。

当日，@微博云南（云南省人民政府官方微博）开通，并于当晚 21 时 35 分发布微博公布了这一事件情况：

> 今天上午 9 时许，昆明市螺蛳湾市场及云纺商业区 100 余名不愿搬迁的商户聚集散发传单，抵制关闭市场。随即，现场围观人员聚集了 1000 余人，部分人员沿途砸毁施工隔离栏，堵断交通，打砸工程车辆，并用砖块攻击现场值勤民警。下午，警方先后将 24 人带离审查，事态得以平息。
>
> 2009-11-21 21:35 来自新浪微博转发（42）| 收藏 | 评论（43）

@微博云南后来曾被媒体称为“中国第一家政府微博”①，而其幕后推手正是同日开通微博的@云南伍皓（时任云南省委宣传部副部长）。

针对螺蛳湾事件，伍皓称：“整个事件是否处置妥善暂且不论，在信息公开方面尽到了宣传部门责任，处置结束紧接着向记者通报情况，恐怕又是一个不经意的‘第一次’、一个小进步。”

这个时候的伍皓，也是国内首位实名开微博的厅级高官。媒体最初的跟

---

① 关于谁是“第一家政府微博”，@微博云南与@桃源政府网站之间也有过一场口水战，详见本书第五章第一节《桃源政府网站：首家政府微博》。

进报道，更多的也是支持与鼓励，认可@微博云南和@云南伍皓所代表的符号意义。

但涉足微博世界之前的伍皓，本身即充满新闻性，他实名QQ上网，建立工作QQ群“伍皓的网络意见箱”，第一个提出设立“网络发言人”的建议，曾经组织网友参与调查“躲猫猫”事件的真相，曾因不满媒体“虚假”报道“昆明小学生卖淫案”而与网友“掐架”，曾组织云南媒体宣誓“坚决放弃暴力、血腥、低俗、灰暗的新闻”，被称为“充满争议的官场异类”。

一脚踏入微博世界，伍皓注定要掀起一场波浪。

二、一个半月之后：元旦微博“自杀”

2009年12月18日，刚刚开通微博一个半月的@云南伍皓突然表示：“本博自2010年1月1日零时起将自愿自动自杀式关闭”。此时，@云南伍皓已有五万七千多名粉丝。

这已经是伍皓开通个人博客以来第四次“自杀”。

第一次自杀是在2005年时和同事创办手机媒体，当时还获得“掌媒教父”之称，后来开博想分享经验被同事否定而关闭；第二次是在西祠论坛，有人在他博客留言中挑出攻击本单位的言论，将“舆情”上报领导，“于是含泪自尽”；第三次是2010年7月在凯迪社区，“我发帖对焦点事件公开表态，结果把自己搞成焦点。一旦互信尽失理性全无，交流再无法进行。我可怜的博仅存活了七天。”

对这次关闭微博的原因，伍皓自己说：“我认识到确实很难区分公务身份与个人身份，这会给我带来许多困扰和压力。其次，我想个人写微博是同网民沟通的一种形式，但毕竟个体行为对社会进步的作用十分有限，正如以前一直所做的那样，我更愿意去推动一些机制性东西的建立，只有这样才能对社会进步产生持久的影响，同时也免却一些个人作秀的嫌疑。”

媒体对此纷纷进行报道、评论，还有人郑重其事地总结了伍皓微博的生卒年份：“生于2009年11月21日，即将卒于2010年1月1日，1个月又10天。”

2010年新年到了，伍皓并没有真的停止更新微博，而是换了一个名，更名为@伍家有女初长成，据说伍皓此举是新浪微博为了让他“两全齐美”而想出来的点子：围脖以后主要写写女儿，伍皓摇身变为“网络上一个温情的父亲”。

其后，伍皓在微博上还有三次“退出”事件：

其一是2010年6月17日，伍皓声称“要告别围脖……偶尔有空的时候，也会上来转载一些大家的留言。朋友们，再会！”但在三天之后，伍皓又表示“我真不是要走，只是要学会低调些，且强迫自己周末才来玩玩，减少些不务正业的指摘。”

其二是“微博托管”，2010年7月至8月，伍皓在封闭学习期间，曾将微博交大学同学余龙代为管理，在这一个月左右的时间内，伍皓自己也曾亲自发布过一些微博，但更多是由余龙管理，包括伍皓把想发布的内容发短信给余龙，余龙审核后代为发布。

其三是2010年11月26日，伍皓表示“我重新做起了记者，采访工作繁忙，不在其位不谋其政，应该也不再有政务公开的义务。因此决定暂停我新浪微博更新”。此言一出，有人猜测伍皓系被组织下放做记者去了，或调任云南日报报业集团做社长。其实，这次伍皓是带队去保山调查采访杨善洲老人的事迹去了。在暂停更新微博四天之后，11月30日，伍皓重又在微博中表示：“这些天一直在村子里访问，上网不方便，虽可短信织围脖，但看不到回复，不能互动，没意思，就索性暂停了更新”。

微博“自杀”事件，只是伍皓微博旅程中的一段插曲，下面让我们来看看伍皓在微博世界里都掀起了什么风雨。

三、微博“作秀”

伍皓在微博上的一部分言论，让人不敢相信是出自一位省委宣传部副部长之手。如果单看这些言论，会让人觉得这是在作秀，而且是没有任何技巧的、拙劣的作秀。甚至让人为伍皓有一点点担心，担心他所犯的这些低级错误，如何能够在中国官场生存。

例如，首先来看一下被称为“感动温暖爱”的“五号体”：2010年11月15日7时51分，上班路上，伍皓通过短信发布了一条微博：

上班路上，等红灯，我摇下车窗透气。旁边有车鸣笛，我转头看，车内人喊："部长，你是个为我们平头百姓着想的好领导，我们喜欢你！"我不知道他是谁，但这一瞬间，真的很感动很满足。

2010-11-15 07:51 来自短信转发（3025）| 收藏 | 评论（1941）

这条微博迅速被围观、转发，并招来大量热评——其中大部分都是反讽和谩骂，并迅速获得"五号体"之称。一个月之后，在2010年12月15日出版的第337期《新周刊》中，伍皓凭"五号体"再次入选"2010大盘点"之《2010年十大体》，与李刚体、凡客体等并列。而在一年之前，伍皓入选《新周刊》"2009大盘点"之"十大猛人"时，则完全是正面褒奖——"伍皓猛到冲进网战前线……积极与媒体沟通，打破地方官员在公众中的传统形象。如果说中国官员在公共关系及自身形象营销上还落后一大截，那么伍皓就是积极赶上来的一员"。

对此，伍皓表示"应该不是省委大院里的人，我是在环城西路上碰到的。大概是网民吧，星期六我参加了云南网民发起的千名网友共送周鑫的活动，很多网民都认识我了。刚好像看到一个网友有条留言，说是他喊的我。留言太多，这会儿又找不见了"，并自嘲说"总算做人有了点价值。这年头能娱乐他人的人就是好人"。

伍皓的微博上，这样的情况还有一些。这些微博，也许是伍皓的调侃，也许是伍皓真心认为如此，但在网友看来，这些微博确实有作秀嫌疑。

四、舌战群儒

除了"自爆"之外，伍皓在微博上还与诸多网友打起嘴仗，颇有"舌战群儒"之风，比较知名的事件，包括伍皓与@王小山、@五岳散人、@我是李鸿文、@北京厨子等的较量。

1. 藏头诗舌战王小山

2010年4月，西南大旱。在赈灾晚会之后，伍皓称"云南会用好每一分善款”，对此，@王小山询问能否落实保证：

> 红十字会网站数据，募得善款物资共计27734.1324万元。http://t.cn/h82iz，伍皓，@伍家有女初长成请先汇报云南得了多少，灾后汇报如何开销，谢谢。记住你自己的话“云南会用好每一分善款”，别说完了就算。
>
> 2010-4-6 20:38 来自新浪微博转发（38）| 收藏 | 评论（18）

伍皓未能正面回应，期间还有“这3亿，哪怕有点儿跑冒滴漏，总能解决灾区好多问题吧”类似的言语，由此引发二人微博大战，并相互题诗以赠。伍皓的藏头诗引发矛盾进一步升级，后因微博骂人事件，@王小山甚至表示要状告伍皓。

且不论微博论战期间伍皓与王小山孰是孰非，仅就政务公开而言，伍皓此举略嫌不妥，完全可以做得更加职业一些。一般而言，像类似公众关注的重大项目，事后都会公布相关消息，这也应该是伍皓所在的宣传部门的工作职责所在。而伍皓不但未能对网友问题进行回复，反又涉足争论，殊为不智。

而实际上，据云南省审计厅2010年4月13日公布的《云南省省级抗旱救灾资金筹集及安排拨付情况审计调查结果2010年第6号（总第46号）》显示：“审计调查结果表明，抗旱救灾资金安排合理、拨付及时，为解决群众饮水问题、缓解部分地方旱情发挥了积极作用。截至目前，审计调查未发现违法违规问题。”

2. 五岳散人“开瓢大会”

知名网络评论人@五岳散人在微博上也多次与伍皓有过争论，这一争论后来升级为现实中的“开瓢大会”。

2010年11月，@五岳散人受邀参加“2010全国网络名人西双版纳行”活动。11月19日，@五岳散人得知系云南宣传部门邀请（注：实际应为云南省西双版纳州委宣传部邀请）后，决定要对伍皓现场“砸脑袋开瓢”，伍皓当即回复应战。

11月21日，“开瓢大会”的正日子，现场及网上都有诸多网友围观。孰料五岳散人虎头蛇尾，见到伍皓后扔了个纸杯了事，让很多志在围观的网友大呼上当。对此，@ 五岳散人和伍皓分别如此描述：

> 好吧，晚上就这样。喝酒的时候伍皓没去喝茶的时候去了，只有突袭了他一茶杯，然后。。。。。很不幸，坐在里面了，跳不出来，一帮媒体在旁边拍照。就这样吧。
>
> 2010-11-21 23:15 来自新浪微博手机版转发（48）| 收藏 | 评论（71）

> 既然话已出口，怎么也得跟脖友有个交代。我先说了段开场白，然后主持人说，下一个节目：二五对决。五岳散人就扔过来一个杯具。杯具的是连我衣服都没蹭着。接下来双方广泛讨论了大家共同关注的问题，气氛热烈。合影的时候，我说，我占了身材骄小玲珑的便宜，谁也不忍心真欺负我。散人说，真舍不得下手。
>
> 2010-11-21 23:10 来自新浪微博转发（131）| 收藏 | 评论（131）

这次“开瓢大会”以喜剧收场，虽然让围观网友感觉失望，倒是避免了矛盾进一步升级，算是皆大欢喜。之后微博上伍皓与 @ 五岳散人仍然时有口角，但就这次“开瓢大会”而言，似乎伍皓表现要好于 @ 五岳散人。

3. 因言欲告李鸿文

2010 年 12 月 7 日，伍皓在针对近期出现的一些拆迁引发的悲剧发布微博称“我们对每一起拆迁维权的围观和声援，实际上都是在鼓励更多的对抗，这又必然会制造更多的鲜血和悲剧”。针对伍皓这一观点，@ 晶报李鸿文（深圳《晶报》评论部主任，现微博昵称为 @ 我是李鸿文）12 月 9 日在《中国青年报》发表题为《网友过河了，官员就别假装摸石头》的评论文章进行反驳。

当日，伍皓发私信给 @ 晶报李鸿文，@ 晶报李鸿文于 16 时 44 分公开此私信：

> 呵呵，刚接到 @ 伍皓同学私信，要告我、晶报还有中国青年报，索赔 30 万元，各 10 万元，虽然是私信，但涉及公事，不妨公开。
>
> 2010-12-9 16:44 来自新浪微博转发（660）| 收藏 | 评论（458）

据@晶报李鸿文发布的微博，伍皓对他表示“您放心。我保证绝对不动用任何公权力。纯公民维权诉讼。谁输谁赢没关系，在全社会倡导法治精神而不是当个官就动用公权力搞什么跨省那一套。”

对此，@晶报李鸿文表示“说实话，因一篇文章而被告，尤其是牵扯到发表文章的媒体，对中青的朋友有所惊扰，我心里还是不安的。好在中青的朋友对我表示鼓励，他们的态度和我一致：欢迎来告！”

伍皓进而表示李鸿文“只断章取义地截取了我个别话语而故意隐瞒我彻夜不眠劝阻自焚、我反对强拆但呼吁理性回归谈判的态度、化解拆迁矛盾以群众诉求为中心从而避免了强拆悲剧的这些重要事实。”

后来，伍皓聘请云南华度律师事务所蒋天胜准备起诉。

12月12日，伍皓发布微博称“不出所料，因为正好有一个全国现场经验交流会在我省召开，全国都认同了我们的经验。最高领导让我以最大的宽容对待李鸿文对我的故意曲解。好吧，虽然我心有不甘，我放弃对李鸿文的起诉。以同乡的名义，我私下跟鸿文再做沟通。”

之后的私下沟通中，伍皓“希望鸿文兄给我认个错”的要求也未能达成，伍皓自嘲道：“跟老爸生气，说，您干吗给我取名叫伍皓呢？从小到大都告不成一个状。皓者，白告也。”

4. 抢救“天下第一险城”德钦

2010年8月7日，甘南藏族自治州舟曲县突降强降雨，造成舟曲“8·8”特大泥石流灾害。

舟曲泥石流灾害发生后，造成网友对其他类似地区的担忧。

8月10日，网友@北京厨子（现微博昵称@北京兵人）连续发布12条题为“天下第一险城：德钦”的微博，称云南省德钦县3.5面环山，山势险峻，任何一座山滑坡都会要了德钦的命，舟曲的悲剧一旦重演，整个德钦将完完整整地被掩埋掉。

8月11日，伍皓与@北京厨子经@王小山“引荐”，在@携酒与鱼的一条微博下就民主问题展开辩论时，@北京厨子随后提及德钦问题，伍皓表示“本月内我亲自去德钦跑一趟，尽最大的努力推动这一民生大事”。

8月13日，伍皓表示“上午我们已组织全国30多家媒体采访云南国

土厅”。

8月18日，云南省怒江州贡山县普拉底乡突发泥石流，@北京厨子惊叹事发地位于“德钦县的隔壁”并加了四个感叹号，并对自己“折腾了一个多星期，一个人也没救下来”感到“苍白，无力，无助”。

8月21日晚，伍皓女儿高烧39.3度，伍皓在“折腾整整一夜，宝宝的高烧终于退了。我也照顾了她整整一夜”之后，于22日出发前往德钦。期间，伍皓在向@北京厨子、@王小山汇报“我在完成你们和网友们交办的任务”进展时，仍不忘与@王小山继续之前的微博战争，而@北京厨子也在继续追问伍皓的调查进展。

9月29日，@北京厨子在微博中公开了德钦事件的进展：在某大牌中央领导的直接点名下进行了一次由国土部牵头的全面考察，后将德钦的防灾费用加倍划拨。

对此，@北京厨子又于2011年1月22日公开表扬伍皓：

【公开表扬@伍皓红河微语】德钦事件，我跟他唱对台戏，迅速引起凤凰卫视围观，伍皓同学借力打力，发动省内媒体发力，促进事件进展，以网友吸引公众眼球，最后成功地给德钦县多要了7000万人民币。好多事，你不会办，难死你。会办，皆大欢喜。

1月22日18:53来自新浪微博转发（5）|收藏|评论（9）

德钦问题在@北京厨子和伍皓等的推动下得到重视，但“整体搬迁”仍未可期。国土资源部、云南省国土资源厅方面的专家在德钦实地考察后表示，目前“德钦县城已经具备抵御地质灾害的能力”。

而8月18日怒江贡山县突发泥石流灾害时，@北京厨子其实已经把怒江作为下一个考察对象了，“虽然技术上不可能，但是我真的希望能够在飞德钦的前后先飞一遍怒江！没有做成，心里很难受”。

据@北京厨子表示，他两个月期间做的12个案例分析，只有德钦在伍皓的参与下获得关注。@北京厨子在这个时候夸奖伍皓也许有点沉重，但这也许正是伍皓微博存在的价值所在。虽然，伍皓所做的，只是政府工作的分内之事。

除了与 @ 王小山等网友吵架之外，伍皓还有两件事被大家广为关注，这两件事正好时隔一年：一是 2010 年 4 月伍皓人大演讲遭遇“扔钱门”被骂五毛，二是 2011 年 4 月伍皓参加第四届中国文化投融资洽谈会期间微博自爆 iPad 被偷而引起公众围观。

五、人大演讲“扔钱门”

2010 年 4 月 22 日下午，正在北京参加厅局级干部培训的伍皓受中国人民大学新闻学院之邀前往人大作《政府信息公开与网络政治》演讲。

开讲前夕，有男子把一堆五角钱纸币朝伍皓扔去，大喊“伍皓，五毛”后扬长而去。伍皓现场未作反应，当晚在微博上表示遭遇扔钱“并未影响现场交流气氛”：

22 日晚，伍皓发布 4 条微博公开“扔钱”事件的主角之一（@ 苏雨桐）给他的短信，伍皓表示“要学会尊重公民的表达权利”，并对 @ 苏雨桐“28 日晚当面对谈”的要求表示“我将履约”。

@ 苏雨桐后来在自己的微博称伍皓所公布的短信系“掐头去尾”，但她“坚守做人底线”决定不予公开。

伍皓公布“我将履约”三天之后，为避作秀嫌疑又于 25 日宣布“不去了”。

伍皓后来在接受媒体采访时表示，云南省有关方面“没有任何反应”，“同事主要是担心”，他自己也没把“扔钱门”当成一件特别的事，“有网友说：‘伍皓成功地把政治事件转化成了娱乐事件’，自己觉得这是一个很好的评价。”

六、iPad 被偷遭围观

2011 年 4 月 7 日至 8 日，由中资研究集团主办的第四届中国文化投融资项目洽谈会在杭州召开，伍皓与会。8 日下午，当主持人宣布散会时，伍皓离开座位“去跟一大资本家交谈”，十多分钟后发现 iPad 丢失，随后伍皓就此事发了一条微博，这条带有牢骚加调侃意味的微博发出后，引起网友近百条转发。

4月9日，网上“伍皓丢iPad”事件开始流传，“浙江省副省长郑继伟很快就在腾讯微博上做了回应，浙江省公安厅有关部门也主动表示了关切，让我感受到杭州真是一个温暖的城市。”

会议主办方也于9日发出声明，“对于提供有效线索并最终查实的知情人士，给予1万元人民币奖励”。

4月10日起，各大媒体纷纷报道，伍皓自己都觉得有点吃惊：“天，我丢个iPad，芝麻大个事儿就被这么多媒体热炒”，会议主办方中资研究集团新闻发言人邵瑛也表示，参加会议的有多名高官及世界500强高管，“全国媒体这样集中在伍皓身上，对其他领导有点不公平。”

媒体的关注使得这一事件有了些炒作的嫌疑，对此，网友@身轻如燕的胖子分析道：“@伍皓红河微语丢iPad事件，并没有“艳照门”等各种门，有的只是工作上的一些文字、图片及影响资料，但此时迅速在网络窜红，分析原因如下：厅级干部+微博名星+在名城+高端会议+高端失窃物+美女经理‘献媚’+各大媒体争相报道=红河红，伍皓更红。本故事实属无意策划，但一蹴而就，如有雷同，纯属巧合。”

伍皓自己也转发了4月11日《新华日报》的一篇评论，该评论表示：“他没有报警，而是发了一条微博；随即浙江省副省长微博回应，浙江省公安厅有关部门主动表示关切；之后会议主办方通过发布失窃声明，谴责恶劣行径，并悬赏万元寻线索；酒店为伍皓送来生日蛋糕，开了个小PARTY；更妙的是，当地网站连夜对话伍皓，使伍皓因失窃而受影响的推广计划广为传播，而形象受损的杭州也在伍皓的高度评价中得到了充分补偿真是一出完美无缺的公关大戏，任何一方都没有损失，这台iPad被偷得太值了！”①

两周之后，中资研究集团万元悬赏无果，4月28日决定赠送伍皓一台iPad，伍皓觉得“这事儿棘手了，想请博友们帮拿个主意：要呢，不要？接受吧，会否被指接受企业高档礼品？不接受吧，又拂了中资集团好意，对不起其重信重义的美名”，经考虑后伍皓先是表示“先接受下来，然后在微博上公开拍卖，拍卖所得全部捐赠贫困失学流浪儿童”，后又“接到夫人指

① 廖卉：《这iPad，被偷得太值了》，《新华日报》2011年4月11日。

示：不收，以后她钱攒够了再给我买”，但又放不下红河县垤玛乡的失学儿童，“希望中资集团直接拍卖，所得捐赠垤玛。”

至此，伍皓丢失 iPad 事件告一段落。

这一事件可算一场喜剧，事涉各方形象无损甚至还有提升，可谓皆大欢喜。只是伍皓丢失 iPad 后还要夫人攒钱再买，但在媒体热议期间捎带宣传了红河形象，正如《新华日报》所说的，这 iPad，被偷得太值了！

七、调任红河

2010 年 12 月 30 日上午，中共云南省委召开首次新闻发布会，向媒体通报了云南省建立党委新闻发布制度的相关情况。会上公布了 12 个省委部门和单位的新闻发言人，其中省委副秘书长钱恒义与省委宣传部副部长伍皓正式以省委新闻发言人的身份亮相。当日，伍皓在微博上也发布了这一消息。

> 《云南确立省委新闻发布制度 12 名新闻发言人集体亮相》，http://t.cn/hGAk4a。
>
> 2010-12-30 17:05 来自新浪微博转发（12）| 收藏 | 评论（28）

2011 年 1 月 14 日，就在伍皓刚刚担任云南省委新闻发言人半个月之后，网友爆出“某西南省份宣传部副部长、知名微博网友 W 同志已卸任，祝他今后工作顺利”的消息，网友猜测系指伍皓。当地媒体《云南信息报》向伍皓求证时，伍皓表示确实如此，他“将任职云南红河州委常委、宣传部部长”。

在此消息发布 4 天之前，伍皓就在微博中贴出另外一条消息“李涛任中共云南省委宣传部副部长”，而李涛此前任“红河州委常委、宣传部部长”，与伍皓恰恰换了一个位置。

对于此次调任，伍皓在给《云南信息报》记者的短信中表示“我愿意去基层的”。但也有很多网友猜测伍皓或因言获罪被下放红河，例如就在伍皓自己发布“李涛任中共云南省委宣传部副部长”消息之前半小时，还在微博上表示“本博改为只发宣传消息，回避谈个人的任何事情和个人观点”——

有网友分析伍皓可能是受到了上层压力。

但伍皓似乎无法做到“回避谈个人的任何事情和个人观点”，他这条“本博改为只发宣传消息”微博本身就引来了各种争议，1月11日一早伍皓还和网友就上面微博中“素养、素质”的问题吵嘴，而在今后的微博中，伍皓似乎也没能做到这一点，这也许是他一贯的风格所决定的。

当然，对伍皓调任红河州宣传部长一事，也有很多人认为有利于伍皓的个人发展，伍皓自己也多次表示“我真是给省委写了好几次申请才获得这一主持一方宣传文化工作的机会的”。

1月18日下午，伍皓正式赴任红河州委常委、州委宣传部部长一职。

1月17日晚，伍皓公开征集微博昵称，两个小时收获网友一百余条评论，并将微博昵称由@伍皓同学改为@伍皓红河微语。

伍皓调任红河以来，除了iPad被偷事件之外，其微博上最有影响的事当属“微博征歌”。

2011年4月1日起，红河州委宣传部决定在中国红河网、腾讯微博等网络媒体上面向全国范围内开展《我要去红河》歌词（曲）作品征集评选活动。

但活动刚启动时并未进行大规模报道，包括活动合作媒体腾讯网，作者能查到的最早的报道也是4月15日所发布的新闻。

4月13日，@伍皓红河微语在回复网友问题时首次提到“《我要去红河》（@熙道作品，即将面世)”，并进而提出“有没有微博歌手自愿演唱微博版呢？该是产生微博原创音乐的时候了”。

4月18日，伍皓在腾讯微博、新浪微博等发布微博征歌的消息。

4月19日，新华社率先报道此事，并引用新媒体研究专家、北京大学新闻传播学院青年学者栾轶玫的评价称“微博政务应用由此将进入一个‘宽域时代’”，多家媒体转载报道。

5月5日，@伍皓红河微语发布第一首《我要去红河》歌曲视频，这首由@熙道作曲的歌，其词作者正是@伍皓红河微语本人，演唱者也是此前被称为“皓女郎”的@红河小鱼_妩杰。媒体继续跟进报道，这首歌被称“中国首支微博原创歌曲”，@红河小鱼_妩杰也被称做“微博草根歌手第一人”。

5月12日，活动组委会表示，已收到来自全国26个省200余名网友

300余件应征作品。

5月16日，@伍皓红河微语称《我要去红河》点击突破千万。

在此后接受媒体采访时，伍皓表示这首歌目的在于抛砖引玉，不会参加评选。

纵观@伍皓红河微语微博，和之前风格差别倒不是很大，依旧会和网友吵架，依旧会曝一些让人觉得是在炒作的事件，例如伍皓“视之为祥瑞”的“酷似神猿树根”，依旧会引发媒体关注，例如iPad被偷，只不过这些内容相对少了一些，而多了大量对红河的卖力宣传。

例如，自2011年2月20日起，@伍皓红河微语开始发布“每日一图，画说红河”，自2月20日至5月31日不到三个月的时间里，共发布68条（不计转发自己微博），除去个别日子未发布、个别日子发布多条外，大部分时间均能做到“每日一图”。而微博的内容，也从第一条开始的“美图+一句话”，扩展到对红河具体某一亮点的精心推荐。这种操作，对于一般的政务微博来讲，已经可以说是中规中矩。

再如，除要求红河州级各媒体统一开设“向人民述职”专栏外，伍皓自己也通过微博进行述职，截至2011年5月31日共发布述职微博21条。

微博上，支持和反对伍皓的人一样多，或者，后者更多一些。

伍皓在微博上的表现，尤其是一些出位言论，很可能两头都不讨好：网友会认为伍皓在作秀，在捞政治资本，对一些问题“顾左右而言他”；而官场中人，会认为伍皓在说一些不该说的话，破坏了官场规则。

伍皓极富特色的言行，让他成为微博世界里最具争议的明星官员。他在微博世界里的表现，固然获得了极大名气，但这些名气毁誉参半，对伍皓的官场晋升来说并不能说是一种安全稳妥的策略。

伍皓自己似乎也曾意识到这个问题，对于发布微博到底该如何区隔个人与官员的双重身份，伍皓自己也曾纠结过，数次欲退出微博前后的相关微博，也表明了伍皓的这种心态。而最终，伍皓还是没能改掉自己的固有风格，即使在他意识到不该这么做的时候。

声称自己“比猴儿都精”的伍皓，微博上的一些言论却让人觉得荒唐可笑。@邓飞在采访伍皓后也表示：“多年来，伍皓强烈且不加掩饰的进取之心，往往会在旁人眼里显得不合时宜而鲁莽可笑。曾与伍皓熟识的人说，伍皓最让人感叹的是，他明知自己经常是周围私下议论甚至取笑的对象，依然对自己坚信不疑，从不打算改变自己的行为方式。”①

> 我比猴儿都精，能不明白你说的道理？但不声不响闷头升官发财，对我个人倒是好处大大的，但红河百姓有啥好处？高调替红河呼吁，我个人是没任何好处，还累个半死，但对红河百姓有好处。怎样选择，纠结。//@lcb163：伍部长，我是您老乡，在官场也混过几十年，劝告您一句，低调点对您没有坏处。祝好！
>
> 4 月 17 日 17:38 来自新浪微博转发（23）| 收藏 | 评论（31）

也许伍皓是一直生活在自己虚拟世界里的病人，也许他是那种知其不可而为之、虽九死其犹未悔的勇士。

浏览了伍皓的数千条微博之后，能感受到伍皓的真诚，同时也会对他一些微博的动机、真实性感到疑虑、困惑，难以对伍皓形成一个清晰、完整而统一的印象。

这也许同样能代表一些网友对伍皓的观感，伍皓似乎是一个让人看不懂的人。

最奇特的是：他越是公开发表意见，你越是看不懂他——甚至，从完全相反的两种动机去理解他的言行，在逻辑上都能成立。②

伍皓身上的这种矛盾，似乎能从另外一个角度加以解读。

2010 年 10 月 13 日，伍皓连续发布 13 条微博，从星相学角度对自己的性格进行解析。虽然这些微博大都冠以“扯淡”的开头，带有姑妄言之的意味，但伍皓何尝又没有把其中的几点作为自己的内心独白呢？

“4 月 8 日出生的人有明显的人道主义和利他主义倾向……拥有明星般的特质，他们的天性却极为害羞。他们在人生舞台上演出自己的角色时，混合了既开放又私密的感觉，而留给别人复杂、难懂的印象……这并不是说他们一定是社会改革家。不过，他们确实相信每个人都应该有平等的机会……”

---

① 邓飞：《非典型喉舌》，《凤凰周刊》2010年12月24日。

② 同上。

【扯淡】每每记下我的日常生活点滴，都有网友嘲讽我是“圣人”。西方性格分析还真说咱有“圣人特质”了，哈哈！不过，很值得信赖哦：由于4月8日出生的人，在压力和危机中十分冷静，所以在困难的时刻他们的冷静和支持非常值得信赖，有时他们甚至会展现出几乎是圣人才有的特质 http://t.cn/h4iaIW

2010-10-11 09:49 来自新浪微博转发（39）| 收藏 | 评论（48）

伍皓声称“我算是一个改革者”，从“躲猫猫网友调查团”到政府网络发言人，再转战到微博世界，伍皓确实在信息公开方面推开了一扇窗户。但面对线上线下的纷纷纭纭，伍皓似乎也有点累了，自言“虽有变革之决心，但常感力不从心”。

微博是现实世界的映射。

伍皓所招致的非议，一方面与他极具特色的言行风格相关，另一方面与他的工作职务相关。在伍皓开通微博之后一周，北京大学新闻与传播学院副教授胡泳曾写了一篇名为《伍皓：宣传部新来的青年人》的博客，后来发表在2009年11月27日的《南方都市报》上。胡泳在肯定伍皓这个“宣传部新来的青年人”破冰行为的同时，也指出其身份“固有的分裂性”：“伍皓在宣传部的职位就具有某种内在的矛盾”，“作为宣传部副部长的具体个人，和他为之服务的宣传部乃至上级党委的整体部门，也存在不好调和的冲突”。①

伍皓闯入微博世界可能是一个杯具，网络草根和庙堂高官的眼光都将瞄准这个靶子，最终他可能伤痕累累。

伍皓可能又是一只鲶鱼，他把网络这股热流引入封闭的政界，搅动一潭死水，为池塘生态带来新的元素，让它不得不随之而变。

也许，正如@胡泳所说：“我完全不喜欢伍皓这个人，但非常赞赏伍皓这个现象。”

---

① 胡泳：《伍皓：宣传部新来的青年人》，http://huyong.blog.sohu.com/137925524.html。

第七节　蔡奇：带动两万名干部上微博

浙江省委常委、组织部部长蔡奇在腾讯微博上给自己的标签是“苹果控”、“布尔什维克”、“老童鞋”、“创业导师”，2011年8月，蔡奇微博的听众数量突破了500万，成为了听众数量最高的官员微博。在蔡奇等人的推动下，浙江成为名副其实的实行电子政务公开的“微博大省”。①

一、写微博的组织部长

2011年1月10日，浙江省委常委、组织部长蔡奇在浙江省组织部长会议上公布了个人微博。截至1月11日晚10点，@蔡奇的腾讯微博共有840名听众，发布微博329条。

2011年6月2日，@蔡奇微博听众过百万，成为内地首个微博听众超百万的部级官员。

2011年7月27日，@蔡奇微博听众达到五百万，成为听众数量最高的官员微博。

2011年12月31日，@蔡奇微博听众已超六百万。

2011年8月25日，由腾讯网、人民网联合主办的首届“政务微博与社会管理创新高峰论坛”在杭州举行。会上发布了十大政务机构微博排行榜和十大公务人员微博排行榜，其中@蔡奇名列十大公务人员微博排行榜第一名，@之江先锋（中共浙江省委组织部）也名列十大政务机构微博排行榜第十名。②

@蔡奇，这位副部级高官，从事的又是常人颇感神秘的组织工作，按一般人推想其进入微博江湖应该慎之又慎。但@蔡奇一脚踏入微博后，却以公开的姿态、平和的身段走进草根网友之中，从组织工作到时政要闻，从

---

① 摘自：《玻璃房：蔡奇微博》封底，蔡奇著，红旗出版社2011年版。

② 根据如下信息整理：《人民网列出十大政务机构、十大公务人员微博排行榜》，浙江在线，2011年8月26日，http://zjnews.zjol.com.cn/05zjnews/system/2011/08/26/017796745.shtml。

日常活动到生活趣事，从历史、国学到人生感悟，@蔡奇在不到一年的时间里发布了近四千条微博，并通过周末夜话、黑板报等形式与网友进行沟通、分享，自称“布尔什维克、创业导师、老童鞋、苹果控”，在微博上常被人称做“蔡叔”、“蔡同学”、“蔡班长”、“老蔡”，改变了很多网友对政府官员的刻板印象。

同时，@蔡奇对政务微博有着深刻见解，除身体力行之外，还积极推动浙江各政府机构、官员开通微博。尤其是浙江组织系统，除了中共浙江省委组织部官方微博@之江先锋外，浙江省市县三级组织部门已全部开通官方微博，这在全国尚属首例。这些组织系统微博，均以地名或地方特色加以“先锋”的后缀命名，形成了特色鲜明的浙江组织“先锋系”微博。而在@蔡奇的带动下，浙江省组织系统的干部90%已有个人微博。

二、公开是个好东西

2011年10月，《玻璃房：蔡奇微博》一书出版。这是@蔡奇的微博精选集。

“玻璃房”，一向是@蔡奇所倡导的工作理念。在本文开头提到的那次浙江省组织部长会议上，蔡奇就强调组工干部要学会并习惯在“玻璃房”工作。

@蔡奇在《玻璃房：蔡奇微博》书中写道：

“在地方工作十多年，对公开的思考一直没断过。

从作为九届人大代表领衔提议制定政府信息公开法，到台州建好大政府信息网，再到杭州市政府常务会议邀请市民代表列席并进行网络直播，直至今天省党代表列席省委组织部部务会，省市县三级组织部开通官方微博，带动2万余名干部上微博，这些都是对公开的探索进程。”

2011年5月3日，@蔡奇借“俞可平说过，民主是个好东西”之语，进而表明自己“公开是个好东西”的观点。6月28日到7月2日，@蔡奇在自己的微博中陆续发布6条“公开是个好东西”，来进一步阐述这一观点。

@蔡奇在微博首页“他的资料”栏目里公开了自己的QQ号和邮箱，《玻璃房：蔡奇微博》一书前勒口处也公布了QQ号和邮箱。而且，在他的带动下，浙江省市两级组织部电子邮箱均向社会公开。

三、蔡氏风格

对 @ 蔡奇的微博，@ 凯雷（凯雷，香港《文汇报》高级记者，北京新闻中心执行总编辑。）如此评价：

凯雷转播：写微博有风格很难（144 字）！开复写微博已形成特有风格，观察短短这三天，蔡体风格亦已成型（惊喜！）蔡体的语言是动作、是点评，是情景剧，让人亲历作者的场景经历、感情节奏、明了关键词慨叹重点，像浮凸体一样明了意义，像草书一样错落有致（学习！）‖ 范蠡之流：学习蔡体好榜样！

蔡奇：（@ 李开复）老师应台湾漫画大师（@ 蔡志忠）邀请来访。（欣喜）一见面就向他请教微博。（急切）开复老师有风度，谈吐不凡：（恭听）如何写微博？要根据听众需求而定。（有理）每天坚持写 10 条左右，包括原创、转播。（恰当）注意不要发过多，这也是对其他听众的尊重。（提醒）对官员微博持肯定态度。（开心

5 月 11 日 17:50 来自 iPad 全部转播和评论（190）

5 月 11 日 19:47 来自腾讯微博转播 | 评论 | 更多对话

@ 凯雷"是动作、是点评，是情景剧……像浮凸体一样明了意义，像草书一样错落有致"这一评价，如实道出了 @ 蔡奇微博的语言风格，后来被媒体广为引用。在蔡氏微博风格的背后，其微博内容以及所体现出的态度、思考、行为更值得深思，它们才是极富特色和魅力的蔡奇微博的坚强基石。

例如，关于政务微博，除了上述六条"公开是个好东西"的微博外，@ 蔡奇还就"政府官员看微博"、"官员如何织围脖"等主题连续发布微博，这些微博体现出 @ 蔡奇对微博问政的深入思考，至今仍是研究政务微博的重要参照。

表 4-2 @蔡奇微博一览（关于微博问政主题）

主题	条数	首条发布时间	末条发布时间	转播和评论总数
政府官员看微博	10	3月15日12:13	3月24日13:08	2785
官员如何织围脖	10	4月6日08:27	4月15日07:52	2605
微博问政	10	4月20日12:41	5月2日08:27	2642
对质疑官员微博的看法	10	5月5日12:16	5月18日07:39	3059
公开是个好东西	6	6月28日08:05	7月2日07:04	4346

数据来源：根据@蔡奇微博整理。

除了对政务微博的思考外，关于生活，关于为人，关于时政，关于历史，@蔡奇在微博上发布了大量“微思考、微感悟”类内容，“朋友看了我的微博，认为思考和感悟是最出彩处。未必如此。但转播与评论最高，这是事实。”

@蔡奇还自称“思享者”，特别愿意与网友分享这些思想。目前@蔡奇在腾讯微博及腾讯网新闻中心开设了“思享者专栏”，并通过周末夜话、黑板报等形式与网友进行沟通、分享。其中“黑板报”这一栏目，是@蔡奇基于自己微博的影响力，转发网友的原创微博，让更多的思想得到分享。

正是这一条条的微博，与网友的一次次互动，共同构成了@蔡奇的鲜明风格。而其他例如在7·23温州动车事故后第一时间发布多条微博，与创业大学生微博互动等这些事例，在此不再赘述。

四、带动两万名干部上微博

2011年2月26日，@蔡奇转播@张兵（小兵张嘎）的微博，称“这是浙江省舟山市委常委、组织部长张兵的微博，向同学们推荐！”，@张兵（小兵张嘎）从此由潜水微博转为浮出水面。

两天后，杭州市卫生局长陈卫强主动浮出水面，向蔡奇报到。进入3月，杭州市下城区副区长王翀，浙江省衢州市柯城区七里乡党委书记夏盛民，杭州市拱墅区长许明，浙江省援疆副总指挥、阿克苏行署副专员徐幸等多员“大将”幸运地得到了“帮主”的点名推荐，蔡帮领袖蔡奇还不忘通过走“后门”，找同学们为新成员们一一实名认证。3月8日，浙江省副省长郑继伟加盟微博。[①]

在@蔡奇的带领下，浙江许多政府官员开始使用微博，已经形成了令人瞩目的浙江公务微博现象。尤其是在浙江组织系统内，截至2011年7月底“浙江省组织系统的干部，90%已有个人微博，全省有3000多干部拥有微博”，而在2011年10月出版的《玻璃房：蔡奇微博》一书中，蔡奇则表示浙江“省市县三级组织部开通官方微博，带动2万余名干部上微博”。

浙江组织系统集体开微博并非偶然，它是浙江省委组织部倡导的“阳光组工”工作的一部分，也和@蔡奇一向坚持的“玻璃房”工作思路一脉相承。“2010年，省委组织部率先在全省党委部门建立新闻发言人制度，共组织新闻发布200余场，主动回应干部群众关心的热点问题；省市县三级组织部长围绕‘提高组织工作群众满意度’集中在线访谈，省、市两级12场访谈收到网民留言6300余条，意见、建议1000多条次；开通组织部长邮箱、创办党建手机报、搭建基层党建工作手机短信互动平台、开办组织工作网……”[②]

五、微博玻璃房

微博正是一间玻璃房。玻璃房的内涵是公开透明，外延即大众监督。政务信息公开和透明是构建服务型政府的必然要求，也是公众监督的前提和基础。微博正为推动政务公开透明提供了这么一个良好的平台。

正如@蔡奇这么描述的自己：“追求坚定执着，为人诚恳透明，做事低调不张扬”，他的微博，促透明、倡公开，少争议、不张扬，如春风化雨，在潜移默化中影响了一大批政府机构和官员，已经成为中国政务微博的一面旗帜。@蔡奇的微博实践，将对中国政府机构及官员微博运营，对推进政务公开，大有裨益。

---

① 鄂璠：《微博官员脸谱》，《小康》2011年第8期，转引自新浪网，http://news.sina.com.cn/c/sd/2011-07-29/141222900294.shtml。

② 麻雪莲：《浙江组织部长蔡奇开微博　走进“玻璃房”需胆力胸襟》，浙江在线，2011年1月11日，http://zjnews.zjol.com.cn/05zjnews/system/2011/01/11/017230557.shtml。

第八节 段郎说事：微语录改变警察形象

段兴焱，江西九江市公安局民警，人称段郎，自称“业余杂文时评作者”，在九江论坛开办《段郎说警事》警民互动论坛，微博@段郎说事，说遍古今中外，言辞新鲜麻辣，获评2011年新浪全国“十大公务人员微博”之一。

2011年1月30日，@九江公安段郎说警事（九江市公安局段兴焱）发布了第一条微博：

> 葫芦僧判糊涂案 让房子的主人有产不能继，有家不能回，这就是发生在上海的霍先生身上的悲剧，因为他最近就遇到了荒唐判案的“葫芦僧”，从而真实的被上演了一出“葫芦僧判糊涂案”。详细见：http://t.cn/hqbFCJ
>
> 1月30日10:50 来自新浪微博转发 | 收藏 | 评论

这条微博也是@九江公安段郎说警事（现为@段郎说事，中间曾改过@九江警察段郎说事等微博昵称，下文统称“@段郎说事”）前数十条微博的主要风格：发布和警务、法律相关的事件，链接到段兴焱在九江论坛开设的“段郎说警事”专栏或其他新闻网站。

这种做法，和一般政府微博发布官方新闻实质上并无差别，事实证明效果不是很好。很快，@段郎说事就找到了微博沟通的技巧——其实也是恢复了段郎本色。

段兴焱、段郎何许人也？且看其微博中两条自我介绍：

> 自我介绍：段兴焱，人称段郎。在九江论坛开办《段郎说警事》警民互动论坛。《人民日报》对《段郎说警事》的报道：http://t.cn/hGCQEb《江西日报》对《段郎说警事》的报道 http://t.cn/hqGaij《人民公安报》1月14日头版头条亦报道了本人。
>
> 2月12日16:51 来自新浪微博转发（1）| 收藏 | 评论（4）

偶的新浪围脖开通快2月了，得到朋友们热情追捧，在此，向各位表示诚挚的感谢！近日，很多朋友询问我到底是不是真警察，在此，偶作统一回复：段兴焱，男，汉族，准五旬。曾从军14年，又从警17年至今，离退休还有10余年。有关偶的人和事，各位可百度“段兴焱”即可。再一次谢谢大家！

3月27日07:20来自新浪微博转发（53）| 收藏 | 评论（51）

2010年3月8日，48岁的段兴焱干了一件让自己更“红”的事。身为九江市公安局纪委副书记的他在九江新闻网的论坛开设了《段郎说警事》板块。截至6月，《段郎说警事》栏目发帖已达19948篇，总点击量数十万次，成为“九江论坛”上最热门的栏目之一。[①]

@段郎说事的微博“实在‘不太像’一个老警察的微博，更像一个‘愤青’”[②]，这也正是“段郎本色”。@段郎说事上最有特色的内容，是一系列的“段郎语录”，这些语录或者是历史事件发表辣评，或是对当下时事直抒己见，我们不妨先来看看两条：

段郎语录：北大对包括“思想偏激”在内的10类学生实施“会商制度”，社会舆论普遍认为与北大“兼容并包”精神相悖。其实，北大早已背离了蔡元培先生的“兼容并包，有容乃大”办学精神，变成一所副部级高校而已，与中国大部分高校已无本质区别，摒弃对北大的幻想，呼唤教育体制的回归与完善，方是正道。

3月31日23:13来自新浪微博转发（38）| 收藏 | 评论（32）

---

① 卞民德：《九江警察实名上网　且听“段郎”网上说警事》，《人民日报》2010年6月29日，http://media.people.com.cn/GB/11996433.html。

② 张国栋：《微博红人段郎：网络危机处理公开最有说服力》，《南方都市报》2011年4月12日第A24版。

段郎语录:《左传·昭公》写到:宾孟在郊外看到一只公鸡啄掉自己尾部漂亮的羽毛，不解，问及仆人，答曰:它是害怕自己被当作祭品用呢。——在身家财产、乃至性命不保的情况下，自残、跳楼、自焚看来是最无奈、最痛苦之举!

4月5日 13:46 来自新浪微博转发(23)|收藏|评论(21)

除了标注为“段郎语录”的微博内容外，@段郎说事上所发布的另外一些微博，例如开头标注为“段郎释词”、“看图说话”、“时事点评”的微博，同样新鲜麻辣，方向更为集中的针对一些话题发表观点，可以视做“段郎语录”的延伸。

@段郎说事上另外一个特色则是笑话、段子类内容，这些微博一类是转发的，但@段郎说事转发时往往把主角改为段郎自己，进行自我调侃，以博网友一笑。还有一类微博则是原创内容，同样会以段郎为主角，例如:

原创:一日，一伙歹徒看上小龙女美色，遂劫色劫财，段郎欲英雄救美，急中生智，随手抓起一把菜刀，准备反击。岂料歹徒非但不惊，反而大叫:各位快来瞧，段郎的菜刀没有实名制，告他去!段郎立时落荒而逃。

2月16日 16:49 来自新浪微博转发|收藏|评论(1)

这是针对菜刀实名制撰写的段子，当天，@段郎说事还连续发布了16条原创微博，分别涉及看病遭缝、暴力拆迁、我爸是李刚、微博控、官员作风问题、竞标内幕、统计水分、平均居住面积、免职官员、假药毒奶、演艺圈乱象等话题。

@段郎说事的微博紧跟时事，言语犀利，一般人要写这么多有见地的微博，确实要花费不少时间。那@段郎说事是否整天泡在微博上呢?其实不然，段郎实乃厚积薄发:

偶这围脖管理方式大致如下：博文多为每日晚上及午休时分起草，次日择机帖上去（包括利用几分钟上班空隙时间），但因上班时有公务，一般不与各位互动，敬请各位谅解。至于休息时间只要没其它活动，偶就与各位尽兴聊个够哈。

4月15日13:24来自新浪微博转发（19）| 收藏 | 评论（39）

除了这些内容之外，@段郎说事的微博当然也少不了与工作相关的内容，例如下面这条微博，就纠正了一些网友“失踪24小时后报警”的错误认识：

家人失踪后何时向警方报案？很多民众误认为要在失踪24小时后报警。其实，这样会耽误警方查找解救的最佳时机，造成无法挽回的损失。如果是拐卖造成的失踪案例，家属第一时间报案，警方则能够通过有效手段，尽快采取措施进行追查、拦截。及时报警，民警可以帮你分析判断，一旦发现失踪，可即时拨打110。

2月17日09:37来自新浪微博转发（6）| 收藏 | 评论（13）

再如下面这条微博，6月13日13点许，@段郎说事接到该老师电话，经一个多小时多方沟通，终于促成事态解决：

偶经一个多小时紧张地与该县教育、公安部门联系，得知他们已介入调查。尔后偶又与该老师本人联系，动员他回来，该老师已答应返回，还说回来请我喝茶，开心。

> @段郎说事：刚躺下午休，突然接到一电话，本市某县一老师被殴，怀疑是恶势力所为，该老师现逃到广西，准备买械报复，忧虑之下，竟跟我打来电话，说我只相信你，看我帮上他什么忙，否则，立即付诸行动。我立即回电：千万别冲动，我来给你找找解决的途径……原文转发（233）| 原文评论（131）

6月13日15:01来自新浪微博转发（16）| 收藏 | 评论（33）

开通微博第一天，@段郎说事收获了三十余位粉丝，开通微博第20天，粉丝突破一万人，再过4天，粉丝突破两万人。开通微博5个月之后，@段郎说事的粉丝已接近五万人。很多网友都是冲着@段郎说事犀利的评论而来，对此，@段郎说事自己表示“偶发现一些粉丝达数十万甚至数百万的公安微博，被转发评论的博文居然远不及偶这区区数万粉丝多，对此，偶偷偷自豪一下下！感谢大家！”

@段郎说事是一个不一样的警察，他在微博上的形象更为自如，与网友的沟通更为随意，也打破了公安微博、警察微博的固有模式。

实名开通微博，段兴焱就是希望通过自己的“公开亮相”，来改变警察的形象，“网友接纳了‘段郎’，就是接纳了一个警察，一个小小的微博不可能改变全国，只能说是沧海一粟，我哪怕改变一个人，都感到很开心”，他说。①

实际上，@段郎说事已经做到了这一点：

今天有个网友想粉偶，又说不喜欢警察，偶告诉她偶是个警察咋办哦？她说：幸好你是警察，不然偶真不知道警察中还有你这样的熊猫……哇塞，真晕倒偶了……

3月25日19:32来自UC浏览器转发（107）|收藏|评论（71）

① 张国栋：《微博红人段郎：网络危机处理公开最有说服力》，《南方都市报》2011年4月12日第A24版。

第九节　祁金立：第一位市长微博

2011 年 2 月，河南省漯河市市长祁金立开通微博，成为全国第一位开通微博的市长。6 月，@ 祁金立就任开封市市委书记，并通过微博告知网友。期间 @ 祁金立所发布的微博只能说是中规中矩，“首位市长微博”的象征意义大于实际意义。我们希望，有更多的市长、市委书记，以及更高行政级别的政府官员开通微博，真正实现微博问政。

一、第一位市长微博

2011 年 2 月 15 日，河南省漯河市市长祁金立开通微博 @ 祁金立，成为全国第一位开通微博的市长。

而就在 @ 祁金立开通微博的前一天，媒体曾报道过南宁市市长黄方方开通微博 @ 勤奋黄方方（此后一度改为 @ 黄方方），并称其为第一位开通微博的市长。@ 勤奋黄方方微博得到新浪认证，显示其认证信息为“全国人大代表、南宁市市长黄方方”，并有新浪微博方面的有关负责人表示“这不仅是全国第一位开通微博的市长，也是第一位省会城市市长开通微博”。①

但 2 月 14 日下午，南宁市委宣传部便否认了这一消息，称该微博纯属他人冒名顶替。

新浪方面也很快取消了 @ 黄方方的认证信息，@ 黄方方的微博下显示“黄方方还没有开始微博，请等待”。但 @ 黄方方微博的昵称、地址、头像等信息仍然保留，甚至 @ 黄方方发布的 3 条微博，仍然显示微博条数为“3”，只不过网友在页面上无法浏览而已。

至此，@ 黄方方开通微博被认为是一场乌龙，但同时也招致了“认证漏洞被冒名还是迫于压力关闭”的疑问。

由此，@ 祁金立无意间也成了中国第一位市长微博。

---

① 张东锋：《南宁：市长黄方方未开个人微博》，《南方都市报》2011年2月15日第A12版，http://nf.nfdaily.cn/epaper/nfds/content/20110215/ArticelA12003FM.htm。

二、河南市长集体开博

在@祁金立开通微博之后，@郭瑞民（全国人大代表、信阳市市长郭瑞民）3月15日开通微博、@三门峡市李文慧（全国人大代表、中共三门峡市委书记）3月24日开通微博，河南多位市长、市委书记级别的官员相继开通微博，引起政界、媒体及网民的关注。

这种现象与新浪工作人员的努力有关，同时也可以看出@祁金立的带头示范作用。一些官员或者不熟悉操作方法，或者对直面网民有所顾虑，对开通博客、微博等抱有一定的戒备心理，但如果有身边人的实际例子，通过口口相传的力量，接受起来就会容易得多，甚至会形成规模聚集效应。

例如伍皓开通@微博云南之后，云南的政府微博和官员微博数量很快上升，伍皓调任红河州之后，同样带动了红河政府机构和官员开通微博；在@中一在线的带领下，浙江省海宁市司法局及其下属机构也集体开通微博（参见本书第五章第五节《海宁司法：开创微博公文》）；而@平安南粤（广东省公安厅官方微博）、@公安网络发言人（河北省公安厅官方微博）及其下属机构集体开通公安微博，更是打造了一个个公安微博群体，从而形成了占全体政府机构微博近60%的公安微博现象。

三、微博市长：网络问政一心招商

> 漯河是一个充满生机、充满活力、充满希望的城市。一牵漯河手，永远是朋友，欢迎广大投资商，投资漯河，扎根漯河，以漯河为家。
>
> 2月15日21:33来自新浪微博转发（62）|收藏|评论（90）

如上是@祁金立发布的第一条微博，而此后所发布的8条微博，除了第四条“我给自己贴了　为漯河人民服务　标签”外，其他内容全是从各个角度宣扬漯河，为漯河招商鼓与呼。

重视招商引资，这也是@祁金立主持漯河市政府工作的一个特色。在2011年4月11日召开的全市招商引资工作推进会上，@祁金立就再次表示“全市没有与招商引资无关的人，没有与招商引资无关的部门。”①

而上面提到的其他几位官员，在微博上所发布的内容，也大多与招商引资相关。

例如@黄方方的第一条微博向“各位网友表示衷心的感谢”，第二条微博“真诚地邀请大家到南宁来做客”，第三条微博即表示“南宁城市环境和投资环境都很好”。这种口吻，很是符合大家对市长微博的认知或预期，再加上新浪微博的认证信息，使得@黄方方的粉丝一路上升。

而@郭瑞民开通微博伊始，先是以“山城、水乡、茶都，美丽信阳，光耀古今，泽披华夏”来介绍信阳，第二条微博即开始“叫卖”信阳红茶叶，此后所发布的12条微博中，每条必提信阳茶叶。

四、微博告别

5月27日，@祁金立升任开封市市委书记。当天9时许，@祁金立发布微博“以这种方式告别”。@祁金立微博虽未透露去向，但网友很快就指出了真相，这一时间甚至比开封市人民政府网站发布消息更早②：

> 再见两个字，看似简单，说出来却需要莫大的勇气。由于工作缘故，不得不选择以这种方式告别，做出这样一个决定颇让人神伤，就像是耗尽心血将孩子养大，最后却又不得不看他离你而去。感谢朋友们长期以来对漯河以及我个人的支持，我将带着你们的祝福继续前行，也希望你们将信任与关爱继续撒向沙澧大地。
>
> 5月27日 09:27 来自新浪微博转发（214）| 收藏 | 评论（471）

---

① （漯河）市政务信息中心：《市长祁金立等市领导出席全市招商引资工作推进会》，2011年4月12日，http://www.luohe.gov.cn/html/1805/110412100048.html。

② 《市委召开副市级以上领导干部会议传达省委决定　祁金立任开封市委书记　吉炳伟任开封市委副书记》，开封市人民政府网站，2011年5月28日，http://www.kaifeng.gov.cn/html/4028817b1d926237011d9332cfe300bb/2011052808122469.html。

6月2日，@祁金立发布微博明确自己“现在开封市任职”，此时，其微博认证信息已修改为“开封市市委书记”。

五、市长微博：象征意义大于实际意义

市委书记、市长作为一地党委、政府的一把手，开通微博与网民对话，值得称道。

但目前看来，市长微博的象征意义还大于实际意义，微博问政之路仍需铺垫。

例如上面提到的河南省三位市长、市委书记的微博，@祁金立和@三门峡市李文慧在6月初工作调整之后，再未发布过微博，@郭瑞民在7月2日发布第14条微博后也一直未见更新。

再来看看他们的微博内容，大多在宣传、推介自己所在的城市。作为一市之长，推介城市、发展经济是职责所在，发布这些内容的微博，值得鼓励。从另外一个角度来讲，对于初入微博世界又谨慎操作的官员来讲，也许是一种简单、有效、安全的操作方法。

再如新浪微博上的另外一位市长@臧杰斌（厦门市副市长臧杰斌），开通微博后仅发布了一条微博，但这条转发的厦门美景的微博，却引来了两万余名粉丝的关注。

网友追捧市长微博，实际上反映了一种“民意焦渴”、对政府高官与网民直接沟通的期待、对政务公开的强烈意愿。这种意愿，也给政府官员网络问政提出了更高的要求。可以预期，今后开通微博的官员将会越来越多，微博问政的方式、渠道也会越来越广，政务也因网络、微博会更加透明。在这种背景下，@黄方方微博的开而复关，即使真的是网站的操作问题，同样也会招致“认证漏洞被冒名还是迫于压力关闭”的疑问。

2011年5月26日，《广州日报》称“佛山市委书记”微博被抢注，“头像是个靓女”。报道称“佛山市政府”、“佛山市委书记”、“佛山市长”等新浪微博账号均已被网友抢注，抢注者称“注册这个微博主要是为了好玩”。①

① 曾艳珠：《微博乱象“佛山市委书记”头像是个靓女》，《广州日报》2011年5月26日第A24版，http://gzdaily.dayoo.com/html/2011/05/26/content_1364451.htm。

而经查询发现，“被”开通新浪微博的，不仅有“佛山市委书记”、“佛山市长”，还有@北京市市长、@上海市长，以及@北京市委书记、@广东省委书记、@安徽省省长、@广东省省长、@教育部部长、@铁路部部长等省部级高官，甚至还有@上海市长韩正、@甘肃省委书记陆浩这样指向明确的“职务+姓名”型微博。另外像河南省省委书记卢展工、陕西省省委书记赵乐际，都分别有@卢展工、@赵乐际这样的实名微博开通（当然也不排除系网友同名微博）。

政务公开的趋势不可避免，通过微博这一平台发布信息，势必将成为更多政府和官员的选择。而这些被抢注的政府、官员微博及其发布的信息，可能会给一些不熟悉网络的网友造成一定的误解。同时微博昵称具有唯一性，尤其是姓名类昵称，重名的中国人太多了，不能因为你是政府高官，就让早来的网友让位于你。（注：近期新浪等微博网站对一些名人包括政府官员微博昵称进行了保护处理，即使该名人未开通微博，普通网友也不允许注册其微博昵称。这在一定程度上保护了部分名人不被冒名开设微博，但对同名的普通网友似乎有欠公平）

微博问政，晚开不如早开，哪怕是先潜水，熟悉一下网络水情。而大势所趋，将会有越来越多的官员微博浮出水面。

第十节　新疆自治区党委书记张春贤：最高级别官员微博

2011年两会期间，中共十七届中央委员，新疆维吾尔自治区党委书记、新疆生产建设兵团第一政委张春贤开通腾讯微博，这是迄今为止开通微博行政级别最高的政府官员。

一、最高级别官员微博

张春贤:【张春贤给网友写信：民生连着民心】最近一个民族群众给我写信，她说，在这一年中，我们老百姓慢慢感觉到团结的温暖，爱心的温暖。我们现在哼着歌下班，在回家买菜的路上哼着歌，哼着歌在家里做饭……因为我们身边发生着很多让我们高兴的事情。这些朴实的话让我既开心又感动。http://url.cn/1ymWjZ

3月2日 20:11 来自网页全部转播和评论（1862）

2011年3月2日，这条署名“张春贤”的微博出现在腾讯微博上。微博主人@张春贤的腾讯认证资料上写着：中共十七届中央委员，新疆维吾尔自治区党委书记、新疆生产建设兵团第一政委。（后改为：新疆维吾尔自治区党委书记张春贤应腾讯网之邀请，在两会期间听取民生建议，腾讯网为其开设的微博）

这是截至目前开通微博行政级别最高的政府官员。

对此，张春贤表示，此次腾讯邀请新疆团做了“两会”专页，他应专页的要求写了致辞，同时应腾讯之邀开通了“两会”前征询意见的微博。①

开通微博三小时左右，@张春贤“听众”（注：腾讯微博的“广播”、“听

① 钱昊平、杨华云：《张春贤一条微博引来上万“粉丝”》，《新京报》2011年3月4日第A05版，http://epaper.bjnews.com.cn/html/2011-03/04/content_206661.htm。

众”“收听”指标分别相当于新浪微博的“微博”、“粉丝”、“关注”指标）超过三千名；一周之后，@张春贤听众超过十二万；3月18日，@张春贤发布最后一条微博时，听众已接近三十万。

二、问政民生

一向有“网络书记”之称的张春贤，对微博这个新鲜事物也表现出浓厚的兴趣，对网友留言也是认真对待。

3月7日晚，@张春贤微博留言已达五千三百多条。3月8日，张春贤在接受媒体采访时表示：“我这特点呢是亲力亲为，就是我认为对方跟我提了，我如果自己不作出回答，就是对对方的不认真和不尊重。我晚上把五千三百多条，昨天凌晨之后的不算，我全部都看完了。所以这个，两会期间，保持这个微博，和适当再发些信息，广播一下还是有可能的。”

对开通微博的初衷，张春贤表示：“我开微博的初衷有三：一是搞好民生建设，集中民智，了解民生，落实好‘群众第一、民生优先、基层重要’三句话，利用微博留言，把民生大事办好；二是要改善新疆对外形象，需要我们自己的努力，利用各种方式让外界了解新疆。形象非常重要，形象好，人气就旺，才能来旅游、投资；形象好才能代表新疆的本质。新疆疆域辽阔，大美新疆需要全疆人民一起努力；三是积极探索社会管理创新的途径。社会越来越进步，人们对思想、文化的需求大大增加。以现代文化为引领要体现三个现代，即现代文化、现代区域、现代公民。这次开微博，我印象最深的是巨量的信息源，而且沟通方便，在任何地方都可以与网民对接。”①

为回答网友问题，新疆方面还特意开通@民生建议回复微博账号，该微博腾讯认证资料上为：“新疆维吾尔自治区党委书记张春贤应腾讯网之邀请，在两会期间开通微博，听取民生建议。为回应网友问题，特开通‘民生建议回复’微博。”截至3月18日，其听众数量也已接近二十万。

新疆自治区党委办公厅对网友在@张春贤和@民生建议回复微博下的

---

① 戴岚、韩晓怡：《张春贤强调：把民“声”落到实处》，人民网，2011年3月17日，http://politics.people.com.cn/GB/99014/14173136.html。

留言进行梳理甄别，“按照留言的内容、性质、范畴，分为四大类7028条。其中，诉求、意见、建议类2168条；赞誉、问候类3750条；与其他省市相关类89条；其他类1021条……自治区党委办公厅……根据办理分工分为23项，并要求相关单位研究尽快提出解决办法和答复意见。”①

据媒体报道，自2011年3月初张春贤开通微博以来所有留言和问题都已转交相关部门和县市，留言者亦均得到回复。②

三、关闭微博

@张春贤开通微博后，只收听了一个微博@国治荒漠TNTHK（国治荒漠TNTHK的官方微博）。而@民生建议回复则没有收听任何微博。而两个微博认证资料上均突出的“在两会期间”字样，似乎暗示着这两个微博只在两会期间更新。

3月18日晚22时许，结束两会后返回乌鲁木齐，@张春贤连续发布三条微博与网友告别，称“和大家的微博交流要暂时告一段落了，但我还会通过各种方式和渠道了解大家的建议意见和心声，使我们的工作更加贴近群众，决策更加科学。对于大家提出的建议和反映的问题，党委、政府已于十七日召集会议专题研究”，这也是@张春贤发布的最后三条微博。

3月底，@张春贤微博名称已修改为@新疆自治区，微博头像已取消，所有微博内容及大部分微博听众也已清除。尽管@张春贤只在两会期间发布了86条微博，与网友真正的互动也略显不足，但作为省级党委机关一把手开通微博，本身的象征意义已经足够，值得其他政府机构及官员学习。

张春贤曾表示，“不能熟练掌握和运用网络与群众打交道的领导干部，是不称职的干部。我们要求各级领导干部必须懂网、上网、用网，真正使‘上网交心下网服务’、‘网上问题网下解决’成为一种工作常态。”

也许，这才是网络问政真正的目的所在。

---

① 戴岚、韩晓怡：《张春贤强调：把民“声”落到实处》，人民网，2011年3月17日，http://politics.people.com.cn/GB/99014/14173136.html。

② 朱景朝、王尯：《新疆农民在张春贤微博上反映问题　两天获答复》，中新网，2011年4月14日，http://www.chinanews.com/gn/2011/04/14/2974022.shtml。

第五章
政府机构微博成长录

谁是第一家政府微博？

@成都发布如何吸引180万粉丝？

@海宁司法如何开创微博公文？

@外交小灵通如何开启外交微时代？

……

本章将带你走进十家政府机构微博，分享他们的成长历程。

无关十大。

仍是典型。

第一节　桃源政府网站：首家政府微博①

@桃源政府网站，第一家政府微博，其微博精耕细作，一点一滴的塑造和传播着桃源形象。而同一县级政府的两个微博账号，均在新浪政府官方机构微博前20名之列，也属少见。

一、桃源、云南争抢“首家政府微博”

2009年11月21日，云南省昆明市螺蛳湾批发市场发生群体性事件，云南省政府新闻办及时召开网络新闻发布会，并开设官方微博@微博云南发布消息。@微博云南此后也被媒体称为“国内首家政府微博”。

2009年11月26日，@微博小秘书称27日@云南伍皓将做客新浪与网友在线交流，并称“云南称为首个‘政府微博’的开创者（@微博云南）”：

> 云南省委宣传部副部长@云南伍皓27日9:20做客新浪，与广大网友进行在线交流（http://t.cn/hxSZU）。11月21日，云南成为首个“政府微博”的开设者（@微博云南），利用全新网络传播平台，拓展云南旅游文化宣传渠道，欢迎大家关注。
>
> 2009-11-26 20:55 来自新浪微博转发（42）| 收藏 | 评论（19）

对此，@桃源政府网站跟帖评论道表示“桃源政府网站在11月2号注册，11月11日通过新浪认证”，并称新浪此举“不妥”：

> 桃源政府网站　桃源政府网站在11月2号注册，11月11日通过新浪认证，现在新浪将云南（11月21日，云南成为首个“政府微博”的开设者）作为首个“政府微博”来宣传，似乎不妥哦（2009-11-29 21:25）

① 现该微博昵称已修改为@桃源网（湖南桃源县政府网站官方微博）。

二、谁最先开设微博？

到底谁是第一家政府微博呢？不妨来看看它们各自第一条微博的时间：

@桃源政府网站最早的一条微博：

日前，由桃源政府网站主办的第二期《桃花源视窗》出版发行，本期除了保持上期的桃源风光、桃源人物、艺术长廊、行走桃源、精品美文、传奇人生、特别报道、天南地北桃源人、桃源名片等栏目外，又增加了桃源特产、往事漫忆、桃源典故、地名趣话、茶余饭后、美食天地等新栏目。

2009-11-2 15:38 来自新浪微博转发 | 收藏 | 评论

@桃源县人民政府最早的两条微博：

今天已正式获得新浪认证，不过里面的信息有点错误，“桃园县”应该是“桃源县”，已经向新浪客服提出了修改申请。

2009-11-11 12:42 来自新浪微博转发 | 收藏 | 评论（3）

桃源县人民政府微博客由桃源县政府网站注册并管理，联系电话：0736-6629181，网址：http://t.cn/hfmFt

2009-11-5 08:00 来自新浪微博转发 | 收藏 | 评论（5）

@微博云南的第一条微博：

#云南希望工程自1989年10月实施以来，已经累计接受海内外各类捐款捐物超过4.5亿元，援建希望小学1300多所，希望工程一村一校530多所，资助布点覆盖全省129个县市区。#

2009-11-21 15:25 来自新浪微博转发（13）| 收藏 | 评论（2）

根据如上时间以及相关报道、当事方言论，基本上可以判断：@桃源政府网站开通于2009年11月2日，@桃源县人民政府开通于2009年11月5日，二者均于2009年11月11日通过新浪认证（在微博上发布通过新浪认证的消息前者则晚于后者1分钟）。而@微博云南则开通于2009年11月21日。

由此，@桃源政府网站才是第一家政府微博。

三、桃源第一称号为何被抢？

但为什么诸多媒体将@微博云南作为首家政府微博进行报道呢？原因在于：

第一，@微博云南开通时适逢重大新闻事件，即螺蛳湾群体事件，@微博云南第一时间通过微博公布消息，引起媒体广泛关注；而@桃源政府网站开通后主要发布常规消息，较少受到关注；

第二，@微博云南为省级政府官方微博，行政级别高，代表性强，易获网友及媒体关注；而@桃源政府网站仅为县级政府网站，不易引起关注；

第三，@微博云南自身较为高调，而@桃源政府网站较为低调，直到开通微博半年之后，赶在2010年5月31日新改版桃源政府网站上线之后，才进行了较为密集的宣传，此时的媒体报道也突出了“首个政府微博”的称号。

总之，@微博云南影响大，@桃源政府网站影响小，所以媒体就把@微博云南误作第一家政府微博进行报道了。

和@微博云南口水论争期间，@桃源政府网站也表示“未必是要讨个说法”：

> 桃源政府网站我：回复@陈36：呵呵~~~我们也未必是要讨个说法，因为那毫无意义！只是作为这么大的网这么大的领导，他们睁着眼睛说瞎话是有瑕疵的，是有损公信力的。（2009-11-30 07:47）

而据伍皓坦言，在建立“微博云南”时还不知道有桃源微博的存在，是后来“桃源微博”成为了“微博云南”粉丝才得知。①

二者不打不成交，据媒体报道，@桃源政府网站的主管兼发帖者、桃

① 李俊彦：《两地口水仗争首个政府微博》，《信息时报》2010年6月4日第A25版。

源县信息化办公室主任余立斌看到@微博云南与@云南伍皓“两个微博相互起作用，形成了相互带动的特点，所以影响力很大，把全国的目光都吸引过去了。而这一点给了余主任很大的启发，他把伍皓的个人微博加了关注，发表彼此不同的看法，甚至还通过私信交流。”①

四、桃花源里可耕田

湖南省桃源县，其地有一胜地，因晋陶渊明《桃花源记》传颂于世而得名桃花源，“历来被誉为‘世外仙境’。”②

而打开@桃源政府网站微博首页，首先映入眼帘的就是其背景图上的山水风光，令人心向往之。@桃源政府网站开通前期，主要发布官方新闻，期间很少有网友转发、评论。11月14日，网友@刘立平建议“多发一点桃源县历史文化经济旅游投资等方面的信息”，@桃源政府网站表示认可：

> 非常好的建议，我们会努力想些办法，炒作可就需要看情况了，谢谢！//@刘立平：在外求学学子来顶下家乡，如果是为了增加宣传家乡渠道而开通微博，建议除了官方新闻外多发一点桃源县历史文化经济旅游投资等方面的信息，外地人怎么可能对那些官员干了什么事感兴趣。在微博上要多关注别人，这样才有更多的人关注你，才能有好的宣传效果。哈哈，如果你们联合知名媒体把这事炒作一下
>
> @桃源政府网站：桃源县政协在近期内对该县直医疗单位开展一次医院行风评议，由政协委员直接向患者（家属）当面调查和通过网站征求广大网民意见的形式进行，欢迎各位网民积极参与，请您在问卷调查表中填写曾经为您服务过的某些医院的真实意见。投票地址：http://t.cn/hIe6K 原文转发（3）| 原文评论（1）
>
> 2009-11-14 19:42 来自未通过审核应用转发 | 收藏 | 评论

① 李俊彦：《两地口水仗争首个政府微博》，《信息时报》2010年6月4日第A25版。

② 桃源县人民政府：《桃源概况》，桃源县人员政府门户网站：http://www.taoyuan.gov.cn/html/2004/06/26/7436.html。

@桃源政府网站当晚随即发布四条宣传当地文化历史旅游的微博，分别涉及桃源民间文化大鼓戏——三杯酒、桃源之赶场、桃源热水坑、神奇星德山。

这一建议似乎给了@桃源政府网站以启发，之后其微博内容中，有关桃源历史文化风俗旅游的内容开始多了起来，而这些内容往往比官方新闻更能吸引网友关注。对此，@桃源政府网站的主管兼发帖者、桃源县信息化办公室主任余立斌（注：其微博为@桃源网元晓）表示："我们不能把目光只对准官员，要关注老百姓比较感兴趣的信息、东西。"余主任坦言，在微博上，大家对政绩性的信息并不感兴趣。"其实我们在有关桃源地域特色的推广方面做得还不够好，以后会加强信息收集，让更多的人知道我们这里的好东西。"①

2009年圣诞节当天，@桃源政府网站粉丝达到2000名：

> 被关注达到2000，给到2000的这位朋友一点奖励，几包桃源本地最好的茶叶，请"传说弟"与我联系，电话0736-6629181，QQ：402587241，或者给我发联系方式在私信里面。
>
> 2009-12-25 19:17 来自新浪微博转发 | 收藏 | 评论（11）

这个时候@桃源政府网站还不太会用微博中的"@"功能，对此，@长江大学非官方微博评论建议"博里的潜规则，一般都是发奖单位@获奖者。否则该童鞋甚至不知道自己是第二千个"。

之后，@桃源政府网站的微博应用似乎熟练了一些，与粉丝的互动也逐渐增多，例如2010年2月21日，在@桃源佬儿发布一句话的微博6分钟之后，@桃源政府网站即进行回复并引导其到桃源网留言：

> 确实很有道理，不过能有更加具体的建议么？可以发在桃源留言板上 http://t.cn/h9nOh。
>
> @桃源佬儿：县域经济建设要充分调动在外人员建设家乡的积极性。原文转发（1）| 原文评论（1）
>
> 2010-2-21 21:49 来自未通过审核应用转发 | 收藏 | 评论

① 李俊彦：《两地口水仗争首个政府微博》，《信息时报》2010年6月4日第A25版。

@桃源政府网站运营期间，除常德抢尸案外未涉及重大新闻事件，整个微博比较低调务实，没有转发、评论特别高的微博，但在对桃源方方面面的介绍中，在与网友的互动方面，做得较为扎实，可谓“桃花源里可耕田”。在微博世界里，@桃源政府网站精耕细作，一点一滴的塑造和传播着桃源形象。

截至2010年12月31日，@桃源县人民政府位列新浪所有政府机构微博第10位，@桃源政府网站位列第18位。截至2011年6月30日则分别名列新浪微博“政府-其他”第3位和“政府-政府外宣”第17位。同一县级政府两家微博，能在所有政府机构微博中排名这么靠前，确属少见。而实际上，如上两个桃源政府微博的发布、维护，也有值得称道之处，

2010年11月，桃源美丽的面纱却因“常德抢尸”的负面新闻而被揭开，凑巧的是，这同样也是基于微博。

2010年11月19日起，@邓飞开始微博报道湖南常德抢尸案，而案发地点正在桃源县城，@邓飞一系列题为“桃源黑幕”的微博，也让更多网友开始围观@桃源政府网站。

期间，@桃源县人民政府没有发布任何相关的微博，@桃源政府网站也只是于11月22日起在@邓飞的一条微博下进行若干条跟帖评论。

@桃源政府网站在@邓飞微博里露面之后，引来大部分网友的反感和批驳，例如@桃源政府网站11月22日新发布的一条有关“桃源县老干部书画协会会长陈春廷”的微博，就意外招来了网友的批评、怒骂。对此，@桃源政府网站表现得比较冷静，表示“政府围脖低调一些好，但如一言不发，别人会当成理亏来看。说说想也无妨，挨几句骂也没啥关系，别人骂我们不骂，高下明眼人一看就知。”陆续发布微博进行解释、回应。

从政府机构微博维护角度，系统看一下@桃源政府网站的相关微博，其实，他们做得已经很好，在面对敏感事件时，没有逃避，没有遮掩，更何况在他们背后，可能还有政府的相关要求。从具体操作层面来讲，就抢尸事件而言，虽然桃源的两个政府微博在抢尸事件期间没能主动发布澄清事实类的微博，但这种冷处理的方式，也许，也不失为另一种有效的应对策略。

第二节 微博云南：盛名难副

2009年11月，针对昆明市螺蛳湾批发市场的部分商户聚集事件，云南省政府新闻办开通@微博云南，一度被称为中国第一家政府微博，广受关注。但@微博云南虽拥有近百万粉丝，但其微博鲜有互动，一直生活在自己的世界里，只是单纯的向外界发出云南之声，盛名之下其实难副。

一、前三条热门微博：官样新闻

11月21日，针对昆明市螺蛳湾批发市场的部分商户聚集事件，云南省政府新闻办除及时召开网络新闻发布会外，还开设了国内第一家政府微博客“微博云南”，第一时间对事件做出简要说明，此举受到国内多家媒体广泛关注。

——这是2009年11月21日国内多家媒体报道中多次提及的一句话。

实际上，在@微博云南发布螺蛳湾批发市场商户聚集事件微博之前，该微博连续发布了有关云南希望工程、安全生产“三项行动”、昆明市创建卫生城市大会的3条常规新闻，其中第一条微博如下：

> #云南希望工程自1989年10月实施以来，已经累计接受海内外各类捐款捐物超过4.5亿元，援建希望小学1300多所，希望工程一村一校530多所，资助布点覆盖全省129个县市区。#
>
> 2009-11-21 15:25 来自新浪微博转发（13）| 收藏 | 评论（2）

此时，@微博云南似乎对使用微博还不太熟悉，如上三条微博均以话题形式发布。微博中两个#之间的文字称为话题，这些文字被视为一个整体，点击之后默认为搜索含有这些文字的微博内容。一般微博主要将关键词设置为话题，而很少将一条微博的全部文字设置为话题。

11月21日21点35分，@微博云南发布第一条有关螺蛳湾批发市场商户聚集事件的微博，这也是@微博云南第一条热门微博：

> 今天上午9时许，昆明市螺蛳湾市场及云纺商业区100余名不愿搬迁的商户聚集散发传单，抵制关闭市场。随即，现场围观人员聚集了1000余人，部分人员沿途砸毁施工隔离栏，堵断交通，打砸工程车辆，并用砖块攻击现场值勤民警。下午，警方先后将24人带离审查，事态得以平息。
>
> 2009-11-21 21:35 来自新浪微博转发（42）| 收藏 | 评论（43）

该微博一经发布，因其第一次政府微博发布公众事件动态的焦点效应，以及官方新闻的语气迅速引起网友热议（42条转发、43条评论）。

4分钟之后，知名网友@老榕即发布第一条评论：

> 老榕上街的到底是100商户加900群众还是1000商户加若干群众啊，这玩意，连新闻单位的口径都不一致，工作做的很不好啊。（2009-11-21 21:39）

第2条评论和转发应该也是几乎同时产生（注：@小号鲨鱼应该是转发了本条微博，而@身中一刀则应该是在评论@小号鲨鱼所转发微博的同时，选择了“同时评论给原文作者”选项）：

> 身中一刀这一条简单的微博，开创的可是中国的互联网历史 //@小号鲨鱼：政府首次以微博形式对事件作现场播报，可记录。（2009-11-21 21:39）

巧的是，这两条评论几乎奠定了本条微博之下评论的基调：一方面是对“政府首次以微博形式对事件作现场播报”的肯定、评论和围观；但更多的是对这条微博所表露出的官味十足的批评，以及对螺蛳湾批发市场商户聚集事件本身的评论，例如网友@非常不小心就评论称此举“‘平息事态’是主要目的”，这一评论获得知名记者@唐师曾的转发。

唐师曾 //@ 非常不小心：从这个报道上看，“平息事态”是主要目的，事态原因及如何解决事态变为非主要问题。（2009-11-22 19:46）

@ 微博云南在全国政府中首次通过微博发布公众事件动态值得肯定，但第一次亮相似乎还有些生硬，仍然采取了通常官方新闻的表述方式，而且缺少连续的动态性发布，也未就网友关注的事态背景、原因等发布更多信息。随后，@ 微博云南在 11 月 22 日凌晨发布了一条“首届云南少数民族酒歌大赛”的微博，给人的感觉似乎是云南官方对螺蛳湾事件的表态到此为止，实际上此后 @ 微博云南也确实未再就螺蛳湾事件发布过相关消息，反倒是在 12 月 15 日发布微博称“螺蛳湾国际商贸城明天即将正式开业”。

@ 微博云南的前数十条微博，大多是发布官方新闻，和网友的互动较少，例如 @ 桃源政府网站曾多次留下评论但 @ 微博云南很少进行回复。

12 月 21 日 10 点，@ 微博云南又发布了一条微博，这条微博形式和其他新闻没有任何不同，如果不是“纸币开拷，鞋带上吊”的关键词，可能会淹没在诸多微博之中：

据《成都商报》今日报道，针对公众对“纸币开拷，鞋带上吊”案件的疑惑，昆明市公安局五华分局进行了模拟实验，媒体记者现场观摩。http://t.cn/h6uC1

2009-12-21 10:01 来自新浪微博转发（56）| 收藏 | 评论（30）

该微博发布后，引起很多网友包括 @ 老沉、@ 朱学东、@ 炳叔等传媒网络界知名人士的转发、评论，共收获 56 条转发和 30 条评论。其中，大部分网友的评论表达了对警方的质疑。

而发生在昆明的新闻，@ 微博云南作为云南政府官方微博，不发布官方消息或本地主流媒体新闻，反而援引《成都商报》的报道，同样引起了网友质疑。例如 @ 胡江波（媒体撰稿人、体育画报特约专家）就评论说“有点耻辱”。

@ 微博云南的第三条热门微博，同样来自对公共事件“昆明新机场引桥支架垮塌事故”的报道：

> 昆明新机场配套引桥支架发生局部发生垮塌事故以后，省委书记白恩培、省委副书记、省长秦光荣、省委常委、省纪委书记李汉柏，省政府副省长刘平等领导作出重要批示，要求迅速组织各方面力量，全力抢救受伤人员，认真做好遇难人员善后事宜。
>
> 2010-1-4 10:03 来自新浪微博转发（232）| 收藏 | 评论（151）

1月3日下午昆明新机场发生引桥支架垮塌事故，@微博云南于4日10时发布微博，难称快捷。而且这条微博采用的是常见的事故报道的官方口吻：领导高度重视，作出重要批示，要求妥善解决，但对事故发生原因、事态进展如何、人员伤亡情况怎样等，全部不提。看来，@微博云南并没有从之前的两个案例中汲取教训，仍然在自说自话。

该微博发布后,@微博云南收获了微博开通以来的最高互动数据：转发232条、评论151条。查看其全部151条评论，所有评论都是围观、批评、质疑和讽刺。

二、滚动报道贡山县特大泥石流灾害

2010年8月17日，@微博云南发布消息称临沧市发生泥石流灾害：

> 云南省防汛抗旱指挥部办公室消息，15至16日，该省临沧市发生大范围降雨过程，造成局部山体滑坡，发生泥石流灾害，导致1人死亡，近万人受灾。
>
> 2010-8-17 10:09 来自新浪微博转发（9）| 收藏 | 评论（11）

8月18日，@微博云南进一步称由于事发当地停电，“移动电话也难以接通，因此具体伤亡情况将待救援人员到达后方可落实”。

而此时正是@北京厨子与@伍皓同学在微博上激辩“天下第一险城：德钦”之后，普拉底乡突发泥石流灾害让@北京厨子自感“苍白，无力，无助”。[①]

① 参见本书第四章第六节《伍皓：最具争议的明星官员》。

也许是灾情严重，也许是@北京厨子与@伍皓同学的交锋让@微博云南有所重视，也许是十天之前刚刚发生甘肃舟曲特大泥石流灾害让人心有余悸，这一次，@微博云南开始第一次尝试高频率动态报道事件进展，自8月18日至25日，共发布13条微博。截至24日18时，贡山县“8.18”特大山洪泥石流灾害已造成37人死亡，55人失踪：

> 截至24日18时，贡山县“8.18”特大山洪泥石流灾害已造成37人死亡，55人失踪。经过23日爆破引流怒江，怒江灾害现场段水位下降30—40厘米，政府部门计划再爆破引流。另悉，截至24日18时，贡山灾区共接收捐款563719.60元人民币，接收物资折算价格291455元。
>
> 2010-8-25 16:07 来自新浪微博转发（10）| 收藏 | 评论（7）

@微博云南滚动报道贡山县特大泥石流灾害，应该说是一种进步，也得到了较多网友认可。但2011年3月10日云南盈江发生5.8级地震期间，@微博云南却又恢复了原来的风格，所发布的几条微博主要是事后通报性质，在引发较多网友转发、评论的同时，好评却有所下降。

三、关注美女引争议

长期以来，@微博云南只关注了两名微博，一为@栾轶玫（资深传媒人、新媒体研究专家），一为@伊能静（歌手，演员）。这种现象引起了很多网友的批评，例如@中一在线就在@微博云南一条微博下直言“难道你政府官方微博，只知道关注二位女人（一位台湾艺人\一位什么传媒的）?”

但@微博云南也许根本没有注意到这种批评，关注对象一直没有改变。

2011年6月25日，作者再次浏览@微博云南，发现@微博云南取消了对@伊能静的关注，增加了对@网络媒体云南行的关注。“网络媒体云南行”是中共云南省委宣传部、省委外宣办（省政府新闻办）主办的一项云南外宣活动，而@网络媒体云南行微博则称自己为“云南网官方微博”（共发布15条微博，最新一条微博发布于2011年5月24日，始终未加V认证）。

2011 年 7 月初，@微博云南终于增加了几位关注对象，关注数达到了 13 人。而在这 13 人中，包括当地政府机构微博八家、当地媒体微博两家、传播学者两人，以及 @联合国（联合国官方微博）一家，并进而取消了对 @栾轶玫的关注。

@微博云南最初关注 @栾轶玫，可能是因为开设微博期间，@栾轶玫曾给过 @微博云南及伍皓一些建议，例如 @伍皓红河微语微博征歌期间，各大媒体报道中多采用“红河首开微博征歌先河政务应用进入宽域时代”的标题，其中的“宽域时代”即为 @栾轶玫总结。后来可能因为网友评论压力而取消了对 @栾轶玫的关注。

@微博云南的微博，除了关注少、互动少这些问题外，在微博运用技巧上也显得较为单一。@微博云南的七百余条微博，竟然没有发布过一张图片，白白浪费了云南美景；而分享音频和视频功能则分别于 2011 年 6 月 24 日和 27 日方才学会；除了最初的 3 条微博错用了话题功能外，今后的微博也未用过话题功能；微博中很少出现超链地址；也从未转发过其他微博或在微博中 @他人；在作者重点监测的若干条微博之下，也并未发现 @微博云南回复网友评论。

微博运用技巧单一，背后是微博问政的态度。@微博云南虽然拥有近百万粉丝，但鲜有互动，一直生活在自己的世界里，只是单纯的向外界发出云南之声。

@微博云南刚开通之时，一篇题为《云南省首开国内政府微博》的新闻这么写道：

记者了解到，伍皓上任之后，云南省政府新闻办采用什么样的网络平台公开发布信息这个问题上，伍皓与一些网民认真进行过讨论，新闻网页、论坛、blog 都可以用，但最终大家认为，常态下政府网络发言人都是一脸正经地将新闻稿发于网上，少了和网民的互动，亲和力不够，应该先尝试微博。伍皓最后决定选择这一形式。①

纵观 @微博云南七百余条微博，虽可言中规中矩或曰不温不火，但与

① 李映青Angelia：《云南省首开国内政府微博》，中国日报网，2009年11月26日，http://www.chinadaily.com.cn/zgzx/2009-11/26/content_9059168.htm。

国内其他做得较好的政府微博相比都显得太过保守，更遑论与活跃的伍皓微博相比。可以说，@微博云南并没有达到创办初衷，其所发布的微博，恰恰是“一脸正经地将新闻稿发于网上，少了和网民的互动，亲和力不够”，这也是国内很多政府微博所存在的通病。

第三节 成都发布：最高人气政府官方微博

@成都发布开通微博并不算早，但其比较注重与网友的互动，语言轻松近人，思路活跃，通过策划一系列的互动活动、开辟各类微博栏目，为网友提供了有效的信息，塑造了成都形象，收获了百万粉丝，名列新浪微博政府官方微博第一名。

一、一出生就风华正茂

2010年6月23日，成都市人民政府新闻办公室开通官方微博@成都发布。在全国政府机构中，@成都发布开通微博时间并不算早，但与很多政府官方微博开通时冷冷清清不同，在诸多认证用户转发的帮助下，@成都发布“一出生就风华正茂”，第一条微博得到了较多转发、评论：

> 大家好，成都市新闻发布官方微博正式开通啦，欢迎网友们关注和留言，了解成都，关注成都。
>
> 2010-6-23 14:54 来自新浪微博转发（60）| 收藏 | 评论（54）

2010年12月26日，中央电视台《新闻联播》报道称@成都发布“这个开通仅半年就吸引5万多‘粉丝’的官方微博，在内地政府官方微博中名列前茅”。2011年2月2日，@成都发布粉丝数量突破10万，超过了之前一直排名第一的@香港特首办（香港特别行政区行政长官办公室官方微博）。截至2011年6月30日，@成都发布共拥有粉丝922966位，名列新浪政府官方微博第一名。

二、关键词一：直播

微博直播，@成都发布把这一方式运用得炉火纯青，而且也取得了不错的效果。下面来看看几个代表性案例，从中能看出@成都发布的成长。

1. 第一次直播：悄无声息

2010年7月8日，@成都发布发出第五条微博，然后休整了近两周时间。

7月21日，@成都发布连续发布9条微博，通报了成都市2010年上半年经济运行情况。这次直播影响较小，除了热心粉丝@yule几乎每条必顶外，很少有人关注。而且这9条微博发布得比较突兀，此前并未介绍直播背景，总体来讲热心可嘉但尚需改进。

2. 第二次直播：62条微博播报灾情

2010年8月13日下午3时许，都江堰市龙池镇突发山洪。

当晚21时，@成都发布发出第一条相关微博：

> 今日下午3时许，都江堰市龙池镇突发山洪，导致该镇部分地区交通、通讯中断，部分群众被困。成都和都江堰市有关领导已赶赴现场，组织抢险。
>
> 2010-8-13 21:09 来自新浪微博转发（21）| 收藏 | 评论（8）

如果说这条微博时效性还不是很强，属于事后通报性质的话，在接下来的时间里，@成都发布又连续发布多条微博，真正做到了直播灾情。例如21点38分发布微博称“截至20:40，公安特警和消防战士已成功营救龙池镇72名被困群众”，23点17分发布微博称“截至22时，龙池镇已经停止降雨，都江堰龙池镇部分道路、通信已经恢复，八一沟、栗坪村70余名群众已成功救出”。14日1点24分，@成都发布发出当晚（实际已到次日凌晨）最后一条直播微博：

> 都江堰龙池镇突发山洪最新动态：14日零点35分，成都市交委报告：都江堰至龙池镇26公里沿线已抢通12公里；都汶高速至龙池镇4.5公里沿线已抢通2.5公里。
>
> 2010-8-14 01:24 来自新浪微博转发（29）| 收藏 | 评论（21）

期间，一条“成都市委、市政府高度重视，市委书记李春城，市长葛红林，市委常委邓全忠，副市长刘仆、刘家强，市长助理毛志雄、刘俊林等领导第一时间赶赴现场”的微博，同样如@微博云南通报昆明新机场引桥支架垮塌事故情况一样[1]，引起了网友的批评，而面对批评，@成都发布一方面耐心解释：“请大家认真看完已经发出的围脖，单独看一条，信息肯定是不全。感谢大家的批评”；另一方面对网友提出的建设性意见表示虚心接受：

> 回复@樊建川：利用围脖这种现代传播工具，发布突发公共事件的动态进展，对宣传部门来说确实是一种新的尝试，感谢大家的批评指正，相信我们会做得越来越好、越来越专业。//@樊建川：是政府发布平台吧？可以研究微博上的传播规律，能做到既准确又通俗最好。书面文字口语化，身段放柔软点。
>
> > @成都发布：成都市委、市政府高度重视，市委书记李春城，市长葛红林，市委常委邓全忠，副市长刘仆、刘家强，市长助理毛志雄、刘俊林等领导第一时间赶赴现场。原文转发（142）| 原文评论（84）
>
> 2010-8-14 00:54 来自新浪微博转发（2）| 收藏 | 评论（4）

14日至15日，@成都发布继续微博直播救灾进展。15日14时，@成都发布称“空中救援顺利完成”，至此共发布相关微博29条。

但龙池镇山洪刚刚过去，8月18日起，成都普降暴雨到大暴雨，都江堰市、蒲江县、邛崃市等多地受灾，其中龙池镇河水超过刚刚过去的

① 参见本书第五章第二节《微博云南：盛名难副》。

"8·13"最高水位。8月19日起，@成都发布又连续发布33条微博，通报救灾进展。

期间，成都市民间流传"中心城区将要停水"的传言，对此，@成都发布于19日下午连续发布3条辟谣微博，及时消除市民恐慌心情，其中最后一条微博如下：

> 目前，我市中心城区自来水水源是充足的，生产运行是正常的，水质也是符合国家标准的，完全能满足中心城区自来水用水需求。关于中心城区将要停水的传言完全是谣言。
>
> 2010-8-19 15:08 来自新浪微博转发（31）| 收藏 | 评论（23）

8月13日至22日，面对连日来成都地区的暴雨灾害，@成都发布共发布了62条微博进行直播，这也是这一期间@成都发布微博的唯一主题。

3. 第三次直播：开创三项第一

2010年10月22日，第十一届中国西部国际博览会（以下简称"西博会"）在成都开幕。

西博会是由国家发改委、商务部等多部委和四川、重庆等多个西部省区市、新疆生产建设兵团等共同主办的、四川省人民政府承办、具体实施西部大开发战略的国家级博览会。第十一届西博会吸引了诸多媒体前往报道，@成都发布也"将对西博会进行全程24小时不间断微博图文直播"。

22日9点，@成都发布发布第一条直播微博。

25日15点22分，@成都发布发布当天最后一条直播微博，这也是其原计划中直播西博会的最后一天。

26日，@成都发布继续直播西博会新闻发布会。12点41分，@成都发布发出本次直播最后一条微博。

10月22日至26日，@成都发布共发布181条微博直播西博会（每日条数分别为75条、63条、28条、10条、5条）。

据悉，此次官方微博直播，开创了多个第一：第一次官方微博直播国家级大型活动；第一次官方微博24小时不间断直播；第一次官方微博直接与网民实时互动。①

@成都发布这样的直播案例还有很多，见表5-1。

表5-1 @成都发布部分直播案例简况

日期	微博直播内容
2010年11月16日	成都市政府新闻办新闻发布会，介绍全域成都统一城乡户籍实现居民自由迁徙的相关意见
2010年12月18日	直播赠澳大熊猫“开开”、“心心”离川赴澳过程
2010年12月27日	聚焦成都市政府新闻办新闻发布会——学前教育专题新闻发布会
2010年12月28日	聚焦成都市政府新闻办新闻发布会——创建国家创新型城市专题
2010年12月30日	聚焦成都市政府新闻办新闻发布会——施行居住证管理专题
2011年3月2日起	直播2011年两会
2011年5月12日	成都绘新图，微博传“家”画——成都灾后重建三周年新闻发布会
2011年7月3日至5日	直播成都暴雨防汛进展

数据来源：根据@成都发布微博整理。

三、关键词二：轻松

可能是与四川安逸、轻松的城市风格有关，@成都发布的微博语言也比较亲民。内容上，除了【田园成都美丽村镇】、【醉美成都】、【成都美食香天下】等宣传成都风土人情的微博外，@成都发布还会发布一些更好玩的内容。

例如，2011年3月1日，@成都发布转发@熊猫微博（成都大熊猫繁育研究基地）一则“萌死人版的熊猫群殴现场实录”视频微博，引起两百余条转发，被媒体称为“成都市政府微博发布8只熊猫打架视频走红网络”。

再如，2011年5月16日，@王功权（鼎晖创业投资合伙人王功权）微博“私奔”风靡一时，@成都发布于18日13点46分发布“和成都私奔”

① 雷浩：《成都官方微博“成都发布”直播西博会》，成都全搜索，2010年10月22日，http://news.chengdu.cn/content/2010-10/22/content_569070.htm?node=346。

的微博，希望进行“尝试性城市营销，通过与网络热点的衔接，把成都营销给更多朋友”①：

> 各位亲友，各位同事，我放弃一切，和成都私奔了。感谢大家多年的关怀和帮助，祝大家幸福！没法面对家乡的培养和鼓励，也没法和大家解释，也不好意思，故不告而别。叩请宽恕！ ×× 鞠躬——亲们，有没有你理想的私奔城市？一起来，给你理想的私奔城市写封信吧！
>
> 5 月 18 日 13:46 来自新浪微博转发（35）| 收藏 | 评论（28）

该微博发布后，有网友积极响应，称“成都市政府紧跟热点，新潮时尚”，也有网友认为 @ 成都发布此举不够庄重。

面对争议，@ 成都发布删除了这条微博。但作者建议，@ 成都发布以及其主管部门，以及网友们不妨大度一些、宽容一些，在一些无关原则的问题上，应该允许政府微博存在不同的面孔，发出不同的声音，哪怕是有争议。只要无伤大雅，开个玩笑又有何妨？

四、关键词三：专栏化

2011 年 1 月 8 日起，@ 成都发布开始“分栏发布消息”：

> 【微调查】成都发布今起分栏发布信息，要闻速递、民生一览、每日气象、每日财经、住在成都、国际瞭望、教育资讯等栏目天天更新，动态栏目如聚焦两会、聚焦春运等应时而推。你期待哪些栏目、哪些信息？回复或转发你的建议，让“成都发布”更及时、更权威、更准确、更贴近。
>
> 1 月 18 日 11:55 来自新浪微博转发（4）| 收藏 | 评论（23）

---

① 吴翠峰：《和成都“私奔”？“成都发布”也玩“私奔体”》，《华西都市报》2011年5月29日第24版。

此前@成都发布发出的微博中，也有一些带有类似“【微调查】”的标题，这次推出的分栏发布，分常规栏目和动态栏目，类似传统媒体的专栏，只不过在微博上线性呈现。这种做法不但自己厘清了信息发布的主要类型，也更便于网友识别。

五、关键词四：活动

@成都发布还经常发起一些互动活动，这些活动是纯粹基于微博平台的互动行为，而不仅仅是对线下已有活动的宣传。@成都发布策划的这些活动，都有一定的亮点，网友参与也较为简单，同时很善于借用新浪平台的力量，例如下面的几个活动，@成都发布就经常发动@新浪四川、@新浪城市等新浪频道参与：

#成都幸福公式#2011年成都两会召开了。“十二五”期间成都如何发展？你对代表委员都有什么期待？和全国“两会”一样，幸福的主题都是一样的，成都“两会”给我们的幸福将更贴近。写下你的“什么+什么=幸福成都”公式，让我们的幸福感一直蔓延下去。@新浪四川

3月30日09:59来自新浪微博转发（306）|收藏|评论（167）

#如果遇见你#如果在成都遇见你，我会带你去宽窄巷子，体验成都浓厚的历史文化底蕴和与生俱来的自在闲适；如果在成都遇见你，我还会带你去大熊猫基地，触摸那黑与白的经典律动。如果在成都遇见你，你会……欢迎大家一起来接龙，写出你和成都最美好的“遇见”。@新浪城市

6月17日14:19来自新浪微博转发（723）|收藏|评论（163）

【发现城市雕塑——成都发布运行一周年特别策划】1792条微博，27247次评论，96039次转发，深谢891243位粉丝的关注。去年的今天，“成都发布”正式开通运行。一年来，我们和成都、粉丝们共同成长。今天，我们策划推出“发现城市雕塑”活动，期待大家的参与。@头条新闻 @新浪城市 @新浪四川 @上城雕塑

6月23日 10:26 来自新浪微博转发（55）| 收藏 | 评论（25）

综上所述，@成都发布开通微博并不算早，比较注重与网友的互动，语言也较为轻松近人，比较适合微博氛围。开通两月之后，@成都发布通过8月份直播成都大雨、10月份直播西博会等多次战役，迅速扩大影响，受到网友好评。而且@成都发布思路比较活跃，通过策划一系列的互动活动、开辟各类微博栏目，为网友提供了有效的信息，塑造了成都形象，收获了百万粉丝，名列新浪微博政府官方微博第一名。

第四节 微博银川：打造政务微博群

@微博银川刚开通之时，粉丝虽多但互动极少。逐步熟悉微博平台后，银川微博通过“微博喊话”等形成自己特色，打造出以@微博银川、@问政银川为代表的200多家机构的政务微博群，走出了一条崭新的微博问政之路。@问政银川“本微博在工作时间1小时内、节假日休息时间8小时内，有呼必应”的郑重承诺，让那些不敢或不屑于回应网友的博主们望尘莫及。

一、@微博银川“异军突起”

2010年12月22日，@微博银川（宁夏银川市委市人民政府官方微博）发布第一条微博。@微博银川开通24小时即引来5126人关注[①]，上线两天粉丝人数便超过了8000[②]。而据统计，一周之后的12月31日晚，@微博银川即以近4万名粉丝的数量跃居所有政府机构微博第6名。2011年1月5日，@微博银川粉丝数增加一万余名，进而跃居所有政府机构微博排行榜第3名。

据据@微博银川首席管理员刘小明（银川市信息中心网站工程师）介绍，@微博银川是银川第一家政务微博，在西北地区也是一个新的尝试，经媒体报道后受关注度很高。同时，当时新浪微博对@微博银川进行了强力推荐，很多博友通过新浪推荐而了解到@微博银川并进而成为粉丝。这两点原因共同促成了@微博银川的粉丝奇迹。

但当时@微博银川毕竟属于初入微博世界，对微博的了解还很不够。从其行文风格来看，大多数微博面孔还比较呆板，缺乏生动的表情和鲜明的性格，给人以陌生感和距离感。而具体到代表微博个性的@、#话题#的使用，以及超链接、图片、视频等的使用，对网友微博的转发等，在@微博银川当时已发布的微博中也比较少见，与网友的互动也比较缺乏，收到不少

① 《微博银川人气高涨　市民评价：顺民意显信心》，银川新闻网，2010年12月24日，http://www.ycen.com.cn/content/2010-12/24/content_886981.htm。

② 《我市网络政务公开受关注　新浪首页力荐银川64家“政府微博”》，银川市政府门户网站，2011年7月11日，http://www.yinchuan.gov.cn/publicfiles/business/htmlfiles/yczw/pmrdt/53742.htm。

网友的“拍砖”。

所幸，初开微博时@微博银川对粉丝的回复，还可以说得上是中规中矩，态度应该是比较诚恳的。@微博银川所欠缺的，可能只是对微博这个新工具、新平台、新世界的熟悉。

经过一年多发展，以@微博银川为代表的银川市政务微博已经积累了丰富的经验，成为中国政府机构微博中的佼佼者。

二、微博喊话

开通微博的前一个月，@微博银川发布的大多是如上所言的“常规的外宣类消息”。2011年1月18日，针对网友@银川老柳关于医保一卡通提出的“请问异地结算网络包括哪些地方？我在上海看病回银川能报销吗？”问题，@微博银川发布的如下这条回复微博，才算是真正意义上通过微博为网友提供咨询服务：

回复@银川老柳：经咨询市医保中心，像您所说这种情况是不能在银川报销费用的。“一卡通”的结算网络目前只限于银川市境内三区两县一市（兴庆区、金凤区、西夏区、永宁县、贺兰县、灵武市）的城镇参保居民、城镇职工、灵活就业人员。详情请您到医保中心网站查询。http://t.cn/hbFgRw

> @微博银川：【我市建成了城镇医保“一卡通”异地结算网络】将四个统筹地区的医保内网联接成全市医保大网，实现了城镇职工、城镇居民基本医疗保险卡在全市范围的任意定点医疗机构和定点药店刷卡结算。试运行半年来，城镇参保职工及居民通过“一卡通”网络在异地实现就医购药6万多人次、直接报销医疗费近900万元。原文转发(3) | 原文评论(6)

1月18日17:35 来自新浪微博转发 | 收藏 | 评论（1）

2011年7月14日，@问政银川（银川市委办公厅、市政府办公厅官方微博）开通，其微博简介中表示“问政银川是银川党务政务网络平台的工作专用微博，主要功能是督促督办，受理银川市民的一般性事务性投诉。”自此@微博银川的微博督办职能转由@问政银川负责，@微博银川主要负责发布权威信息、搜集民情。

微博开通当天，@问政银川即通过@形式督促@西夏微博（西夏区党委、政府官方微博）、@兴庆微博（银川兴庆区党委、政府官方微博）、@银川市园林管理局（银川市园林管理局官方微博）、@微博银川建设、@银川市住房保障局（银川市住房保障局官方微博）、@银川市物业管理办公室（宁夏银川市物业管理办公室官方微博）等多家政府机构微博处理网友反映的各种问题，这些问题有的当天即得到解决并在微博公布进展情况。

微博开通第一天，@问政银川还就银川公交问题公开对@银川交通提出批评：

> 回复@直播银川：这不仅仅是微博技术不熟练的问题，是典型的工作缺乏责任心的表现。一是不认真看@的对象是谁，手长得管到黑龙江了，以为是交通部啊？二是设置公交线路，能给公交公司一推了事吗？要你们主管部门是干什么的？@银川交通必须认真反思一下！！//@直播银川：回复@问政银川 :@银川交通的朋友，
>
> @银川交通：2011年，银川市交通运输局以缓解市民出行难为重点，拟开辟、调整23条公交线路。上半年，已经开通了贺兰园艺博览园迎春专线和4条“山河之旅”旅游专线，完成了30路、25路等5条线路的调整延伸工作，1路、101路等18条公交线路的延伸、调整、加密正在积极推进中。原文转发(39)|原文评论(21)
>
> 7月14日15:02 来自新浪微博转发|收藏|评论

对这种微博督促督办的形式，媒体称之为“微博喊话”。

2011年10月25日，@问政银川公开银川市各县市区和市直部门连续七个工作日不更新的19个政务微博名单，并在后续的微博中要求这些微博解释连续不更新的原因。该微博发出之后，部分被批评微博在当天即恢复更新。

之后，@问政银川还陆续在微博中公布例如“【先进典型之@银川总

工会】”、“【后进典型@银川地税】”，并分析其微博运营情况。11月13日，@问政银川更是对网友发出邀请，请网友们共同来关注银川200多个政务微博的运行情况：

> 【提请银川网友周知】银川市政务微博已经开通200多个，网友们@某部门官方微博反映事情后，假如出现部门官方微博在工作日不答复或没有及时解决的情况，请您在该条微博上@问政银川并请注明“举报”，我们将重点督办。
>
> 11月13日13:16来自新浪微博转发(101) | 收藏 | 评论(85)

11月25日，@问政银川进而在首页头像下的显著位置作出“郑重承诺”：“【郑重承诺】我们承诺：对您@问政银川的问题，本微博在工作时间1小时内、节假日休息时间8小时内，有呼必应！（2011年11月25日)”。

三、打造政务微博群

2010年12月22日，银川市的第一个政府微博@微博银川公开亮相。此后，银川市多家政府机构陆续开通微博。

截至2011年5月初，银川市已有20多个政府部门开设微博。①

2011年7月6日，64家银川市政府机构微博集体被新浪首页推荐，截至7月7日，银川各部门的微博粉丝，已经累计超过110万。②

截至8月17日，银川市陆续又有125个政府机构相继开设微博，银川各部门的微博粉丝，已经累计超过400万。③

10月12日，银川市政务微博已达143家。④

---

① 《我市网络政务公开受关注　新浪首页力荐银川64家“政府微博”》，银川市政府门户网站，2011年7月11日，http://www.yinchuan.gov.cn/publicfiles/business/htmlfiles/yczw/pmrdt/53742.htm。

② 同上。

③ 《宁夏银川125个政府机构集体入驻新浪微博》，宁夏新闻网，2011年8月18日，http://www.nxnews.net/xw/system/2011/08/18/010031217.shtml。

④ 引自@问政银川的微博，2011年10月12日，http://weibo.com/2239586647/xsoLk83Lb。

10 月 25 日，银川市政务微博已达 170 余家。[①]

11 月 13 日，银川市政务微博已经开通 200 多个。[②]

截至 2011 年 12 月 31 日，银川市共开通政务微博（包括银川市级部门及其下属系统微博、各县市区及其下属单位微博） 260 多个，预计到 2012 年 2 月底，将会开通超过 300 家政务微博。

从无到有，从少到多，从仅 @ 微博银川一家到 200 多家机构的政务微博群，银川在西部城市中走出了一条微博问政之路。

银川市政务微博群一年来的实践，有三点特别值得关注。

第一是定位与分工。在 @ 微博银川刚开通的一段时间里，银川市相关政府机构开通微博还是新鲜事。此时，网友提出的意见，多由 @ 微博银川进行汇总，有微博的交由相关部门微博处理，没微博的则通过电话、市长信箱、政民互动平台等方式通知，并由信访督办局督办。2011 年 7 月 14 日，专门“管微博的微博”@ 问政银川开通，@ 微博银川的微博督办职能转由 @ 问政银川负责。至此“银川政务微博的‘三驾马车’已初步建成。‘微博银川’发布权威信息、搜集民情；各部门微博负责具体办理落实；‘问政银川’负责督办落实。”[③]

第二是规范。2011 年 10 月 12 日，@ 问政银川在银川市政务微博标准化命名工作的基础上推出 143 家【银川政务微博标准化名录】，方便了网友认知。除了规范命名，@ 问政银川由于负责督办全市政府机构微博，在工作中还逐渐摸索出一些经验，并及时与全市各政务微博分享，例如 @ 问政银川 # 业务学习 # 微博中提到的合理设置关注、不争论原则、要准确定位等原则。尤其是三条“回复规范”，对回复时限、长微博处理、回复格式等都做了明确要求。当然，对这些规范和要求，@ 问政银川也表示“织官方博，我们都没有经验，经验来自于试验，试验就会有失误。宽容失误、允许试错、鼓励创新是我们始终坚持的原则。‘负重拼搏、团结创新、只争朝

---

① 《银川曝光“最懒微博管理员”19单位微博长期不更新成摆设》，宁夏新闻网，2011年10月26日，http://www.nxnews.net/sz/system/2011/10/26/010104132.shtml。

② 引自@问政银川的微博，2011年11月13日，http://weibo.com/2239586647/xxfRDmaRa。

③ 马富春：《微博银川：一个西部城市的微博问政试验》，《中国青年报》2011年11月19日第3版，http://zqb.cyol.com/html/2011-11/19/nw.D110000zgqnb_20111119_1-03.htm。

夕，追求卓越’的银川干部精神，体现在了微博管理员们的身上”。

第三是管理与考核。为加强@问政银川解决问题时效，银川市还推出了由市委副书记主管，直接呈报市委、政府主要及分管领导的政民互动专报。“形成民意直通车，没有中间环节，提高了行政效率；市纪委履行监督职责，对回复群众意见不力的单位，启动问责机制；重大事项书记亲自部署，如兴庆区拆迁纠纷，市委书记第一时间到现场指挥处置，迅速化解了矛盾；银川南门汽车站不法商贩使用假币坑害顾客，网友通过微博爆料，市委书记在政民互动专报作出批示，市委政法委书记亲自部署，多警种协作，取得了阶段性成果。”[①]而据负责@问政银川的银川市委办公厅信息处处长陈学才表示，银川正在建立和完善微博政务考评机制。一方面，要不定期地在“问政银川”发布各部门微博维护情况，接受网友监督；同时，“还要将各部门维护微博的情况反馈给机关工委、文明办，使其成为精神文明建设、党建选先评优的主要考核指标”。[②]截至2011年10月26日，银川市确定230名网络舆情信息员和微博管理员专门负责网络舆情的监测和应对，对网络平台上的留言、意见等内容进行分析研究，并报送市领导和相关部门。网络平台运行情况将纳入银川市直各部门年度绩效考评，对漏报、瞒报重大紧急舆情信息的责任人，将给予党纪政纪等处分。[③]

对如何办好政务微博，@微博银川自己则归纳为四点：

一是要有问有答。微博的灵魂，在于互动，在于每问必答，整天装聋作哑的话，很快微博就会死掉。

二是要有答有办。凡是答应网民的事情，就一定要有结果，能直接答复的即刻答复，不能答复的要及时按问题的类型分发到责任部门官方微博进行协调办理。

三是有办有督。明确责任，明确时限，件件有回音，事事有落实。对每

---

① 周志忠、马江：《网络问政不“浮云” 政务微博很“给力”——银川市放下身段大力开展网络政务》，人民网，2011年10月19日，http://politics.people.com.cn/GB/14562/15942954.html。

② 马富春：《微博银川：一个西部城市的微博问政试验》，《中国青年报》2011年11月19日第3版，http://zqb.cyol.com/html/2011-11/19/nw.D110000zgqnb_20111119_1-03.htm。

③ 《银川曝光“最懒微博管理员” 19单位微博长期不更新成摆设》，宁夏新闻网，2011年10月26日，http://www.nxnews.net/sz/system/2011/10/26/010104132.shtml。

一件分发到部门微博办理的网友问题都要自始至终进行跟踪督办。建立良好的监督制约机制，使微博运营制度化、常规化。

四是一定要使用适当的网络用语，严禁说官话，打官腔，要与网民平等交流、真诚互动。

四、银川微博的背后

在银川政务群背后，其实是银川市更为开明的政务公开态度和功能完善的网络问政平台。

2011 年 3 月 30 日，银川市委召开第九次常委会议，研究并原则通过《关于推进党务政务网络平台建设的意见》(以下简称《意见》)。4 月 26 日，银川市委办公厅、市人民政府办公厅正式下发该《意见》。出台这个《意见》的主要目标是借助网络在党和政府与公众之间搭建一个互动平台，推动政府决策与民意的双向反馈，实现个人"问事于政府"和政府"问计于公众"的有机统一，达到问计于民、倾听民声、了解民意、会聚民智的目标。该《意见》可以说是银川市网络问政工作的总纲。

银川各政务微博也正是在这一背景下集中开通的。"按照银川宣传部的统一部署，7 月底前，市直各部门、各县（市）区党委、政府及各民生服务单位要全部开通微博。"①

除了开通微博、开设手机短信互动平台等短、平、快的政务公开手段外，同样作为银川市"党务政务网络平台建设的主要内容"，2011 年 5 月 23 日，"银川市党务政务网络平台"（http://dwzw.yinchuan.gov.cn）正式开通运行。银川党务政务网重点突出了五个方面的版块：党务政务网络公开版块、重大决策问政板块、网上审批（网上办事）板块、信访投诉受理板块、权威信息发布板块。②

---

① 马富春：《微博银川：一个西部城市的微博问政试验》，《中国青年报》2011年11月19日第3版，http://zqb.cyol.com/html/2011-11/19/nw.D110000zgqnb_20111119_1-03.htm。

② 根据如下信息整理：银川市委宣传部：《银川市推进党务政务网络平台建设新闻发布会》，银川党务政务网络平台，2011年5月23日，http://dwzw.yinchuan.gov.cn/zwyc/xwfb/201105/t20110523_737.html。

2011年11月25日晚，作者登录“银川市党务政务网络平台”查看，发现在其首页“政民互动”栏目下，短信平台、党政领导信箱、建言献策、咨询求助四个子栏目（与之并列的“举报投诉”子栏目下公开内容为空）所显示的28条信息中，均为11月11日以来的最新信息，且均已办结，最长处理时间为10天，最短为当天处理完毕。而进入“政民互动”频道，自“银川市党务政务网络平台”开通以来网友提出的809封公开信件均可一一查到，办理时间甚至具体到几小时几分钟。

“公开是原则，不公开是例外”，这正是银川市网络问政所坚持的原则。而又是在这样的大背景下，银川市200余家政务微博所形成的微博群，数量从少到多，对微博从陌生到熟悉，从单向传播到双向互动，微博喊话不留情面却受到网友追捧，在微博世界里掀起了一场银川风暴。

第五节　海宁司法：开创微博公文

@海宁司法首倡微博公文，秒杀官话套话，其形式变革比具体内容本身更有代表意义。微博公文得以出台的背景，则是@海宁司法及其下属各科室、网站、法律援助中心、公证处、法学会、调解指导委，以及下属14个司法所都开通官方微博的现实基础。

一、@海宁司法成长史

2009年12月17日，浙江省海宁市司法局官方微博@海宁司法开通。

此时，距离@海宁司法微博的首倡者@中一在线开通微博刚满两个月。

刚开通微博时，@海宁司法主要发布官方新闻，而且时断时续，应者寥寥。例如微博刚开通时发布了3条微博，间隔两个月才发布第4条微博，而后发布两条微博，间隔一个多月又发布第6条微博。截至2010年9月20日，@海宁司法共发布微博32条。

2010年9月27日，@海宁司法发布预告：@海宁司法、@紫薇说法将于30日下午微博直播“海宁市人民调解实务论坛”。9月30日，“海宁市人民调解实务论坛”召开。期间，@海宁司法共发布33条微博进行直播，@紫薇说法则发布了77条微博。微博直播，是微博应用较为先进的一种方式。自此，@海宁司法微博应用逐步走上正轨。

除了微博直播“海宁市人民调解实务论坛”外，另外一次直播影响更大。

2011年5月27日，@海宁司法组织召开“司法行政社会管理创新微博讨论会”，讨论形式为嘉宾现场发言与微博互动相结合，研讨会现场，“与会人员的桌签上，都有一个醒目的@；他们的桌面上，都有一台笔记本电脑；他们除了在会场上与发言人进行沟通，还能实时与会场外的博友进行交流”，这场研讨会被称开创用微博举行讨论会之先河。

@海宁司法除承担对外宣传、解答网友问题咨询等功能外，同时还承担了一定的内部沟通作用，尤其在海宁市司法局下属多家机构开通微博之后，一些不涉及机密的工作，通过微博进行内部沟通交流的优势更加明显。

例如，2011 年 1 月 20 日，海宁市第一场大雪。海宁市司法局原准备去单位通知下属去所属路段扫雪护路，但局长金中一觉得这样效率有些差，于是通过 @ 海宁司法发布微博请局机关、市公证处、司法所全体人员参加除雪行动，没料到在很短的时间内就得到了大家的响应，“很多人没有到单位转一下，而是直接去现场扫雪，非常高效地完成了任务”。[①]

> 由于雪情持续，请局机关、市公证处全体人员明天（1 月 21 日）上午 7 : 00 到海州路与文苑路口（宏达大厦楼下）集合，再次参加除雪行动，并自带扫雪工具。请司法所全体人员参加当地组织的除雪行动。
>
> 1 月 20 日 20:31 来自新浪微博转发（6）| 收藏 | 评论（7）

@ 海宁司法微博号召扫雪这一案例被多家媒体进行报道。其实，@ 海宁司法通过微博发布工作通知，最早有据可查的应该是 2010 年 11 月 5 日，这是一条有关微博使用的通知，@ 海宁司法在微博上集中 @ 旗下 14 家机构微博，称“根据 @ 中一在线要求：上班时段，各所尽量不发少发（转发）与工作无关微博。”这可以看做是微博公文最初的形态。

> @ 尖山司法所 @ 许村司法所 @ 硖石司法所 @ 海洲司法所 @ 马桥司法所 @ 袁花司法所 @ 斜桥司法所 @ 周王庙司法 @ 中国皮革城 @ 法律援助中心 @海宁市连杭司法所 @ 盐官镇司法所 @海昌司法所根据@ 中一在线要求：上班时段，各所尽量不发少发（转发）与工作无关微博。
>
> 2010-11-5 10:31 来自新浪微博转发（5）| 收藏 | 评论（7）

二、打造微博集团军

2009 年，@ 海宁司法和旗下网站 @ 紫薇说法开通微博；2010 年，海宁市司法系统开通 15 家机构微博；到 2011 年 5 月，海宁司法局下属各科室、

① 沈勤、陈强：《“最具人气司法局局长”的“围脖”人生》，《南湖晚报》2011年1月13日第13版。

网站、法律援助中心、公证处、法学会、调解指导委，以及下属14个司法所都开通了官方微博，24个官方微博和26个个人微博[1]，打造了一支司法微博“集团军”。

这么一支集团军聚集在微博上，为“微博公文”的诞生奠定了基础。

@海宁司法微博集团军也引来了全国诸多同行的围观，例如，2011年2月24日，@长安在线（浙江省海宁市司法局长安司法所官方微博）的一条微博，引来@杭州双浦司法所（杭州市西湖区司法局双浦司法所官方微博）的问题，@海宁司法则马上表示可由@海宁社区矫正之家（海宁市社区矫正工作委员会办公室）解答，一条微博，同步传达到多个机构，效率大为提高。

> 回复@杭州双浦司法所：有的，@海宁社区矫正之家为您解答。//@杭州双浦司法所：看来海宁日常的管理做得很到位啊，海宁有出台具体的社区矫正对象管理办法么？ //@海宁司法：今天天气很好
>
> @长安在线：今天上午，长安司法所开展月度社区服刑人员集中教育和公益劳动。参加公益劳动的社区服刑人员都十分踊跃，干劲十足。原文转发（5）| 原文评论（3）
>
> 2月24日 16:32 来自新浪微博转发 | 收藏 | 评论（2）

三、第一条微博公文

2011年4月2日，海宁市政府信息公开网发布《关于启用微博公文的通知》（以下简称《通知》）[2]，决定从2011年4月1日起在全市司法系统内推行微博公文。

4月2日18点11分，@海宁司法（浙江省海宁市司法局官方微博）转发了这条消息：

---

① 参见《浙江省海宁市司法局集体入驻新浪微博》，新浪财经频道，http://finance.sina.com.cn/focus/zjhnsfjrzwb/index.shtml。

② 《关于启用微博公文的通知》，中国海宁——海宁市人民政府门户网站，2011年4月2日，http://zfxx.haining.gov.cn/zcwj/201104/t20110402_176153.htm。

【微博公文】海司办〔2011〕6号。《关于启用微博公文的通知》http://t.cn/hB6lkV

4月2日 18:11 来自新浪微博转发（118）| 收藏 | 评论（50）

该《通知》详细规定了微博公文体式等要求，并要求海宁市司法局局机关各科室，各司法所，市公证处，各律师事务所、法律服务所全部开通新浪认证官方微博，或工作人员开通个人微博，以随时接收微博公文。

当日18点54分，@海宁司法发出01号微博公文，此时正值清明小长假前一天工作日的下班时分。这条带有试水性质的微博公文，开全国政府机关微博公文之先河。

【微博公文】01号。关于做好清明节假期值班工作的通知。@本市各司法所：为了做好社区服刑人员管控工作，各司法所应严格落实值班制度，要求值班人员手机必须保持24小时开通，做好手机定位监控和记录表登记工作，如有情况及时上报@社区矫正之家。

4月2日 18:54 来自新浪微博转发（50）| 收藏 | 评论（41）

四、众说纷纭

“微博公文”这一现象也迅速被网友及媒体关注、报道，引发热议。4月3日起,《人民日报》、《浙江日报》、新华网、新浪网等媒体对“微博公文”大量进行报道和评论。

4月18日，浙江省委书记赵洪祝在新华社某内参上对《浙江海宁司法局探索“微博公文”》一文作出批示，对海宁市司法局在全国率先启用“微博公文”的做法表示肯定。①

① 《省委书记赵洪祝对海宁市司法局“微博公文”作出批示》，海宁司法行政网，2011年4月29日，http://www.148.gov.cn/sfj2/sfjpd/ShowArticle.asp?ArticleID=1887。

5月1日，@蔡奇（蔡奇，中共浙江省委组织部部长）在其腾讯微博中对微博公文给予肯定评价并提出建议：

蔡奇：#微博问政#9微博公文这是浙江海宁市司法局长金中一（中一在线（@中一在线））的首创。其实就是将平时不保密的书面通知、简报等，通过微博发送。其特点：短_一目了然；快_第一时间收到；新_信息化手段的运用。但这公文发送范围取决于微博的覆盖面，要求更高，是无纸化办公的新形式，可以因地制宜不断探索。

5月1日11:15来自iPad查看转播和评论（196）转播 | 评论 | 更多

在受到浙江最高领导的肯定以及很多媒体、网友支持的同时，也有很多人质疑微博公文的初衷、作用、持续性以及其合法性。

例如网友@阿荡围脖就认为微博公文“非主流，不长久”，并进一步表示微博“早晚会像‘快乐男声’、‘超级女声’一类，娱乐一下，昙花一现，寿终正寝。”

5月27日，《法制日报》刊登深度报道，指出微博公文面临如内容合法性、格式规范性、制定主体法定性、制发程序性等一系列法律问题，并归纳为“有限公开、流于形式、于法无据”三大质疑。①

其实早在4月28日，浙江省海宁市副市长赵莫辉在接受记者采访时就表示，“海宁市政府对于借助微博公文这个新型媒体渠道，做到与大众零距离交流，一直保持鼓励和倡导的态度”，但他同时也提出，“政府办事需要依法行政，推行微博公文还缺乏相关的法律法规。”②

针对金中一提出的“期望微博公文能在整个政府系统内推广”问题，赵莫辉认为目前还有难度。“既要保证微博公文的及时权威，保证公文规范和效率，又要遵守公文基本流程，这都是推广过程中将会遇到的问题，都需制定相关的法律法规来规范。我们鼓励官员上网发布微博，但是整个部门的微

① 陈东升、王春：《有限公开流于形式于法无据微博公文遭遇三大质疑》，《法制日报》2011年5月27日第4版，http://www.legaldaily.com.cn/bm/content/2011-05/27/content_2682084.htm。

② 汪恩民、沈澂：《浙江海宁司法局推微博公文　副市长称缺法律依据》，中国新闻网，2011年4月28日，http://www.chinanews.com/fz/2011/04-28/3005005.shtml。

博公文推广还比较难。”①

对此，@中一在线回应道：

> 【微博公文】有限公开，也是向多公开方向发展；流于形式，任何公文也有一定形式；于法无据，你知道我国有木有文件法？通知法？申请法？批复法？微博问政的前景肯定是光明的，无非通向光明的道路坎坷和阻力也会很多；改进需要共同的探索。@88号政声已把【微博公文】作了更大发展。
>
> @法制阳春面：对@中一在线说：【微博采访】目前，微博公文遭遇了“有限公开、流于形式、于法无据”三大质疑，请问金局长是否认同？你认为微博问政的前景如何，是否存在改进的空间？谢谢。原文转发（8）| 原文评论（9）
>
> 5月19日 16:15 来自新浪微博转发（6）| 收藏 | 评论（7）

2011年10月14日，“微博公文”项目在马来西亚召开的《未来政府》2011年度峰会亚洲政府年度大奖颁奖晚会上荣获“政府转型大奖”。@中一在线应邀参加了会议，并在微博上作了全程直播。

截至2011年6月30日，@海宁司法共发布了10条微博公文。微博公文确实还处于试水摸索阶段，其实际操作中仍然存在各种各样的问题。但从中已能看出一定成效，例如@海宁司法所发布的6号公文，就是在听取网友和基层干部意见基础上对之前5号公文的校正。

目前，已有@岱山团县委（浙江省舟山市岱山团县委官方微博）、@88号政声（广东省佛山市南海区委宣传部官方微博）等政府开始试行微博公文。其中，从@88号政声公布的中共佛山市南海区委宣传部文件《关于试点启用微博公文的通知》（南宣字［2011］21号）中可以看出，他们所采取的微博公文格式，直接参考了@海宁司法的微博公文。

---

① 汪恩民、沈澂：《浙江海宁司法局推微博公文副市长称缺法律依据》，中国新闻网，2011年4月28日，http://www.chinanews.com/fz/2011/04-28/3005005.shtml。

【微博公文】南宣字[2011]22号。《关于表彰“十佳百优”新南海人的通报》。各镇（街道）宣传文体办、总工会，有关基层工会：南海区文文明明牵手行系列活动之“十佳百优”新南海人评选活动已揭晓。http://t.cn/hDyQci

5月26日 10:01 来自微博AIR 转发（4）| 收藏 | 评论

微博公文的形式变革比具体内容更有代表意义，其本身所代表的公文简洁化、行政互动性、政务透明化等意义，要远远超出几条具体的公文所涉及的政务本身。例如第一条微博公文所涉及的“清明节假期值班工作”安排，只是海宁市司法系统内的一项具体工作，但“微博公文”本身的意义，却远超这一具体工作。

微博公文，秒杀了官话套话，正如金中一所言：“以前你做了什么没做什么，别人都不知道。现在，你在微博上自我宣传或是发布转载公文，全都在网上记录在案了。只说不做显然不行，你必须做好这些工作，已经没有了退路。”①

① 陈学超：《微博晒工作断了干部“退路”》，《山东商报》2011年4月6日第A4版。

第六节 平安肇庆：公安微博第一家

@平安肇庆微博的开通，带动了全国范围内“平安”系列公安微博，其可持续发展的核心价值则是网络问政口径库。肇庆市公安局各警种、所辖九县市区公安机关将网友共同关注的业务，汇编成册，不断更新。确保了微博值班民警能够办得了实事儿。避免空谈。微博灵魂是互动，本质是服务。警方微博办不了实事就没有生命力。

2010年2月25日，@平安肇庆（广东省肇庆市公安局信息公开微博平台）新浪微博正式通过实名认证开通，这是全国第一家公安微博。[①]

截至2011年6月30日，@平安肇庆共发布微博12107条，粉丝达到900989位，粉丝数位居新浪微博公安局类微博排行榜第6名，而前5名均为省/直辖市级公安厅官方微博。

一、一本书引发一场警务革命[②]

2010年2月5日，广东省省委常委、政法委书记、公安厅厅长梁伟发向全省公安民警推荐《正在爆发的互联网革命》一书。肇庆市公安局警察公共关系科科长陈永博在第一次读这本书的时候，并没有什么感觉。“隔几天，他决心第三次读此书。当读到一半时，灵感来了”。之后，陈永博开通了自己的实名微博@陈永博。

2月25日，经肇庆市委常委、市公安局长郑针和批准，陈永博开通

---

① @微博小秘书（新浪微博官方账号）及中央电视台等多家权威媒体均称@平安肇庆为全国第一家公安微博。但@平安肇庆与@公安主持人（“公安主持人”，佛山市公安局官方网络发言人。）同系首批通过新浪认证的公安微博，其中@公安主持人2010年2月24日即发布微博，为全国公安机关第一条微博博文。而在@平安肇庆之后，全国很多公安机关以“平安”为名开通微博，且@平安肇庆影响较大，在此，作者暂采用@平安肇庆为全国第一家公安微博的说法。

② 本小节前三段主要引自吴燕婷、梁小静、彭家祥：《一本书引发了一场警务革命〈平安肇庆〉微博创建纪实》，新华网广东频道，2011年2月21日，http://www.gd.xinhuanet.com/newscenter/2011-02/21/content_22109755.htm。

了肇庆市公安局官方微博。在取名的时候。陈永博和他的同事们认为：如果直接叫“肇庆市公安局”，太显得生硬，不太符合网上聊天的习惯。希望肇庆平安，是肇庆五千警察的最大愿望，最终确定了“平安肇庆”的名称。

2月27日23点35分，中央电视台新闻频道《24小时》栏目以“首个‘公安微博’平安肇庆：正式向公众开放”进行报道。2月28日凌晨，@微博小秘书发布公告称“全国首家‘公安微博’开通”。

@平安肇庆开通微博之后，最初只发布一些宣传性、提示性内容，语言也比较传统，与网友互动较少，经常有网友“拍砖”。后来答疑解惑类微博渐多，对网络语言也开始熟悉，与网友的互动也越来越多，粉丝数字与网友评论也随之增加。

@平安肇庆与@公安主持人等首批微博的出现，直接带动了广东公安系统集体开博。2010年4月30日，广东省公安厅下发通知，要求全省21个地级市公安机关全部开通新浪微博。当晚，广东省公安机关以“平安某地”或“某地公安”的形象集体现身新浪微博。5月11日，广东省公安厅及21个地级以上市公安局微博全部通过新浪认证，建立起全国首个公安微博群。

表5-2 @平安肇庆微博指标增长

日期	博文条数	粉丝个数	网友评论条数	回复网友评论条数
2010-4-2	628	14316	2020	1868
2010-5-26	1287	15304	3683	3121
2011-3-11	8604	549478	43017	42986

数据来源：根据@平安肇庆微博、《粤警微风》（广东公安微博工作团队编，南方日报出版社2011年5月第1版）等整理而来。

二、连夜直播观音开库

观音开库，又称观音借库，是珠三角一带非常有名的民俗，传说每年农历正月二十六是观音开库日。而在正月二十五晚上，就会有成千上万信徒前往观音庙祈福、还愿、借库、朝拜，希望借库后财运亨通。

2010年3月10日，农历正月二十五。@平安肇庆通过微博直播观音开库，不仅给未能到场的网友提供了现场最新情况，而且多次提醒老人家看好自己的财物、提醒家长看护好自己的孩子、通报民警维护秩序疏导人流、消防官兵严阵以待等情况，受到网友好评。

这是@平安肇庆第一次大规模直播重要活动。从3月10日19时一直到3月11日凌晨3时许，@平安肇庆共发布53张图片、新闻29条，“取得了非常好的效果”。

三、突发事件：与谣言赛跑

@平安肇庆开通一年来，@陈永博总结过五点体会，其中第一点就是“及时公布突发事件真相，与谣言赛跑，尊重网民知情权”。@平安肇庆“在发生广宁特大交通事故、端州岩前村爆炸案、市委门口的群体事件、黄岗火灾等，均第一时间在三个微博平台公布”。[①]

例如，2010年8月1日17时34分，肇庆市广宁县古水镇省道连大线路段发生三车相撞重大道路交通事故，造成11死2伤。@平安肇庆于8月2日零点51分发布相关微博，凌晨4时许，又连续发布3条微博：

> 8月1日17时34分，省道连大线广宁县古水镇下塝路段发生一宗三车相撞，造成11死2伤的特大交通事故。目前，两名伤者正在全力抢救当中，事故具体原因正在调查中。
>
> 2010-8-2 00:51 来自新浪微博转发（14）| 收藏 | 评论（27）

再如2010年11月10日9时43分，肇庆市端州区和平东路63号和平综合市场发生火灾。经过消防官兵50多分钟的奋战，大火被扑灭，没有任何人员伤亡。@平安肇庆于11点50分起连续发布7条微博公布了这一情况：

① 参见广东公安微博工作团队编：《粤警微风》，南方日报出版社，2011年5月第1版，第136页。

> 11月10日上午9点30分左右，肇庆城区和平路和平综合市场发生大火，火势迅速蔓延，浓烟形成烟柱直冲天空。至少4辆消防车到场扑救，端州区领导也到达现场指挥。暂无人员伤亡报告，起火原因正在调查之中。
>
> 2010-11-10 11:50 来自新浪微博转发（18）| 收藏 | 评论（8）

四、规范制度

@平安肇庆在微博实践中积累了很多经验，其中最核心的是“网络问政口径库”：

> 《平安肇庆》微博为何可持续向前发展？经验很多，核心价值是：网络问政口径库。肇庆市公安局各警种、所辖九县市区公安机关将网友共同关注的业务，汇编成册，不断更新。确保了微博值班民警能够办得了实事儿。避免空谈。微博灵魂是互动，本质是服务。警方微博办不了实事就没有生命力。（微博民警：永博）
>
> 5月31日 01:42 来自新浪微博转发（8）| 收藏 | 评论（7）

“网络问政口径库”的做法，类似于客服话术手册。很多公司都会有比较专业的客服手册，把客户经常询问的问题分类汇编，便于客服人员及时、准确的回答客户问题。而@平安肇庆所编撰的“网络问政口径库”，正是这种做法。

除常规问题统一回复口径外，@平安肇庆还按照“业务归口办理”的原则实施分类处理：“（1）对比较简单或已有答复口径的业务咨询，由网络问政办公室负责答复；涉及具体业务内容或者是重大、疑难信息，由网络问政工作办公室负责将信息呈报市公安局领导或分发至市公安局机关或基层相关单位处理。（2）对网民提交的违法犯罪线索举报信息和意见建议，根据业务分工由市局机关或基层有关单位负责跟进处理。（3）对网民提交的涉及公安机关及其民警违法违纪的实名投诉举报信息，由投诉举报辖区民警的所在地的公安分局、县（市）公安局纪检监察部门调查处理，市局纪检监察部门负责跟进处理或直接调查处理。”①

同时，肇庆市公安局还制定并下发了《关于加强公安微博管理工作的通知》、《关于加强网络问政工作的通知》等一系列规范性制度，建立健全了由公关科负责，局机关各部门以及各分局、县（市）局配合，各联络员与网民互动的机制。②

五、开通政法微博群

@平安肇庆的开通为肇庆政法系统带了个好头。2011年4月21日，肇庆市委副书记、政法委书记吴华钦要求在五一之前开通肇庆政法微博群，@平安肇庆当晚即通过微博公布了这一信息：

> 肇庆将成为全国首个开通政法微博群的城市。4月21日市委副书记、政法委书记吴华钦要求：今年五一前，正式开通肇庆政法微博群，除现已开通的“平安肇庆”微博外，市委政法委、市法院、市检察院、市司法局也要开通微博。（彭建基报道，海辉编辑）
>
> 4月21日 23:01 来自新浪微博转发（59）| 收藏 | 评论（82）

4月25日，肇庆政法微博群开通并得到@微博新鲜人（新浪微博官方账号，推荐最新的重量级认证用户以及受欢迎的草根用户）的推广。

> 肇庆市政法委@法治肇庆携肇庆市中级人民法院@公正肇庆、肇庆市检察院@正义肇庆、肇庆市司法局@和谐肇庆开通官方微博，并与肇庆市公安局@平安肇庆组成了全国第一个政法系统微博群，快来围观吧～！ http://weibo.com/pub/star/g/fzzq
>
> 4月25日 18:37 来自新浪微博转发（23）| 收藏 | 评论（16）

---

① 参见广东公安微博工作团队编：《粤警微风》，南方日报出版社，2011年5月第1版，第135—136页。

② 同上书，第135页。

@平安肇庆微博的开通，纵向在全国范围内带动了“平安”系列公安微博的涌现，以及肇庆市属九个县市区公安机关县级公安微博的开通，横向则带动了肇庆市其他司法系统微博的开通。希望@平安肇庆能够继续带动肇庆更多政府机构官方微博的开通，让更多政府部门参与微博问政，让更多政务信息公开于网。

第七节　平安南粤：最热政府机构微博

政府机构微博中公安微博无疑是数量最多的一类，而广东公安微博在其中又占据着重要地位。广东省公安厅分别开通@平安南粤的新浪微博和@广东省公安厅的腾讯微博，并组织广东21个地级以上市公安局开通“广东公安微博群”，成为全国第一个公安微博群，其发展经验值得借鉴。

2010年3月9日，广东省公安厅在新浪开通官方微博@平安南粤并通过实名认证。此时距离全国第一家公安机构官方微博@平安肇庆开通刚过去12天。

2011年4月3日，@平安南粤粉丝数突破100万，这也是新浪微博上第一家粉丝超百万的政府机构微博。2011年6月30日，@平安南粤粉丝数达149.92万，仍保持新浪政府机构微博第一位的排名，直到11月才被@平安北京超过。

一、网友互动

先来看看下面这张微博截图：

2010年5月17日，@平安南粤发布微博请网友“多提意见和建议”。而在此之前，@平安南粤就已发布多条微博或评论，回应网友问题，互动方面做得还不错。

同样，在本条微博之下，22条评论中，有7条是@平安南粤对网友评论的回复，其中不乏幽默风趣之作，例如针对网友@I筱筱“110叔叔在吗，我鞋带开了@@”的评论，虽然和本条微博话题不甚相关，估计@I筱筱本人也是出于围观的心态随便发布了这么一条评论，但@平安南粤就不乏幽默地回答道：“建议你赶紧绑好，走好自己的路。”这条回复微博又引起了网友7条评论，其中@少女武士称“110蜀黍好可爱啊~~~”，@梁诗浣称“你们很有人情味呢。相信你们这个微博越来越深受大家的喜欢”。

回复@I筱筱:建议你赶紧绑好，走好自己的路。 //@I筱筱:110叔叔在吗,我鞋带开了@@

> @平安南粤V：各位网友，广东公安微博群工作正处探索起步阶段，虽然得到了大家肯定和欢迎，但仍有不少问题亟待解决。尤其微博时效性、互动性超强的特点，对我们工作人员的素质和技能，以及保障工作提出了更高的要求。我们在努力工作，也在不断学习，请大家继续关注和支持我们，并多提意见和建议。谢谢！
>
> 原文转发(15) | 原文评论(22)

5月17日 13:41 来自新浪微博 转发(3) | 收藏 | 评论(7)

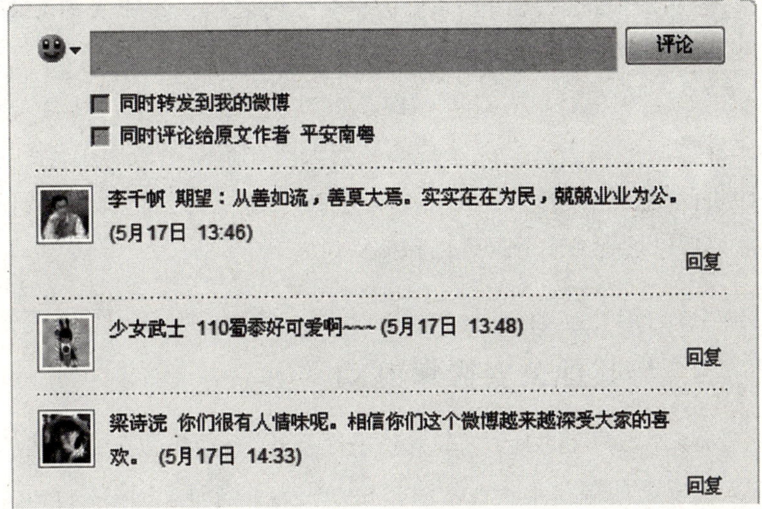

除了这些与网友的日常互动外，与@平安北京招募“挑刺专家团”的做法类似，@平安南粤也聘请了“公安政务网站义务监督员”。其中，@平安南粤于2010年6月1日微博公示首批监督员名单，2010年8月4日微博播报监督员聘书颁发仪式。

2010年5月27日，广东省公安厅还组织召开广东公安微博团队与媒体及网友座谈会。广东公安微博群首次联动进行了座谈现场的全程图文直播（同时参与直播的还有平安南粤网站、QQ群）。

> 明天上午9:30，广东公安微博团队将在省公安厅与媒体及网友进行座谈。我们将通过微博第一时间发布座谈会情况。
>
> 2010-5-26 23:16 来自新浪微博转发（15）| 收藏 | 评论（19）

另外，从上面这条微博还能看出 @ 平安南粤的一个特点，即在各类可预见性重要活动微博直播之前，一般都会提前预告，这样能提前告知网友，吸引感兴趣的网友届时留意查看。

针对网友反映的各类问题，提出的各种质疑，@ 平安南粤一般都能及时回复。

例如，2010 年 6 月 5 日，周六，网友 @ 李明波 Hamas（广州日报记者李明波）指出广东省公安厅出入境政务服务网公布的咨询电话为空号。在 @ 李明波 Hamas 发出这条微博一个小时之后，@ 平安南粤即公开回应，之后又陆续发布两条相关微博公布后续进展。

再如，2010 年 8 月 21 日，网友 @ 上亚厘毕道 e 臣反映有人乘坐警用摩托不穿警服不戴头盔。@ 平安南粤当天即发布两条微博进行回应，表示正在跟进此事。经核查后，@ 平安南粤 23 日又及时公布调查结果，表示“该民警事后已被责成向分局作出深刻检讨”。

二、与其他公安微博互动

2010 年 5 月 11 日，广东省公安厅及 21 个地级以上市公安局的微博以“广东公安微博群”正式在新浪亮相，成为了当时全国第一个也是唯一的公安微博群。

作为“广东公安微博群”中行政级别最高的机构微博，@ 平安南粤少不了在微博上与其他微博互动。

例如，2010 年 11 月 28 日晚，网友 @ 温猪 _ 发微博称“广医附近接二连三发生的抢劫强奸谋杀等恶性事件”，12 分钟之后，@ 平安南粤即回复微博“请 @ 平安东莞的同事关注”。

由于 @ 平安南粤开通微博较早、影响较大。当本省又有其他公安机构官方微博开通时，@ 平安南粤经常会给予推荐。另外，@ 平安南粤还通过“转发”的形式（虽然大部分时候都只是简单的“转发微博”四字，没有更多评论），直接转发其他公安微博。@ 平安南粤这种转发形式的微博约四百余条，约占其发布微博总量的五分之一。

当然，@ 平安南粤也少不了与其他省市公安微博的互动，例如 2010 年

11 月厦门警方“微博征线索破获虐杀女童案”期间，[①]@ 平安南粤也通过微博对此进行转发，称：“多点联动是很有必要的，尤其是临近的省份，在警务合作协议中应增加这方面的内容。警力有限，民力无穷，大家提供的线索，往往就是破案的关键！”

三、语言稍显传统

@ 平安南粤的日常微博中，有如上对网友 @I 筱筱“建议你赶紧绑好，走好自己的路”的幽默之语，但很多时候，@ 平安南粤发布微博时语言显得过于正式和传统，而且有时候微博内容比较突兀，难以引起网友注意。

例如，2010 年 6 月 9 日，@ 平安南粤发布了一则警务案例，但这条微博，仅就案情介绍本身而言，完全可以编辑得更有悬念，以吸引网友注意。再进一步，还可以附上值班民警的简单评价等。而该微博最后“详情请查阅东莞市公安局网站”的表述，更像是政府公告语言。

> 东莞市东城区一女子因感情纠纷被前男友带走，详情请查阅东莞市公安局网站 http://t.cn/7hG4e
>
> 2010-6-9 22:02 来自新浪微博转发 | 收藏 | 评论（3）

再如，2010 年 6 月 19 日 @ 平安南粤发布的如下微博，无头无尾，网友既不明白为什么突然冒出这么一条微博，又无法通过这有限的字数了解信息要点，很容易忽略过去。而实际上该微博所附的网址内文讲的是广东省公安厅厅长梁伟发要求推进公安工作信息化革命，广东省公安系统实际工作中包括公安微博在内的各种进展，还是有一定可读性的，完全可以用另一种语言表达出来：

> 信息时代的警务创新样本 http://t.cn/7tq4a
>
> 2010-6-29 13:33 来自新浪微博转发（3）| 收藏 | 评论（3）

---

① 参见本书第五章第九节《厦门警方在线：自下而上的微博群》。

四、背后的团队

2011年1月1日零点，@平安南粤发布微博祝网友新年快乐，并附上了广东省公安厅网站工作团队集体卡通头像。

这个“平均年龄不到28岁的年轻团队”，有技术人员、设计人员、网站编辑、外联人员等，全面负责广东省公安厅网站工作，而“微博管理是我们网站工作团队的兼职工作”。据媒体报道:“广东省公安厅网站工作团队共有17名成员，其中有两名成员专职负责公安微博工作，其余成员则负责公安网站政务公开、网友互动等网站信息工作，平均年龄28岁。”①

广东省公安厅网管科科长刘博，生于1976年，自称“被微博控为工作狂不是五毛拒绝马甲”。他既是@平安南粤的博主之一，也是广东公安网络发言人QQ群和官方网站的管理员之一，是网民熟悉的“省厅刘警官”。

刘博与同事们每天通过微博，与60多万“粉丝”相互交流，“与外省的基层民警或者民警个体相比，我们是官方的微博，一出台就代表公安机关”。刘博认为，而代表官方的最重要的一条，就是“不做五毛，不穿马甲，在法律框架内，有什么话都可以讨论”。②

---

① 黄琼：《公安厅网站团队在微博集体亮相》，《新快报》2011年1月2日第A06版，http://epaper.xkb.com.cn/view.php?id=624260。

② 刘苗：《广东：一个流动人口大省化解社会矛盾的探索》，《南方都市报》2011年7月9日第A13版，http://gcontent.oeeee.com/2/97/297fa7777981f402/Blog/b84/e35464.html。

第八节　平安北京：人人是形象件件有回复

2011年11月北京微博发布厅上线之前，@平安北京一直是北京政府机构中影响最大的微博。@平安北京以其贴近百姓、认真负责的态度受到网友欢迎，并在北京微博发布厅上线之后，粉丝迅速超过200万，进而超过@平安南粤成为全国粉丝最多的政府机构微博。

各位朋友，北京市公安局“平安北京”微博今儿起和广大脖友见面了。最新的警方资讯，最快的防范提示，您身边警察的新鲜事儿，您最想了解的服务举措，都会织进这个“警察围脖”里，希望得到您的支持与关注，更想听到您给我们的意见和建议，欢迎您经常来做客

2010-7-29 10:35 来自新浪微博转发（462）| 收藏 | 评论（440）

2010年7月29日，@平安北京（北京市公安局官方微博）在微博上发出第一句京味儿十足的问候。

此时，@平安北京还处于测试阶段。与官方微博一起开通的，还有北京市公安局在新浪、搜狐、网易的3个官方博客，以及在酷六网的官方播客。这六大互动平台均计划于8月1日正式上线。平安北京“集博客、微博和播客（视频分享）三位一体、交叉互补的网络公共关系平台，此种模式在全国公安系统尚属首例”①。

截至30日10时，“平安北京”博客访问量超过1万人次，微博粉丝达5800人，网友留言、评论500余条。“平安北京”微博更以上线1小时内粉丝超千人，成为新浪微博当日人气关注首位。②

@平安北京日常所微博的微博中，“每周治安播报”类内容最受网友关

① 王聪：《重大案情警方实现随时发布》，《法制晚报》2011年4月14日第A10版，http://www.fawan.com.cn/html/2011-04/14/content_301469.htm。

② 卢国强、李舒：《北京警方8月1日开织“平安北京”“围脖”》，新华网，2010年7月30日，http://news.xinhuanet.com/politics/2010-07/30/c_12393316.htm。

注。而“警务资讯”、“便民措施”、“防范提示”、“交通安全出行提示”等也是@平安北京经常发布的微博类别。

@平安北京微博开通一个月共发布微博181条，收获粉丝近六万人。

2010年9月5日，@平安北京搜狐微博开通，当日第一条微博即获得网友182次转发、194条评论。12月5日，搜狐董事局主席兼首席执行官@张朝阳发微博投诉无盖井，@平安北京于12月6日下午在微博发布公告表示“已联系市政相关部门前往处理”，这一事件也被媒体广为报道。①

一、京鲁警方联合解救自杀女

2010年8月27日晚，网友@苏小沫儿通过微博表示自己即将自杀。

8月28日早，网友注意到@苏小沫儿的微博，在劝说的同时并积极联系警方。当时@苏小沫儿显示的注册地址为北京市海淀区，有网友通过微博向@平安北京（北京市公安局官方微博）报告了这一线索，@平安北京经与@微博小秘书核实，确认@苏小沫儿真实的IP地址在山东济南，随后北京警方将此信息告知济南警方。

28日10点56分，@济南公安称已经找到@苏小沫儿。10点55分，@苏小沫儿发布微博称“我已经没事了”。

@平安北京与@济南公安联手解救@苏小沫儿，受到网友广泛关注和认可。

二、微博通报方舟子遇袭事件

2010年8月29日下午，“打假斗士”方舟子在北京住所附近“遭到两个埋伏歹徒的辣椒水和铁锤袭击”。18点30分许，方舟子的爱人在方舟子微博中发布了这一消息。@方舟子这条微博迅速被网友转发。期间，多名网友以“@”形式告知@平安北京这一情况。结束了两个多小时的笔录后，@平安北京于当晚21时发布微博称“警方正在开展调查”：

---

① 参见本书第二章第六节《搜狐微博：我们正加紧赶路》。

各位脖友：关于方舟子遇袭一事，警方正在开展调查，后续情况会及时通报给大家。无论是谁受到不法侵害，都应该及时报警，警方会依法及时处理，最大程度的保护公民的合法权益！

2010-8-29 21:02 来自新浪微博转发（2180）| 收藏 | 评论（3851）

@ 平安北京这条及时发布的微博得到很多网友认可。但随着日子一天天过去，方舟子遇袭案迟迟未能侦破，引起很多网友对 @ 平安北京的不满。

9 月 21 日，@ 平安北京连续发布多条微博，称警方破获方舟子被打案（注：方舟子为方是民笔名）。这次网友大多为北京警方的行为叫好。

【北京警方破获方是民被打案】9 月 21 日 17 时，方是民被打一案主要犯罪嫌疑人肖传国（男，54 岁，华中某大学医学院泌尿外科主任）被专案组抓获。至此，北京市公安局经过精心组织、缜密侦查、连续工作，一举破获方是民、方玄昌被打案，抓获嫌疑人 4 名，并起获羊角锤、钢管等作案工具。

2010-9-21 20:14 来自新浪微博转发（1035）| 收藏 | 评论（758）

三、微试验粉碎谣言

2010 年年底，网上又开始流传“驾车时挡风玻璃受鸡蛋攻击，如立即喷水清理，鸡蛋液与玻璃水会产生化学反应形成白雾，迫使司机停车，违法分子可能趁机作案”的传言。对此，@ 平安北京并没有简单辟谣，而是以更加直观形象的方法，于 12 月 15 日“用 2 个鸡蛋的代价向大家现场揭秘”：

经过我们的实验证明，鸡蛋液与玻璃水混合不会形成白雾，虽然起初会有痕迹，但用雨刷器来回刷几次，玻璃就会再次恢复光彩～在此也要提醒大家，对于网上流传的各种信息，要有自己的判断，切勿盲目相信！

2010-12-15 11:52 来自闻彰拼图转发（1544）| 收藏 | 评论（773）

这条微博发出后，被转发一千五百余次，收到评论七百余条，许多网友纷纷赞扬 @ 平安北京“给力”。

四、组建“微博挑刺团”

@ 平安北京创办伊始，就有博友提出很多问题。例如，2010 年 9 月 12 日，开通微博刚一个多月的 @ 平安北京邀请首批“给警察博客挑刺”的网友们进行参观、交流。其中，“曾在微博上尖锐批评北京交通问题的网友卢健生，这回再次带来满满一页 A4 纸的建议和意见”。当日 10 时许，@ 卢健生（INQMobile 大中华区总裁、业余专栏作者、业余赛车手）发布微博称：

> 原来我们网友对 @ 平安北京反映的问题，全都有 " 网民反映问题通报单 "，直达治安总队领导。领导都规定了反馈时限，严格要求对反映问题的办理情况，及时汇报，及时处理。我亲眼看到的。
>
> 平安北京：9 月 12 日上午 9 时，市局“平安北京”将迎来首批“给警察博客挑刺”的网友们。网友将参观“平安北京”机房、市局指挥中心和巡特特警总队，与“平安北京”博主们进行互动交流，为“平安北京”建言献策，微博将对此次网友见面会进行实时直播，请大家持续关注！原文转发（37）| 原文评论（62）
>
> 2010-9-12 10:15 来自 iPhone 客户端转发（4）| 收藏 | 评论（4）

也许是受到这次活动的启发，2011 年 4 月 12 日，在粉丝即将突破百万之时，@ 平安北京向网友发出邀请，组建“挑刺专家团”。三天之后，@ 平安北京表示首批“挑刺员”名单产生，郑渊洁、黄健翔等名人及其他草根粉丝当选。

五、政府微博第一名

2011 年 4 月 13 日，@ 平安北京粉丝突破百万。当日，@ 平安北京以 #“平安北京”向您汇报 # 为题，连续发布 10 条微博，回顾了开通微博近九个月来的进展情况：截至4月13日，“平安北京”已发布各类资讯2897件，其中防范提示超过900件，占发布资讯总数的31%，位居首位；共收到网友评论73747件，微博资讯被转发超116000次；推出了“平安北京直播间”、“微试验”等网上互动栏目；组织了恳谈会、观摩特警演练、参观戒毒康复中心、观看影片《社区民警故事》等一系列线下互动活动；开通“平安北京微博群”，将北京市公安局局属各单位的官方微博和民警个人微博都汇总在一起；还组建了“平安北京粉丝挑刺专家团”，给网友提供一个给“平安北京”挑毛病、提建议的新渠道。

而就在两天之前，4月11日，检察日报社正义网络传媒研究院发布2011年第一季度《政法类微博影响力报告》，报告显示，@平安北京名列“政法机关微博问政推荐榜”和“政法机关微博问政热度排行榜”第一名。[①]

截至2011年6月30日，北京共开通103家政府机构官方微博（不含中央、全国性政府机构官方微博），@平安北京无疑是其中影响最大的一家。除了工作本身与老百姓生活息息相关外，@平安北京之所以广受关注和好评，应该和其认真负责的态度密切相关。凡是真正倾听网友声音，为网友真心实意服务的，网友也能感受到这份心意。而在其背后，无非是“认真”二字。例如，@平安北京的第一条微博，网友评论440条，含@平安北京回复网友评论52条，其中又有12条为2010年7月29日当天所发。而有些事件或网友言论无法得到及时、正面回应时，当然也会受到网友批评。

2011年11月17日，北京微博发布厅在新浪微博上线，引起网友广泛关注。北京市政府新闻办、市发改委等20个市政府部门集体加入“北京微博发布厅”。受此带动，次日@平安北京粉丝即超过192万，并在11月26日迎来了第200万位粉丝，进而超过@平安南粤成为全国粉丝最多的政府机构微博。

2011年4月15日，@平安北京首批挑刺员代表参观监管总队后，获赠“挑刺专家团”纪念品——仙人球，从@平安北京发布的照片中，网友可以看到其办公室墙上贴着“人人是形象件件有回复”十个大字。也许，这就是@平安北京的要求。

---

① 正义网络传媒研究院：《政法类微博影响力报告》，正义网，2011年4月11日，http://www.jcrb.com/zhuanti/wb/zfwb/。

第九节　厦门警方在线：自下而上的微博群

厦门警方微博沿着一条自下而上、由个人到官方的路径，构建了一个从基层干警、派出所一直到市公安局的警方微博群体，“目前已形成以市局官方微博为引领，以分局、所队、民警个人为主体的厦门警察‘微博群’，全局已开通警务微博近200个，与市局门户网站、警务博客、警务QQ群、网上警务室等联合形成网络合力，微博正日益成为一个警民沟通、群防群治的良好平台。”

> 博友们：你们好。我是厦门市公安局局长卢士钢。厦门市公安局官方微博“厦门警方在线”今天开通了。希望“厦门警方在线”成为和您沟通的好平台，为您解惑答疑的好帮手，警方信息发布的好途径。讲出您想说的话，我们认真倾听；您的需要，是我们工作的方向。让我们一起筑平安。
>
> 2010年10月20日10:18来自新浪微博转发（245）|收藏|评论（398）

这是@厦门警方在线（福建省厦门市公安局官方微博）发布的第一条微博，以厦门市公安局局长卢士钢的名义发出，卢士钢也因此被称为“全国首个写微博的公安局长”。

在此之前，@派出所值班那点事已经成了厦门警界微博名人，湖里派出所警察集体开博也已蔚然成风。厦门警方微博沿着一条自下而上、由个人到官方的路径，构建了一个从基层干警、派出所一直到市公安局的警方微博群体，“目前已形成以市局官方微博为引领，以分局、所队、民警个人为主体的厦门警察‘微博群’，全局已开通警务微博近200个，与市局门户网站、警务博客、警务QQ群、网上警务室等联合形成网络合力，微博正日益成为一个警民沟通、群防群治的良好平台。”①

① 蒋升阳：《厦门警方巧用微博破大案开通近200微博》，人民网，2010年12月7日，http://legal.people.com.cn/GB/13411024.html。

@厦门警方在线微博开通后，引来大量网友围观，当天粉丝即超过三千人。而微博开通第三天，@厦门警方在线就因微博发布台风“鲶鱼”信息受到网友好评。

一、台风“鲶鱼”信息发布

2010年10月21日23时49分，@中国应救会生存手册（注：后微博名称改为@厦门应救会生存手册，认证信息显示为“厦门市公安局指挥中心指挥长王更生”）发布微博公布“今年第13号台风‘鲶鱼’现在的位置图”，并提示预计“鲶鱼”可将于23日8时会在广东和福建沿海登陆。

10月22日凌晨零点13分，@厦门警方在线转发此微博，并提醒大家注意做好安全防范。紧接着于零点15分转发@中国应救会生存手册发布的“#台风~保护汽车#”的相关微博，这是@厦门警方在线发布的第1、2条与台风“鲶鱼”相关的微博，这两条微博均被转发10次左右。

22日早7时14分，@厦门警方在线发布来自中央台早上7点的台风新闻，并发布警方提示。14分钟之后，该微博被新浪微博第一人@姚晨转发，直接带动了诸多粉丝转发、评论，本条微博共收获的1769条转发、322条评论中，在@姚晨所转发微博之下的转发就达到了1404条，评论为480条。

之后，@厦门警方在线共发布“鲶鱼”相关微博16条，及时发布抗击台风最新信息，并提醒广大市民注意安全，这些微博都被较多网友所关注。例如在当日发布的最后一条“鲶鱼”微博中，@厦门警方在线最后提到“民警们说，每个台风来的时候都是这样，台风不走、他们也不走……”，这条微博收获了网友50条评论，很多网友在评论中表达了对厦门警方的认可、钦佩和赞扬。

当晚21时，开通微博仅三天的@厦门警方在线粉丝超过一万人，这也许是个巧合，但作者更愿意把这个巧合，看做是网友对@厦门警方在线的一次嘉奖。

二、微博征线索　破获虐杀女童案

2010 年 11 月 14 日，厦门高崎海滩发现一具三岁女童尸体，身上伤痕累累，系生前受虐致死后被投入大海。

三岁女童被害惨状令人发指，11 月 14 日女童死因查明后，厦门市公安局迅速"部署刑侦支队重案大队、湖里刑侦大队、分局各派出所全力寻找尸源，快速破案。刑侦支队重案大队会同湖里刑侦大队、分局各派出所组成专案组，部署大量警力以高崎村为中心向外辐射，不分昼夜地毯式走访调查，并印制 2 万份悬赏公告及时调动社区群防群治力量在各路口、出租房、店面、车站、码头等地大量张贴悬赏公告。对群众提供的线索一一甄别排除，未发现重要线索。"①

11 月 23 日中午 11 时，@厦门警方在线发布微博，公布一张带有条形码标签的塑料编织袋照片，重奖呼吁网友辨认图中条形码出自哪种商店。

当日，该微博被转发多次，期间有网友辨认出照片就是用来装被虐杀女童尸体的编织袋（此前厦门警方曾通过其他渠道公布相关消息，包括印制 2 万份悬赏公告在各处张贴征求线索），此信息一经披露，该微博转发、评论数迅速上升。

23 日晚 21 时，@厦门警方在线发布微博公布被害女童的照片，并标明"之前发的纺织袋图片就是装尸体的"。照片及案情一经公布，引起广大网友极大愤慨，该微博被迅速转发。最终，本条微博共计被转发 10000 余次，评论 2000 多条。

23 日晚 11 时，@厦门警方在线又发布微博表示"湖里警方悬赏 5000 元征集线索"，网友@老榕（知名网友，6688.com 网站创始人）和@杨樾杨樾（百胜年代文化公司总经理）在转发信息的同时，分别个人追加 5000 元悬赏金额。

之后，@厦门警方在线多次转发负责该案的湖里刑侦大队办案民警

① 厦门市公安局新闻发布会发言稿（2010年12月1日第二十一次），http://www.ga.xm.gov.cn/webContent/show Article.jsp?UNID=2267。

@刑警大队的雷子（福建省厦门市公安局刑警曾雷）的相关微博。

11月29日17时许，@厦门警方在线发布以“【重大警情发布】”开头的微博（此后连续发布了十条“重大警情发布”的微博），表示“#厦门警方在线#工作人员与湖里警方乘飞机紧急赶往某地，对一起重大案件开展侦查活动”；当晚23时，@厦门警方在线发布微博称“女童被害案取得重大突破，犯罪嫌疑人已经被警方控制。”之后，又陆续发布抓获两名犯罪嫌疑人时的照片。

29日晚23点55分，@厦门警方在线发布微博，称网友“为警方提供线索100余条”：

【重大警情发布】让社会各界和网友们关心的#女童被害案#激起了全社会的公愤，强烈要求惩治凶手。通过#厦门警方在线#平台收到了网友评论3000余条，转发一万余条，为警方提供线索100余条，为该案件的侦破发挥了重要作用。再次向网友朋友们表示感谢。

2010-11-29 23:55 来自新浪微博转发（123）| 收藏 | 评论（90）

30日凌晨，@厦门警方在线公布了29日抓捕犯罪嫌疑人的经过：

【重大警情发布】让我们回顾一下今天惊心动魄的7个小时。得到线索17时从厦门出发——23时赶到犯罪嫌疑人驻地——23时05分，警方出手——23时15分犯罪嫌疑人被带回公安机关审查。辛苦了，兄弟们！

11月30日 00:24 来自新浪微博转发（113）| 收藏 | 评论（77）

而具体的“线索”，据厦门市公安局12月1日新闻发布会资料显示，11月29日下午，“一名群众从微博上看到女孩的图片，向警方提供可能是曾经租住在集美的邻居的小孩。民警迅速开展侦查，锁定已逃回江西省金溪老家的郑某夫妇，迅速安排警力赶赴江西省金溪县将犯罪嫌疑人赵某艳、郑某浩抓获归案”①——微博网友提供的线索直接促成了案件的侦破。

① 厦门市公安局新闻发布会发言稿（2010年12月1日第二十一次），http://www.ga.xm.gov.cn/webContent/show Article.jsp?UNID=2267。

回顾 @厦门警方在线微博破案的过程，有几点值得深思：

1. 微博可能会是一个低价高效的信息传播平台

从信息传播角度看，微博所耗费的直接成本几乎为零，本次案件侦破过程中，仅就信息传播角度而言，厦门警方曾印制 2 万份悬赏公告，并调动人力在各处张贴，仅就这一点的现金投入来讲，微博就全面胜出。当然，大量信息的梳理、微博的维护也需要花费精力，以及需要正确的操作方法。

不是所有的微博都能获得大量关注，不是所有的问题都能通过微博获得解决，但起码在这个案例上，让我们看到了微博的力量，以及所存在的可能。

2. 信息权威发布人

其实，在 @厦门警方在线发布相关微博之前，@刑警大队的雷子（福建省厦门市公安局刑警曾雷，负责本案的湖里刑侦大队民警）就已经在微博里发布了相关信息，并获得了一些线索，例如，网友 @金仆姑就表示："杯具的是……660 开头的不是中国滴条码编号…或者说，可能是随便编的杂牌货……到低端批发市场去找线索……"，据此，厦门警方迅速调整侦查方向，减少了大量的无谓劳动。

但 @刑警大队的雷子自 11 月 16 日 15 时发布相关微博以来，影响仍然不够，获得的有效线索仍然较少。直至 @厦门警方在线发布微博后，官方信源的权威发布使得信息得以迅速传播——虽然 @刑警大队的雷子也经过新浪实名认证，但影响力仍无法与 @厦门警方在线相比。

3. 意见领袖的爆发效应

在那条被转发过万的微博转发过程中，意见领袖的转发，以及所带动的二次转发，起到了非常关键的作用。其中，第一个有据可查的名人转发者 @连岳（专栏作家），其所转发的微博也被转发了 300 余次。期间，又有多位明星、名人、媒体人等转发，例如 @佟大为、@赵薇、@李冰冰所转发的微博，又分别被转发 300 余次、2000 余次和 900 余次。

期间，还有多名媒体人、娱乐明星、社会公众人士等转发，这些人的转发，促使该微博信息传播至更多的网友。包括个人追加悬赏金额的 @ 老榕和 @ 杨樾杨樾，也都在其中起到了积极的促进作用。

一件影响恶劣的犯罪事件，经微博发布后，立即引起网友关注，并在较短时间内获得有效线索，最终促进案件侦破，不能不让人惊叹微博的力量。

日常的微博管理中，@ 厦门警方在线也在不断摸索经验，例如涉及到警务机密的信息，“哪些能说，能说到什么程度，哪些不能说，都需要作出明确规定。”“厦门公安局正在起草有关文件，保证警务微博健康发展。”①

2011 年 4 月 1 日，@ 厦门警方在线为 181 名 2011 年度警衔晋升培训班的民警上了一堂以“微博与现代警务”为题的培训课，这是微博内容首次列入厦门警察培训课程。“警衔晋升现在有了新要求，了解微博成为第一课。”②

厦门开通公安微博近两百个，效果如何呢？ 2011 年 4 月 8 日，厦门市委常委、市公安局局长卢士钢表示：“自从去年很多民警开微博后取得了不错的效果，如经过微博上开启的‘春雷打拐’行动，厦门路面乞讨行动有明显减少，开微博较早且辖区原来刑事案发案率较高的金山派出所、湖里派出所等去年刑事案件都明显下降。湖里派出所还通过微博这个平台帮助找回走失的老太太、小孩子 47 名。”③

---

① 蒋升阳：《厦门警方巧用微博破大案开通近200微博》，人民网，2010年12月7日，http://legal.people.com.cn/GB/13411024.html。

② 房舒、卢维林、刘东强：《微博首次列入厦门警察培训课程　规范警务微博运作》，《海峡导报》2011年4月3日第7版，http://www.fjsen.com/d/2011-04/03/content_4279615.htm。

③ 张冠军：《厦门公安局长：警方开微博促刑事案下降》，《东南快报》2011年4月9日第A13版，http://digi.dnkb.com.cn/dnkb/html/2011-04/09/content_159465.htm。

第十节　外交小灵通：开启外交微时代

@外交小灵通是中央部委开通的第一个微博，以轻松幽默的语言引起网友围观，让严肃的外交走进网友生活，大大改变了人们对外交部的刻板印象，开启了外交微时代。

2011年4月13日，@外交小灵通（外交小灵通）开通微博，这是中央部委开通的第一个微博。该微博由外交部新闻司负责，目前属试运行，主要发布一些轻松、活泼的花絮性信息及一些知识性信息。

这一风格很快获得网友认可，网友大呼“原来外交也这么有爱”、“怎么和姜美女风格迥异啊？当然喜欢小灵通”。短短一周时间，@外交小灵通收获了两万余名粉丝。

一、轻松幽默的邻家女孩

第一条微博，@外交小灵通就以轻松的口吻表示“外交小灵通开始广播啦！欢迎各位对外交感兴趣的微友，收听来自FM100.701频道的独家播报。”（注：外交部大楼所在地邮编为100701，FM除是大家较为熟悉的“调频广播”缩写外，还兼有Foreign Ministry的意思）作为第一家开通微博的中央部委，@外交小灵通遭网友围观，第一条微博就获得上百次转发及近百条评论。

4月13日当天，@外交小灵通连续发布13条微博报道金砖国家领导人第三次会晤情况，内容以花絮居多，每博必图，例如秀一秀时尚、环保的媒体包，让网友猜一猜蓝色盒子里的神秘东东，同样保持了轻松的语言风格。看来“直播”这一手段在微博发展了这么长时间之后，已经被广大博友所接受，包括新开通微博，但对微博已经有所了解的@外交小灵通。此后，@外交小灵通还多次直播过温总理出访印尼、外交部“公众开放日”、中国驻欧盟使团宋哲大使做客“外交论坛”等活动。

除了发布外交动态信息外，@外交小灵通还经常发布一些国际交往礼节、外交史上的今天、外交礼仪、出境提醒、外交小知识、外交官看世界等微博，这些微博因其知识性和趣味性同样引起了粉丝的关注，例如【外交礼仪·握手】、【外交礼仪交换名片】等知识，对网友工作社交也很有帮助。@外交小灵通还经常对一些热门国家做相关介绍，例如在介绍毛里求斯时，就首先引用了马克·吐温的名言："上帝先创造了毛里求斯，后创造了天堂"——这一做法曾被多家媒体作为案例报道。

这些与外交相关的工作，在@外交小灵通微博里少了一些严肃正式，多了一些轻松近人。例如@外交小灵通经常在当天发布第一条微博时送上美图，祝网友早安，晚上还自称"美梦控"，祝大家晚安。在发布外交小知识时像个邻家女孩一样，满口网络语言，问"童鞋们有木有听说过'尼克松口信'"，并要求网友"不许查书呦，更不要百度啊。"再如6月2日中国驻法国使馆外交官们现场观看李娜争夺法网决赛权的比赛后，@外交小灵通曝料"孔大使也是网球高手啊，小灵通还和孔大使PK过呢"：

> 【驻外掠影】比赛结束后，中国驻法国大使孔泉来到了运动员休息室，祝贺李娜，并和她合影留念，好羡慕啊……小灵通曝料啦！童鞋们知道吗？孔大使也是网球高手啊，小灵通还和孔大使PK过呢，结果可想而知
>
> 6月3日12:12来自新浪微博转发（233）|收藏|评论（123）

而@外交小灵通2011年8月1日发布的一条微博，内容是中、日、韩三国合作秘书处招人，形式是"淘宝体"语言，经过@新周刊等转发后，引起网友疯转，三个小时之后@外交小灵通再次发布微博表示"不得了啦！中日韩三国合作秘书处招聘咨询电话快被打爆了"：

> 亲，你大学本科毕业不？办公软件使用熟练不？英语交流顺溜不？驾照有木有？快来看，中日韩三国合作秘书处招人啦！这是个国际组织，马上要在裴勇俊李英爱宋慧乔李俊基金贤重RAIN的故乡韩国建立喔~此次招聘研究与规划、公关与外宣人员6名，有意咨询65962175~不包邮 http://t.cn/aY8Nbg
>
> 8月1日11:23来自新浪微博转发（7097）|收藏|评论（1537）

二、网友互动

@外交小灵通刚开通微博时，尽管语言轻松幽默，但与网友的互动少了一些。例如开通微博当日，@外交小灵通并未关注其他微博，遭到网友批评，@新华社NewsAgency乔木（新华社采编乔木）就评论说“一个人都不关注的微博，是不会有有意思的内容的”。而在@外交小灵通第一条微博下，近百条网友评论中，@外交小灵通没有回复一条，唯一的一条评论还是在微博开通两个月之后的6月14日发布的“本微博诞生两个月啦哈！谢谢盆友们关照和抬爱！”但随着对微博的熟悉，这些问题也逐渐得以改进。

@外交小灵通微博开通之后，引起网友围观，甚至出现了@外交小灵儿、@外交大灵通、@外交真灵通等类似的账号。期间，一个@外交小灵通_智囊团的账号经常发布微博，给@外交小灵通提供一些专业性的建议，引起了很多人的注意。@外交小灵通_智囊团还为@外交小灵通粉丝创建了微群，提出“外交小灵通”的贴心粉丝“通心粉”的称号。对这一称呼，@外交小灵通自己则评价道“嘿嘿，小灵通不敢充大，但是这名实在让人喜欢，或可解释作‘沟通心灵的粉群’”。

后来，@外交小灵通_智囊团也通过新浪认证，认证信息显示为“外交部中国国际问题研究所研究员”，但其特意在个人简介中标明“请注意：本博同‘外交小灵通’没有‘组织关系’噢，一个铁杆粉丝而已（就叫‘通心粉’吧）。”

对“通心粉”们的热情，@外交小灵通经常会搞一些“幸运通心粉”的活动，送出一些例如中国-奥地利建交40周年纪念邮封、杨利伟签名的“中国载人航天工程”宣传册、中国驻加拿大蒙特利尔总领事馆开馆纪念封等礼品。通过这些小活动既普及了一些外交知识，又与粉丝拉近了距离。

5月4日，@外交小灵通就中国与亚非拉国家关系“斗胆发表点私家看法”。期间，对网友“利益外交”的评论，@外交小灵通多次与网友探讨，并称“国家也可以‘人性化’”——其实，机构微博又何尝不可以“人性化”？

7月15日，网友@_单翼天使_称自己在比利时旅行期间被偷，但求助中国驻比利时使馆时遭遇推诿：

这次旅行最愤怒的事情，不是被人偷了装所有贵重物品的包包，而是在我没有护照身无分文在警察局哭到快脱水的时候，中华人民共和国驻比利时王国大使馆的工作人员淡定的在电话里对我说，没地方过夜就去找社会福利机构！没钱就让朋友寄！没身份证明就赶快回居住地！没回程车票就联系警察！总之您别找我们！

7 月 15 日 19:55 来自新浪微博转发（15400）| 收藏 | 评论（3732）

该微博被转发一万余次。很快，@ 外交小灵通于 7 月 16 日 18 点 40 分发布微博，对 @_ 单翼天使 _ 遇窃“深表同情”，并“向我驻比利时使馆了解情况，将尽快向你及所有关心此事的网友通报。”

20 分钟之后，@ 外交小灵通再次发布微博，公布“中国驻比利时使馆领事部关于为‘_ 单翼天使 _’网友颁发旅行证的情况说明”，称“领事部同志在使馆接待了你，并尽力提供了协助”：

@_ 单翼天使 _ 同学：小灵通从我驻比利时使馆得知，7 月 11 日下午你给使馆打电话寻求协助，使馆领事部同志表示关心，并建议你前往使馆补办旅行证。12 日上午，领事部同志在使馆接待了你，并尽力提供了协助。详情请见附图。

7 月 16 日 19:00 来自 FaWave 转发（1267）| 收藏 | 评论（520）

7 月 17 日凌晨，@_ 单翼天使 _ 公布给 @ 外交小灵通的微博私信，称对给外交部带来的麻烦表示歉意，并表示“为了不造成更大的舆论压力，我不会再更新微博”。同时还建议 @ 外交小灵通“多听听人民的声音……大使馆不帮助在境外陷入困境的中国公民的事情不是个案”。

这一事件的前因后果、孰是孰非作者暂未考证。仅就事件本身而言，@ 外交小灵通的应对还是值得肯定的，能够第一时间直面问题，并及时发布外交部门的相关回应，已经达到了政府机构微博的基本要求。

回顾 2011 年年初，利比亚局势发生重大变化，在利中国公民安全受到威胁。网友“开心徐峰”发出求助微博，公共外交办公室及时将这一信息转告给领事保护部门，并采取措施积极协助这些人成功从利比亚撤出。外交学院外交学与外事管理系副主任夏莉萍对此分析称："这次事件，也许正是外交部开通'小灵通'的一个导火索。当前，微博日益成为网络舆论的主要载体，很多国家都开始积极探索国家外交的新形式"。[①] 据媒体报道，外交部高度重视中国在利比亚公民和机构通过网络和微博发出的信息，通过微博共找到近千人。[②]

@_单翼天使_事件背后的问题解决，则是外交部新闻司所力所未逮的，这也是很多官方微博所经常遇到的问题。归根结底，微博只是问政信息收集和反馈的一个平台和渠道，更多的问题解决，需要政府部门付出更多的实际工作。

像上面@_单翼天使_事件及关于中国与亚非拉国家关系的讨论，在@外交小灵通微博中比较少见。@外交小灵通日常所发布的微博，更多是一些趣味性、知识性内容。而类似比较正式的观点碰撞等，在@外交小灵通之后的微博中也较少出现，这应该也是外交部新闻司试运行此微博时的一些相关要求。

三、官方身份

@外交小灵通与@联合国新闻部的日常互动，被网友称做"小新和灵儿"的故事，很是让人惊喜，网友评论说"让严肃的外交不再见外"。再加上平日给粉丝形成的邻家女孩形象，也给@外交小灵通招徕了一些质疑。例如网友@别想砍豆豆就建议@外交小灵通"那你就应该辟谣。因为大家都以为这是外交部的官方微博"，对此，@外交小灵通回复称"嗯，是有众口难调的问题。但我铁定不是什么外交部的微博发言人，不过，外交以及涉外话题一定是我的主题。"

由此可以看出@外交小灵通的定位大致是：发布外交及涉外话题，但

---

① 顾彩玉、郭磊、郑娜：《外交开启"微时代"》，《人民日报海外版》2011年06月27日第4版，http://paper.people.com.cn/rmrbhwb/html/2011-06/27/content_855514.htm。

② 《外交部通过微博找到近千人》，《长沙晚报》2011年2月28日第A8版，http://cswb.changsha.cn/CSWB/20110228/Cont_1_8_157744.HTM。

从不把自己当做外交部的代言人。这一定位在外交部微博试运行阶段，确实有可取之处：既普及的外交常识、宣传了外交事业，又能避开一些敏感话题，不至于招徕过多问责——而这些可能的问责，可以想象有些问题是外交部新闻司所无法左右的。

@外交小灵通这一定位，也使其负责人维持轻松预约的微博风格时比较容易操作。例如6月27日，《人民日报海外版》发表文章称@外交小灵通“开启‘微时代’”。[1]@外交小灵通在转载@人民网传媒频道的相关微博时，对该报道中评价的“双重性格”就有点小撒娇似的纠正为“亦庄亦谐”：

小灵通是亦庄亦谐嘛，肿么成了“双重性格”啦，嘿嘿。

@人民网传媒频道：从利比亚危机、德国肠病疫情到国家领导人的出访，再到国家外交趣闻轶事，很多话题在外交部官方微博@外交小灵通一览无余。外交小灵通搭建了中国公共外交新平台，在全球化背景下搜集和发布信息，更多网民了解国际上发生的重大事件，真正做到了”外交为民”。http://t.cn/aCoQzE 原文转发（27）| 原文评论（18）

6月27日 09:17 来自新浪微博转发（13）| 收藏 | 评论（25）

@外交小灵通的诞生，大大改变了人们对外交部的刻板印象，改善了外交部的公众形象，不妨可以作为外交部的官方微博，让这第一个中央部委微博名副其实。像国内很多政府的官方微博，也都是由宣传部、新闻办等部门负责，有的在开通之时也特别标明是宣传部微博，但在实际运行过程中，从网友到政府，都逐渐把这些微博作为政府官方微博来对待，包括@联合国新闻部升级为@联合国，也是同样道理。

① 顾彩玉、郭磊、郑娜：《外交开启“微时代”》，《人民日报海外版》2011年06月27日第4版，http://paper.people.com.cn/rmrbhwb/html/2011-06/27/content_855514.htm。

第六章
微手册

政府、官员要不要开微博？

如何设置微博基础信息？

怎样回答网友问题？

日常微博如何管理？

发布微博都要注意哪些问题？

……

本章将围绕政务微博的方方面面，以问答形式，精选 36 个问题，为您提供一份精要实用的微博手册。

第一节　迎接微博

1. 要不要开微博？

开，还是不开，这是个问题。

尤其是政府官员个人，很多人会对微博抱有畏惧心理。一是技术层面缺乏迎接新媒体、新工具的意识和能力，对微博这样的互联网产品不懂、不熟、不感兴趣。二是对微博的巨大能量心生顾虑、畏惧并敬而远之，生怕暴露在网友视野之下会给自己造成不便。

由此，很多官员认为：注册一个微博马甲，不认证只潜水，同样能够通过微博了解舆情信息，同样能够促进工作。

这种想法，有可取之处，也能在一定程度上规避风险。但潜水微博所获得的信息只等同于普通网友，与公开身份所获得的"礼遇"完全不同。而自己如果真有问题，其风险也不是个人潜水、掩耳盗铃所能规避得了的，没准哪天就有网友给您曝出来了。最重要的，这一思维与目前信息公开的大势不符，与越来越透明的互联网时代不符。

因此，潜水微博，作为前期了解微博世界的手段是必要的，但建议您到了一定时候还是浮出水面。

@蔡奇有一个"空椅子"理论，说"你不坐，别人就会坐上"。微博也是这样，你不用这个平台，最终就会失去这个平台。

2011年11月17日，北京市开通全国首个省级政务微博发布群——北京微博发布厅，首批成员包括北京20个委办局。《京华时报》特约评论员金苍对此评价称"北京勇敢地站上了微博的舞台"。对这一评价，@任志强（知名地产商）评论说"已经迟到了。再不勇敢就被淘汰了。"

2. 开微博有什么风险

很多政府官员和机构对微博一直持观望态度、迟迟不敢入水的原因，就是对开微博的风险心存顾虑。

确实，开微博也是有一定风险的，主要体现在如下几个方面：

第一，技术上把微博等同于其他互联网产品。这属于产品意识层面，缺乏对微博特性的必要了解。最典型的莫过于2011年6月江苏省溧阳市某卫生局长误把微博当QQ，微博直播开房一事，以及2011年8月四川省成都市青羊区教育局某办公室主任微博调情事件。

第二，开微博之后，因官员或政府机构身份备受关注，对互联网威力缺乏必要认知和心理准备。尤其是当地或本部门出现突发新闻、负面事件时，面对网友集体质疑措手不及，言辞失措。

第三，对微博语态环境不甚熟悉，对微博功用理解片面，语言官话套话，内容流于形式，不受网友欢迎。

第四，或因一时疏忽，或因微博管理员水平参差不齐，或因管理流程失控等原因，在官方微博发布不当言论，惹下众怒。例如2011年11月@广州交警官方账号公然发布评论称网友“乱吠”一事，引起网友哗然，最终以@平安南粤等道歉告终。

3. 在哪里开微博？

目前全国性的微博平台中，新浪微博、腾讯微博等影响较大。如果精力允许，出于为更多网民服务的目的，可以同时在多个微博平台开设微博，但需注意多平台的一致性（CI系统、管理人员、内容要求等）和差异性（不同微博平台的受众群体、内容喜好等）。

同时，建议根据本地、本部门实际情况，适当选择地域性、行业性微博平台。例如当地政府网站、新闻网站或其他垂直型网站（例如检察日报社旗下正义网推出的法律微博）等。

4. 开微博之前需要做哪些准备？

了解微博、培训相关人员是必要的。开通微博之前，需要对相关人员进行培训，使其对微博的产品特性、使用技巧到网络问政的必要知识等有所了解，必要时还可以进行预演，待时机成熟后再开通微博。

第二节　基础操作

5. 怎样设置微博昵称 / 账号？

即微博网名，新浪微博称“昵称”，腾讯微博称“账号”。

新浪微博昵称具有唯一性，一旦您中意的昵称被别人注册，只能选择别的昵称或通过申诉找回。

腾讯微博的“姓名”项不具唯一性，但“账号”具唯一性，且腾讯微博同时显示用户“姓名”和“账号”（“姓名”在前、大字体，“账号”在后、小字体，在括号内显示），如姓名和账号不一致，则发布微博想提及某人账号时，请注意 @ 后紧跟的一定是其“账号”而非“姓名”。例如：作者个人的两个腾讯微博账号，其微博“姓名”、“账号”、网址分别如下图所示，则在腾讯微博中提及 @ 卢金珠仅指提及第一个账号，提及 @jinzhu_lu 才是提及第二个账号。

卢金珠 (@卢金珠)　　卢金珠 (@jinzhu_lu)
http://t.qq.com/lujinzhu　　http://t.qq.com/jinzhu_lu

政府机构官方微博昵称设置应简单明了，一般采用机构名称或简称即可，例如“× × 市 × × 局”等形式。现在公安微博已经形成了“平安 × ×”系列，例如 @ 平安北京、@ 平安南粤等，宣传系统微博也已形成“× × 发布”系列，例如 @ 南京发布、@ 成都发布等。另外，政府机构官方微博昵称设置也可根据本部门特色灵活设置，例如比较有代表性的@外交小灵通（外交部新闻司公共外交办公室）、@莞香花开（广东省东莞市人民政府新闻办公室官方微博）、@派出所值班那点事（厦门市公安局湖里分局金山派出所）、@我在120上班（北京急救中心）、@我爱柳州（柳州市委宣传部官方微博）等，但切忌出现歧义等问题，例如新疆地震局官方微博最初命名为@地震在新疆，就曾引发网友争议。

官员个人微博昵称设置也应简单明了，一般为实名，或加上所在地区、机构等信息，例如@祁金立（开封市市委书记）、@北京王惠（北京市政府新闻办公室主任王惠）、@伍皓红河微语（云南红河州州委常委、宣传部长伍皓）、@九江旅游杜少华（九江旅游局局长杜少华）等。也可以采用个人网名，例如@医生哥波子（广东省卫生厅副厅长廖新波）、@段郎说事（九江市公安局民警段兴焱）等。一般来讲，官员个人微博昵称不宜带有职位信息，个人职务信息可以在认证原因、个人简介等处进行标注。

6. 怎样设置微博头像？

头像是微博上除昵称/账号之外一个很鲜明的识别标志，直接向网友传达着官员个人或政府机构的网络形象。但经常看到一些微博未设置头像或头像设置不规范，通常有如下三种表现：

（1）微博无头像；

（2）头像名不副实：常出现机构账号、个人头像情况；

（3）头像设置雷同：起不到个性化、易识别效果。典型情况是公安微博，多设置为卡通头像，单个看没有问题但相互之间很难通过头像区分。以及一些垂直行政系统的多个微博账号，常使用共同的头像。对此类情况，建议以“头像+文字”等方式进行改进。

官员个人微博一般宜使用本人照片作为微博头像，包括个人正装照、工作照、生活照、动漫形象等。

政府机构微博建议使用如下类型的头像：

（1）机构或行业特有图形标志：例如@中央气象台（中央气象台官方微博）微博头像为其特有的云龙标志；@中国旅游（国家旅游局官方微博）

微博头像为旅游行业标志马踏飞燕图；@福建省地震局（福建省地震局官方微博）微博头像为地动仪图形；@315直通车（福建省消委会网络维权网站官方微博）微博头像为315标志。

（2）机构名称（包括简称、微博昵称）文字艺术处理图形：例如@天府微博聚焦四川微博头像为“中国四川”四字的阴文印章图形；@正义广东（广东省人民检察院官方微博）微博头像为“广东检察”四字的阳文印章图形。

（3）机构宣传语：例如@浙江省旅游局微博头像为书法体“诗画浙江”，表达出“诗画江南，山水浙江”之意；@莞香花开（广东省东莞市人民政府新闻办公室官方微博）微博头像为东莞中英文、“每天绽放新精彩”文字配花开图形，该图形也是东莞的标志，也可以算做第一种类型。

（4）本地区特有建筑等图形：例如@上海发布（上海市政府新闻办公室官方微博）微博头像为上海外滩建筑剪影及“上海发布”字样；@郑州发布（郑州市委宣传部官方微博）微博头像为郑州二七纪念塔等建筑图片；@微成都（微成都官方微博）的熊猫头像等。

（5）体现本机构或行业特征的卡通图形：例如@恩施州中级人民法院（湖北省恩施州中级人民法院官方微博）微博头像为卡通独角兽獬豸图形（獬豸为古代执法公正的象征）；以及很多公安微博采用的卡通警察头像等。

（6）其他代表本机构或具本机构特色的阶段性图形：例如阶段性活动LOGO、本机构获奖人物等。

7. 怎样设置微博模板和背景？

微博网站提供了丰富的模板（腾讯微博“皮肤”）供选择，不同模板的图案不同，可以根据不同的心情、风格、时令节日等灵活设置。同时，微博网站也提供了个性化自定义模板服务，用户可以自行上传图片作为微博背景。通过自定义模板的设置，可以使微博更具个性化和识别性。

8. 怎样设置微博个性域名？

以新浪微博为例，新浪微博默认的域名为10位数字（这个数字也是微博用户的网站ID），很不便于记忆、识别。但新浪微博同时还提供了个性域名设置功能，用户可以把ID数字修改为个性域名，例如@北京发布（北京市政府新闻办公室官方微博）默认的微博数字域名http://weibo.com/2418724427不太好记,@南京发布（南京市委宣传部新闻发布官方微博）的个性域名http://weibo.com/njfb则较容易记忆。

设置个性域名一般技巧：

（1）昵称全拼：例如@莞香花开的个性域名guanxianghuakai；@平安北京的个性域名pinganbeijing。

（2）昵称拼音缩写；例如@南京发布的个性域名njfb；@外交小灵通的个性域名wjxlt。

（3）昵称关键词、部门简称等全拼或缩写：例如@微博银川的个性域名yinchuan；@青浦交警的个性域名qpjjzd（系“青浦交警支队”的拼音缩写）；@文化北京的个性域名bjswhj（系“北京市文化局”的拼音缩写）。

（4）昵称英文及缩写：例如@香港特首办的个性域名hkceo；@国家博物馆的个性域名chnmuseum（chn分别与China和Nation相对应）。

（5）昵称中英文组合：例如@桃源网的个性域名tygov（系“桃源”拼音缩写ty与“政府”英文缩写gov组合）；@杭州市旅游委员会的个性域名hangzhoutourism（系“杭州”全拼hangzhou与“旅游”英文tourism组合）。

（6）昵称拼音/字母与数字组合：常见数字有城市区号、行业标志性数字如110、315等。例如@合肥公安的个性域名hf110；@广州国税的个性域名gzgs12366（系“广州国税”拼音缩写gzgs与纳税服务热线12366组合）。

（7）其他组合方式：例如@微成都的个性域名wechengdu，“we”既是“微”的拼音wei的同音词，又是英文“我们”之意，与chengdu相连使用，有“我们成都”之意。

如上为常见的政府机构微博个性域名设置方法。当然，这些方法在具体应用中也各有优劣，需要针对具体情况区别对待。例如@文化北京固然由北京市文化局开通，但其个性域名 bjswhj 系“北京市文化局”的拼音缩写，如果不是结合认证信息，一般网友很难猜到这一个性域名含义并与 @ 文化北京微博昵称建立起联系，无形中降低了微博域名的识别度和易记度。同时，英文域名使用应尽量避免过于复杂的单词或过于生僻的缩写。

官员个人微博个性域名同样可以参考这些方法。同时，个人微博个性域名还多了一些设置技巧，例如与个人工作生活相关的信息，例如家乡 / 工作所在地缩写、出生年份、纪念数字等。

另外，新浪微博近期还推出了“微号”服务，即用户可以为自己的微博选择一组个性化纯数字号码替代原来的一长串纯数字 ID，例如 @ 曹国伟（新浪首席执行官兼总裁）的微号为 001，其微博地址即为 http://weibo.com/001。微号微博地址与已设置好的个性域名微博地址可以共存。

9. 是否设置微博简介？

简介文字是对认证信息的更多补充，这一信息会与微博头像、昵称等基础信息出现在一起，位置很是显著，但很多官员、政府机构不知如何设置或未可进行设置，常常在微博上见到“他还没填写个人介绍”的情况。

建议官员个人和政府机构微博应充分利用这一信息空间，提供更多补充信息，以及需要阶段性提醒其他用户注意的信息、公告以及联系方式等，为公众提供更多有效信息、更便捷的服务。

10. 机构微博主页都有哪些功能？

微博产品推出前期，机构微博、个人微博均使用同样的模板。随着微博产品的不断改进，微博网站先是针对企业用户推出企业版微博，提供更多内容板块，使企业用户可以通过微博发布更多信息，与用户展开更多的交流互动。这一应用得到了很多企业欢迎。随后，微博网站针对政府机构也推出了个性化版本。新浪微博称“政务版”，腾讯微博称“微空间”，在这里我们可以统称为机构微博主页。

以新浪微博政务版为例，用户可以对首页板块进行设置，除了个人微博首页显示的项目外，一般会有公告栏、友情链接、其他微博推荐、置顶图片/视频等板块，用户可自主编辑板块名称、填充内容，各板块之下可以设置多项内容并附带超链接等功能。

机构微博主页的推出，等于一个具体而微的小网站，可以为政府机构微博用户提供更多服务。当然，其主体还应是微博本身，在首页设置过多信息板块可能会在一定程度上分散网友注意力，个别板块即使设置了也可能被网友选择性忽视。

11. 什么是私信？

顾名思义即私密信息。与微博的公开性不同，私信一般是一对一、非公开的信息，两个微博用户的私信对话，其他用户一般是无法看到的。从这个角度看，微博私信与 QQ 对话具有一定相似之处。

微博私信具有保密性、隐私性等特征，一般情况下未经发信人允许不应公开。但可根据私信具体情况，例如求助类、公务投诉类、业务建议类等私信，可以有选择、有限度地进行公开。

12. 隐私设置：评论、私信是否公开？

微博用户可以对隐私项目进行设置，例如评论、私信、地理位置信息等项目。其中评论和私信一般有三种设置选择，即分别允许所有人（不包括你的黑名单用户）、可信用户（包括我关注的人、新浪认证用户、微博达人以及手机绑定用户）或我关注的人可以给自己的微博账号发布评论、私信。

微博产品推出前期，曾有一些政府机构用户关闭评论而遭网友质疑。现在微博评论公开已成共识，关闭评论功能的政府机构和官员个人微博已经比较少了，但仍有很多用户私信功能只是有限度地开放。

在此，谨建议政府机构和官员微博应公开私信，即选择允许所有人能够给自己发送私信。

这是因为，部分用户出于各种考虑不愿意通过评论等形式公开向政府机构微博公开表达意见，私信这一功能正好能够满足这些人的需求，而现实中

@平安中山私信劝逃等成功案例也已证明私信所能发挥的独特作用。因此，政府机构微博也好，官员个人微博也好，有必要公开私信，以向网友提供更多的沟通渠道。

至于私信公开后可能受到的骚扰问题，也是客观存在的。但大部分发布私信的用户，一般都是或多或少反映各种问题，发布垃圾广告、无聊信息的只占少数，针对这些用户，完全可以采取删除私信、举报该用户等手段进行处理。

13. 微博认证是怎么回事？

微博认证即经微博网站验证通过的微博身份。新浪微博对个人认证用户以橙色V字进行标示，对机构认证用户以蓝色V字进行标示。腾讯微博则对个人认证用户以橙底白色√进行标示，对机构认证用户以蓝底白色√进行标示。对官员个人和政府机构微博来讲，微博认证还是比较容易的，只要按照微博网站的要求，提供相关信息证明，一般会很快通过认证。

对官员个人微博和政府机构微博来讲，未经认证的账号一般属于潜水行为，一经认证即意味着浮出水面。正如本手册第一条“要不要开微博？”里所提到的，官员个人微博和政府机构微博一般应以认证为宜。但也存在一些政府机构微博、政府活动微博未进行认证的情况，例如@网络媒体云南行、@红河信息港等官方账号。至于出于各种原因未进行认证或认证后又取消的官员个人账号，则数量更多。

14. 关注谁比较合适？

开通微博意味着需要与网友互动。但在微博上不关注任何对象，显然不是一种良好的互动心态。而对官员个人微博和政府机构微博来讲，零关注、关注对象过于单一、关注对象不当等微博行为，也许都会引来各种争议。

零关注：这种行为多为三种情况，一是刚开通微博、对微博不甚了解的用户；二是经网站邀请开通微博，但很久未更新的用户；三是虽有更新但对互联网和微博不熟悉、仍限于原有语境的用户。

关注对象单一：这种微博用户一般关注对象不多，大多时候自言自语、单向发布信息而甚少与网友互动。一个例子即 @ 微博云南长期只关注两名用户而遭网友非议，至今其关注对象也不过 15 位。

关注对象不当：一个例子即 @ 西岗分局仅关注日本成人影星 @ 苍井空一人而被网友称为“不问民生问空姐”。

建议官员个人和政府机构微博适当多关注一些微博用户，利于了解各渠道、各角度、各立场的信息和观点。一般来讲，以关注如下几类人群为宜：

（1）本机构、本地区相关政府机构、官员个人微博；

（2）全国范围内较具代表性的官员个人、政府机构微博；

（3）本地区主要新闻媒体、媒体人微博；

（4）相关领域专家学者；

（5）经常或阶段性为本部门、本地区政府工作提建议的热心网友；

（6）其他较为活跃的微博用户等。

15. 怎样发布微博？

发布终端：可以通过电脑网页、手机短信 / 彩信、手机 WAP、电脑 / 手机客户端等方式发布微博。其中，通过手机短信 / 彩信发布的方式，实现了有手机信号、不联网也能发送微博信息，而且由于手机的便利性能够实现随时随地发布微博。

文本形式：通过微博可以发布文字、图标、图片、音频、视频等多种文本形式，大大扩充了单条微博 140 个字的局限，丰富了信息内容。

长微博发布方式：如果微博内容较长，无法在一条微博中完全发布，一般有三种处理方式：一是同一标题下连续发布多条相关内容，二是发布一条微博并附上完整内容网址链接，三是通过“长微博”等工具把长篇文字转换成图片进行发布。但在微博碎片化的背景下，同一内容不太适合以多条内容连续发布，因为不是所有网友都能看到连续的多条微博，如果仅有其中的一条或几条被人关注，则会造成信息缺失，甚至出现曲解原意的情况。在这种情况下，后两种处理方式也许是比较稳妥的。

@：电子邮件时代人们所熟知的 @ 符号，在微博世界里又有了新的功能，即提及某人的功能，注意 @ 后一定要跟对微博昵称，且微博昵称后需加空格或标点符号，否则有可能会 @ 错对象。

##：在两个井号（##）之间输入若干文字，即可发布以这些文字为“话题”的微博，## 及其之间的文字会带有超链接，点击之后会进入所有含有该文字的微博汇总页面。

转发：即把别人的微博转到自己的微博页面，转发时还可以发布评论内容，评论内容可以选择是否评论给原微博作者。

微博表情：这是网络时代特有的符号，以各种表情图标表示不同的心情、含义等，可以参考 QQ 表情。

16. 微博还有哪些主要功能？

搜索：新浪微博、腾讯微博等自带的搜索功能，可以提供包括微博博文、微博博主、图片、视频、活动等关键词搜索，网友最常用的一般是博文和博主搜索。

拉黑：即把某微博用户加入你自己的黑名单，被拉黑的用户将无法关注和评论你的微博。如果你此前已关注他的微博，也会自动解除关注。但建议除发送垃圾信息的用户外，官员个人微博和政府机构微博慎用拉黑功能。

微群：即微博群组，聚合有相同爱好或相同标签用户的一个产品，有公开群和私密群之分。加入共同微群的用户，可以在群里进行更为方便的沟通。

大屏幕：是在用户聚集场所通过投影等方式集中展示特定主题微博的大屏幕，大屏幕上可以同步显示现场参与者及其他不在场但对本主题感兴趣的网友即时发布的微博，使场内外观众能够第一时间传递和获取现场信息。又称微博墙，用户发送的微博显示在大屏幕上又称“上墙”。

投票 / 活动 / 相册 / 微盘：这是微博上较为常用的几项功能，简介略，可参见微博网站相关页面。

微博应用：基于微博开放平台，很多个人、机构开发出各种应用程序，涉及游戏、娱乐、生活、资讯、社交、微博分析工具等多个领域，微博用户可以通过授权很方便地使用这些应用。

第三节　微博管理

17. 怎样规划微博内容？

尤其对政府机构微博而言，开通微博时，应对常规发布的微博内容类型进行事先规划，这样才能做到心中有数、有的放矢，同时便于网友浏览和查找。具体微博类型，需要根据具体机构工作性质、涉及方面等进行规划，在此不再赘述。

表现形式上，可以尝试微博内容栏目化，把经常发布的几类微博以不同的专栏标题等进行区别，通过 ## 话题、【 】标题等形式突出专栏标题。这方面，可以参考 @ 成都发布的成功经验。

18. 什么时候发微博合适？

政府机构微博：据新浪微博公布的数据，每天 9 点至 10 点、16 点至 18 点、21 点至 24 点三个时间段是微博发布的高峰。政府机构微博所发一般为公务内容，建议参考如上时间段，在此期间发布微博，较易被其他网友看到，能够起到更好的效果。

官员个人微博：与政府机构微博以公务内容为主不同，官员个人微博带有更多的个人、私人性质，不宜过多占用工作时间。除一些工作话题的讨论等微博外，建议官员个人微博尽量在业余、休息时间或利用工作间隙的碎片时间发布。

业余时间问题：与政府部门的办公时间不同，微博世界无所谓业余时间，每天的 21 点至 24 点是高峰时间段之一，周末同样也有大量的信息发布及网友可能的咨询需求。因此，政府机构微博应尽量通过轮班等制度，保证双休日及晚间微博更新管理，尤其是在有涉及本机构的突发事件发生时，更要迅速作出反应。

微博发布频率：政府机构微博每日发布的微博数量，需要掌握一个度，既不能密集式刷屏，又不能几天不更新，具体数量需要经过一段时间的摸索，根据本微博的具体情况而定。一般情况下政府机构微博以每天发布 5 至 10 条微博为宜，通过回复等方式回应网友问题的微博，数量可以稍多。

19. 新闻资讯类信息如何发布？

信息发布是政府机构微博最基础的功能之一，甚至“××发布”现在都已经成了政府机构官方微博的命名方式之一，例如 @成都发布、@南京发布、@北京发布、@上海发布、@中国广州发布等。

新闻资讯类信息，是政府机构微博最常发布的信息类型之一，也是最基础的微博类型。这类微博应做到言简意赅，在有限的文字中提炼有效信息，并根据实际情况以超链接、图片等形式补充相关内容。同时，应尽量挖掘新闻亮点，组织语言，变换表现方式，尽量让微博内容引起网友注意，这样才能起到“发布”微博的目的。否则，很容易落入单向传播的窠臼，导致微博语言乏味、少人问津。

20. 什么是微博直播？

在新闻资讯类信息发布基础上，微博直播可以看做是其升级版。同样都是自主发布博主希望网友知晓的内容，带有一定的宣传意味。

微博直播的特点大致有：直播主题一般都是较为重大的活动、会议、事件，本身较易受网友关注；对可预见的项目需要事先做好规划。突发事件类微博直播则需根据以往经验快速形成直播方案，并需要在事态发生过程中及时发布动态信息，对博主的综合能力要求较高。微博直播需要综合运用文字、图片等多种表现形式，立体呈现现场动态，并从各角度、各立场全面呈现事态或活动进展。

综上所述，微博直播处理得当，一般能促进事件信息公开，及时传递活动信息，吸引网友注意，为网友提供及时必要的信息，能够为政府机构微博形成加分效应。

另外，微博新闻发布会，也可以看做是微博直播的一种形式。

21. 怎样开展微博活动？

上面第 16 个问题曾提及微博活动功能，微博活动固有的模板可以让用户很方便地发起各类活动，政府机构微博可以基于微博的活动功能，积极策划各种主题活动。当然，也可以抛开微博活动模板的限制，把原有的线上、线下活动通过微博进行发布。

开展微博活动有几点需要特别注意：

（1）活动规则清晰明确：这是所有活动成功举办的前提之一。尤其在微博语境下，需要在有限的文字里（可参考第 15 个问题之“长微博发布方式”）对活动规则进行描述，应尽量做到清晰明确无歧义。

（2）降低活动门槛：现实中会有很多活动方式，但有些活动过于复杂，不适合通过微博进行发布、召集。政府机构在发布活动微博时，需对活动进行评估，尽量选择那些微博网友可能感兴趣、活动规则相对简单的活动。也可以仅通过微博召集对活动感兴趣的人，完成活动的人员召集环节，其他后续流程继续在原有活动设计规则下另行推进。

（3）策划微博特有的活动：在形式上，微博活动平台特推出大转盘、砸金蛋、有奖转发等固有活动形式；在内容上，可以根据微博热点，尤其是不时流行的各类微博体语言，推出各类线上互动活动。策划此类活动时应注意，活动内容应尽量与本机构工作职责相关，活动方式及格调应避免低俗，以吸引网友为辅，以为网友提供更多信息和服务为主。

22. 如何回复网友问题？

政府机构开通微博，为网友咨询、建议及投诉提供了一个新的平台。对网友的这些问题，政府机构官方微博应认真对待，及时回复并解决，建议把握如下几个原则。

坦诚：对网友提出的咨询、求助应积极回复，不能择优而选、视而不见。对网友提出的意见、投诉应认真核实，不能掩耳盗铃。

及时：微博的一大特点即实时性，政府机构官方微博应及时回复网友问题，尤其是求助、投诉类问题、传言、负面新闻等。回复不及时，或者给网友带来不必要的损失，或者放任谣言继续流传，或者引发网友拍砖，更加不利于问题解决及本地城市形象。

公开：对网友公开提出的问题，不应遮遮掩掩，而应尽量公开。即使涉及城市负面形象，经调查核实后，也应坦诚以对并公开回应。对网友关注的投诉、意见类问题，处理完毕后宜发布微博公布结果，建立起政府与网友良好的互动及反馈机制。

实效：除了以宣传、告知、提示目的为主的“发布”功能外，政务微博很重要的一项功能是回复网友问题。网友通过微博提出问题，是希望政府机构能够解决问题，微博背后应该是现实制度的对接和支持，通过微博了解民众需求，通过现实制度解决民众问题，这样才能形成政府机构与公众互动沟通的良性循环。微博应重在务实，应尽量为网友提供切实有效的帮助，以解决网友实际问题为上。

23. 政务微博是否需要“话术手册”？

目前一般政府网站均设置有“办事服务”、“问题解答”等栏目，针对网友经常提出的问题，提供政策咨询等信息。参照这一模式，政府机构官方微博也可以设置“话术手册”，以便微博值班人员能够及时、准确的回答网友问题。例如@平安肇庆（广东省肇庆市公安局网络问政平台）就在微博实践中积累了很多经验，形成了常规问题“网络问政口径库”，肇庆市公安局各警种、所辖九县市区公安机关将网友共同关注的业务，汇编成册，不断更新，确保了微博值班民警能够办得了实事儿。

但该手册应注意实用性，尽量避免空话套话，以求在有限的文字内为网友提供切实有效的信息服务。例如，@朝阳区政府热线（北京朝阳区政府热线官方微博）会经常发布“对@某网友说：感谢您对我们工作的支持！欢迎您再次给我们留言。同时，您也可以直接拨打朝阳区政府热线 96105 进行反映。感谢您对我们工作的关注与信任”这样的微博，这样的信息多次出现可能会对关注@朝阳区政府热线的网友造成信息干扰，给网友以“刷屏”

感觉。建议 @ 朝阳区政府热线可以用引用网友微博并加以评论的方式，或者在该网友微博下评论的方式发布类似信息。

24. 政务微博如何把握内容发布尺度？

与一般微博相比，政务微博的内容把关应更加严格，一般来讲，应杜绝发布如下类型的微博内容：

违反法律法规的内容：尤其是《计算机信息网络国际联网安全保护管理办法》第五条所规定禁止发布的 9 类信息。

保密信息：对《中华人民共和国保守国家秘密法》所规定需要保密的信息类型，以及本机构工作要求进行保密的信息，不应通过微博公开发布。特别要注意把握政务微博时效性、亲民性等要求与保密原则之间的分寸，例如公安微博在面对大案要案时应及时通报案情进展，但有时在案件侦破过程中应避免人为信息泄露。

网络传言：对未经核实确认的信息，应避免发布或转发，不造谣、不传谣。并应积极发挥政府机构官方微博的权威性，积极辟谣，传递真实权威信息。

网络对战：尤其是对政府机构官方微博来讲，应避免网络对战，对网友的一些牢骚甚至谩骂，应采取理性态度，不参与、少争论，语言文明，避免个人情绪，并尽量弄清事实，积极解决问题。

25. 政务微博如何避免发布不实内容？

现实中从来不缺少流言，微博同样如此。而且由于微博的即时性等特征，转发微博极其容易，这就容易给不实微博泛滥提供机会。同时，由于微博的碎片化、文字限制等特性，有时候仅仅从一条微博中得知的信息并不一定全面，这样的微博被大量转发后也容易形成不实内容。

对官员个人和政府机构微博来讲，除坚决不发布违反法律法规要求、低俗、谩骂等类型的微博内容外，还要特别注意避免发布和转发不实内容，以免造成二次传播，再次扩大流言范围。排除少部分博主的主观故意外，官员个人和政府机构微博应尽量注意如下事项：第一是熟悉网络环境，增强甄别能力，这样可以比较容易的判断一些明显属于不实信息的内容，减少误发几率；第二是慎重转发，转发未经确认的信息应尽量注明信息来源，并尽量转发可信度较高的信息来源，例如权威媒体、权威机构等；第三是尽量少涉及自己不熟悉的领域，尤其是政府官方微博，也不太适宜在官方微博中发布大量无关信息。

26. 微博如何辟谣？

面对各类微博流言，尤其是涉及社会公众的谣言，政府机构和官员个人微博有义务积极站出来进行辟谣。

根据事态轻重缓急，可以把常见的微博谣言分为三种，政府机构和官员个人在微博辟谣时也可以采取不同的方法。

一是常规流言辟谣，这类谣言一般对社会没有明显危害，存在时间较长，此前一般也有过相关媒体、机构进行辟谣，但该谣言仍通过多种渠道进行传播。这类谣言的辟谣可以不是特别紧急，但政府机构和官员个人在力所能及的情况下，应该尽量发布权威信息以正视听，包括利用粉丝众多、传播性较强的微博平台进行辟谣。例如，2010 年 12 月，针对长期以来网上流传的“生鸡蛋砸在车玻璃上和玻璃水混合后会产生白雾”的谣言，@平安北京通过切身试验，向公众提示这一信息属于谣传，直观别致的微博辟谣方式，受到网友好评。

二是即时性流言辟谣，这类谣言一般具有较强的时效性，往往在某一特定时期或受某一社会事件影响而流传。针对这类谣言，应具体区分其性质，根据重要性采取不同的辟谣措施。例如 2011 年 12 月，微博上流传“近期高清摄像头全部启动，副驾不系安全带、抽烟、打电话都要被抓拍并罚款”的信息，由于时间接近年底，很多网友相信警方近期会加强对安全驾车的检查，这一微博很快流传开来。虽然这一微博对社会危害不大，甚至在一定程度上可以提醒驾车者、乘车者更加注意行驶安全，但该微博的传播，也引起很多网友关于摄像头侵犯公众隐私、罚款是否合法等质疑。对此，多地公安机构迅速发布微博进行辟谣，避免了谣言再次扩大流传范围。

三是重大社会性事件辟谣，这类谣言因内容本身与公众生活密切相关，一旦广为流传，有可能对社会生活秩序造成负面影响（例如2011年3月在各地发生的抢盐事件，有媒体形象的称之为“谣盐”）。对这类谣言，相关政府机构应第一时间发布权威信息，积极引导公众。例如2010年8月，都江堰突发山洪，成都市民间流传“中心城区将要停水”的传言，对此，@成都发布于传言流传开来的当日下午连续发布3条辟谣微博，及时消除市民恐慌心情。再如2011年7月，@五品夫人发布微博称其为“五品高官”的二奶，该“五品高官”继而被网友怀疑为南京市委干部。@五品夫人的微博迅速流传，对南京形象造成了负面影响。在经过调查之后，@南京发布及时公布实际情况进行辟谣，阻止了事态进一步扩大。

谣言不一定止于智者，还应通过各种渠道让辟谣信息到达“知者”。微博辟谣，应根据谣言性质不同，采取不同的应对措施，以及时性为第一要素，并应做到有理有据有节，不仅仅是否认谣言，而应该讲清实际情况，还公众以真实。

27. 什么是黄金一小时法则？

危机公关有一个“黄金二十四小时法则”，即危机产生时应在二十四小时之内作出反应，对危机的反应和处理速度越快，损失就越小。

网络时代，这一法则的时效性要求不断提高，“黄金二十四小时法则”逐渐变为“黄金四小时法则”。而微博时代的带来，又使得这一法则进一步进化为“黄金一小时法则”，即重大事件发生一小时内，官方微博即应作出反应。

“黄金一小时法则”最早在政府微博领域引起广泛关注，应该是南京市的一份文件。2011年6月，南京市出台《关于进一步加强政务微博建设的意见》，其中明确要求，对于灾害性、突发性事件，要在事件发生后的1小时内或获得信息的第一时间，进行微博发布。

而@问政银川的另一个“1小时”承诺，又进一步扩大了“黄金一小时法则”的外延，不再限于重大、突发性事件的信息发布，而延伸到了所有网友的微博问题。@问政银川是银川党务政务网络平台的工作专用微博，主要功能是督促督办，受理银川市民的一般性事务性投诉。2011年11月25日，@问政银川在其微博简介中，明确发出“【郑重承诺】我们承诺：对您@问政银川的问题，本微博在工作时间1小时内、节假日休息时间8小时内，有呼必应！”

从黄金二十四小时到黄金一小时，变化的不仅仅是对突发事件的反应速度，更多的是对公众意见的重视。

28. 如何面对突发事件？

政务微博已成突发事件信息发布的重要渠道之一，政府面对突发事件时，应重视微博在信息传播中的作用，积极运用这一平台及时传递信息。

政府机构应用微博发布突发事件相关信息，建议做到如下几点。

及时发布：面对突发事件，尤其是涉及食品、卫生、治安等重要民生领域的事件，政府机构应第一时间发布信息，以避免不实信息流传，而微博的及时性无疑为政府发布信息提供了一个很好的平台。这里“及时”也是一个相对概念，一方面不宜一味抢时间、抢速度而发布未经确认的信息；另一方面，也不应过于迟缓，否则就失去了突发事件信息发布的初衷。例如2011年2月28日，云南省丽江市玉龙县五台村发生森林火灾，@丽江新闻办连夜发布微博通报救灾情况，虽然绝对时间距离事发已有十个多小时，但仍然受到网友好评。反观2011年4月26日南京新街口火灾，尽管南京几家政府微博在事发三小时左右即发布微博，但火灾发生后该信息已在微博上广为流传，一个小时左右即已名列新浪微博热门话题第一名，期间政府机构官方微博信息明显滞后、缺失，引发网友诟病。面对突发事件，如上“黄金一小时法则”可能会是微博时代信息发布的一个基本要求，个别事件甚至要求政府机构在数分钟之内作出快速反应。

主动公开：政府机构应本着主动公开的原则发布微博信息。微博时代，突发事件流传的速度可能会超出人的想象，网友对政府机构信息发布速度的期望可能会远高于政府机构的认识。这就要求政府机构官方微博建立快速反应机制，并及时监测舆情信息，积极、主动公开信息。

真实权威：突发事件发生时，尤其是微博谣言四处流传之际，人们渴望了解真实、权威的信息，政府部门发布信息时，内容上首先应该满足真实、权威的要求，切忌发布不实信息。

渠道多样：微博只是信息发布的渠道之一，它有着及时性、互动性等优点，同时也存在碎片化等缺点，面对突发事件，政府机构在充分应用官方微博发布信息的同时，也应积极发挥其他信息传播渠道的作用。

29. 如何通过微博及时了解舆情信息？

微博博主能够及时看到其他博主通过 @、评论、私信等方式发布的内容，这些微博可以看做是被动推送过来的微博。作为政府机构官方微博来讲，还应该及时关注与工作领域相关的微博内容，这些内容可以通过主动搜索进行实现。

最简单的方法是设置多组关键词，通过微博搜索功能，每天定时搜索以主动关注相关舆情信息。

另外，现在微博服务提供商还针对政府机构等提供了更为专业的服务，例如新浪微博政务版即在管理后台中提供了舆情监控服务，支持用户设置关键词进行搜索，并进一步提供了针对不同人群（可根据博主性别、年龄、地区，以及是否加 V 认证等指标进行筛选）、时间的监控服务。

30. 官员微博如何把握公私界限？

与政府机构官方微博的“官方”色彩不同，政府官员个人微博管理者为个人，带有一定的个人色彩，不应完全按照政府机构官方微博的规范来要求政府官员个人微博。

但以实名和职务通过认证的官员个人微博，其微博身份本身即带有政务性质，天然地会被公众“放大”为官方执政者的言论，因此也不应完全等同于一般个人微博。除非微博内容完全与个人生活相关而与公务、工作无关，官员个人微博一般情况下也应被纳入政务微博范畴，其微博言论应注意把握公私界限。

官员个人微博即使在微博简介中公布了“本博言论仅代表个人，与所在单位无关”等“声明”的情况下，如果讨论话题涉及公共事务，也应视做一位政府官员公开发布的言论而不仅仅是一位普通网友的意见表达。

即使微博内容完全与个人生活相关而与公务、工作无关，但因其政府官员身份，官员个人微博仍有可能引起网友关注，尤其是在微博中发布不适宜内容的时候，例如郭美美事件等。

官员个人微博如何区分公私界限，谨建议如下。

一是工作时间与业余时间分开。官员个人微博在工作时间应少发微博，发布微博也应以工作内容为主；

二是公务话题与个人话题分开。讨论社会公共事件尤其是政务话题时，应鲜明地意识到自己政府官员的身份，以及自己言论所具有的政务性质，而不应简单以“个人言论”等理由进行推脱；

三是具体微博内容应注意行文严谨。官员个人微博在讨论公共话题时，如欲强调个人身份，应在发布微博的同时加上“个人认为”等类似语句，这样会大大避免公众过分解读。

总之，官员个人微博具有“官员”和“个人”双重属性，其发布微博的要求应比普通网友更为严格。微博问政的趋势，要求政府官员应以开放、坦诚、理性、节制的心态面对互联网，积极推进政务公开。

31. 发布不当言论如何处理？

如不慎通过微博发布不当言论，首先应端正态度，诚恳认错并立即纠正，必要时还要对责任人进行处分。如果不是特别重大的过失或明显失当的言论，政府机构官方微博积极认错一般会获得公众谅解。例如 2010 年 9 月，@济南市公安局经侦支队（济南市公安局经侦支队官方微博）误发“如果你被匪徒挟持要求输入提款机密码，你可以用倒转输入密码的方式去间接知会警方”的微博，经网友指出后，@济南市公安局经侦支队删除原微博，及时发布题为“道歉信”的微博，并进一步发布“ATM 取款”的正确做法，提示网友注意。@济南市公安局经侦支队知错能改的行为，受到网友认可。

32. 政府机构官方微博应由谁来管理？

负责部门：目前政府机构官方微博多由所在机构宣传部门负责，这与中国政府机构内部分工现状有关。这一模式有时会出现宣传味道过浓、具体业务生疏等情况。建议政府机构官方微博可由宣传部门统筹管理，并结合本部门实际情况，定期邀请业务部门轮值或就具体业务开展相关微博活动。同时，可根据本部门实际情况设置多个微博账号，明确分工，形成协同效应。

负责人员：政府机构官方微博具有“官方”属性，应对具体负责人进行足够授权，建议可由本机构主管领导、相关分工副职领导或新闻发言人等负责，并根据实际情况配备熟悉网络沟通的工作人员，形成微博管理团队。

33. 政府官方账号管理应注意哪些问题？

账号安全：首先应采用“8 位以上数字、字母和特殊字符组成”的较复杂密码，安全邮箱、证件信息等用以找回密码；其次密码应严格在授权人员范围内掌握，严禁泄露；最后密码应定期更新。这样能在一定程度上减少账号密码泄露几率，保障微博账号安全。

账号切换：政府机构官方微博的管理人员可能也同时开设个人微博，在值班期间应避免发布个人微博。需要发布个人微博时，应注意个人微博与所管理的政府机构官方微博账号之间相互切换，切忌因忘记切换账号而以政府机构官方微博身份发布个人微博，尤其是不当言论，微博上出现的多次乌龙事件均与此相关。

34. 如何建立微博管理交接制度？

当政府机构官方微博管理员多于两人时，应建立起微博工作交接制度。交班人员应将值班期间主要工作情况、遗留问题等重点信息与接班人员交代清楚，以免出现工作漏洞。在这一过程中，网友意见整理备案制度就显得非常必要了，尤其是涉及具体业务部门、政府机构官方微博一时无法解决的问题。政府机构官方微博应对网友意见、问题分门别类进行登记，并建立起动态追踪制度，直到问题得以妥善解决。

例如，@平安肇庆就按照“业务归口办理”的原则对网友问题实施分类处理：“1. 对比较简单或已有答复口径的业务咨询，由网络问政办公室负责答复；涉及具体业务内容或者是重大、疑难信息，由网络问政工作办公室负责将信息呈报市公安局领导或分发至市公安局机关或基层相关单位处理。2. 对网民提交的违法犯罪线索举报信息和意见建议，根据业务分工由市局机关或基层有关单位负责跟进处理。3. 对网民提交的涉及公安机关及其民警违法违纪的实名投诉举报信息，由投诉举报辖区民警的所在地的公安分局、县（市）公安局纪检监察部门调查处理，市局纪检监察部门负责跟进处理或直接调查处理。”①

35. 政务微博评价体系如何建立？

目前政务微博还处于成长期，普及率仍有待提高，科学而合理的评价体系仍未建立并获得普遍认可，很多机构对微博运营的考核仍以粉丝数量为最重要指标，这往往使得政务机构官方微博陷入为粉丝而粉丝，甚至出现“僵尸粉”情况。

目前，一些微博运营商已经在逐步完善微博评价体系，例如新浪微博@风云榜即在原来以粉丝数量为指标的“人气榜”基础上，进一步推出由活跃度、传播力、覆盖度三大指标构成的“影响力榜”。

政务微博的评价体系，一般应综合考虑如下指标，杜绝单一的粉丝考核，见表 6-1。

表 6-1 政务微博评价体系指标建议

粉丝指标	粉丝数
	认证粉丝数
	活跃粉丝数

① 参见广东公安微博工作团队编：《粤警微风》，南方日报出版社2011年版，第135—136页。

续表

内容指标	微博数量
	原创微博数量
	微博发布频率
	微博被评论数（均值、峰值）
	微博被转发数（均值、峰值）
	态度及语言
	微博活动（访谈、调查、投票等）
	微博评论舆论导向
服务指标	网友问题解决数量
社会影响指标	重大、突发事件处理
	媒体报道数量

36. 反思：微博是万能的吗？

当然不是。

一方面，目前政务微博的普及率和应用水平尚低，相应其作用也比较有限。

据 CNNIC 发布的《第 29 次中国互联网络发展状况调查统计报告》，截至 2011 年 12 月底，中国网民规模达到 5.13 亿，其中微博用户 2.4988 亿，仍有较大上升空间。而目前开通新浪微博和腾讯微博的政府机构均分别超过万家，官员个人微博也分别接近万人，但这一数字与中国庞大的政府机构、官员数量相比还比较低，政务微博普及率有待提高。

在微博实际应用中，已开通的政务微博存在形象工程、活跃度较低、互动性不强等诸多问题，微博问政本身又是新鲜事物，仍在发展、完善当中，虽然一些领先的政务微博已经取得了不菲的成绩，但从整体上来讲，中国政务微博应用还处于基础阶段，较低的应用水平决定了目前政务微博所能发挥的作用还比较有限。

另一方面，微博的产品特性决定了它只能是网络问政的有机组成而非万能工具。

中国电子政务的发展，如果从政府办公自动化（OA）开始计算，已经有三十年左右的历史，而1999年起我国政府机关正式启动的“政府上网”工程，则标志着我国政府信息化开始普遍步入互联网时代。在微博之前，中国电子政务、网络问政已经积累了大量的经验教训，各地政府网站的普及率也接近100%。

微博问政最大的优点是透明公开，政务微博说了什么、没说什么，都暴露在网民视线之内。而此前的一些网络问政手段，例如政府网站、问政QQ群等，都是一个相对封闭的系统，微博透明公开的特点也是目前微博问政兴起的原因之一。

微博信息的碎片化特征对传统政府信息发布的权威性、准确性形成了一定的消解作用，虽然有长微博、附加网址等手段对微博信息进行补充，但网络接触到的多为单条微博，且无法一一细查具体信息，这就使得政务微博在传播中出现诸多信息噪音，容易出现失真现象。

微博产品“简”之特性是其魅力所在，但同时又限制了更多丰富功能的应用，无法满足网络问政的更多要求。因此，微博只能说是网络问政的有机组成而非万能工具，其作用不宜过分夸大。政务微博如何与其他电子政务平台实现有效对接、整合，将是考验微博问政能否长期稳定发展的关键因素之一，而各种电子政务平台是否能够与现实中的制度、机构实现有效对接，更好地为公众提供便捷快速的服务，则决定着包括微博问政在内的中国电子政务未来的成效。

第七章
微访谈

@曹国伟

@中一在线

@成都发布

@平安南粤

@邓飞

@崔保国

@刘兴亮

……

热门官员微博、热门政府微博负责人、微博网站高层、传播学者、营销专家，倾听十数位微博专家的真知灼见。

第一节　曹国伟（新浪首席执行官兼总裁）

问：曹总您好！很高兴您能接受一名新浪前员工的访谈。请问您认为微博对新浪的意义和价值何在？

答：2009年8月新浪推出微博以来，互联网掀起了一场翻天覆地的变化。什么样的变化呢？我来举个例子。20年前，我们获取资讯主要靠传统媒体，比如电视、广播、报纸、杂志，等等，那个时候我们得到消息是很被动的，要等待，守在电视前，等报纸刊登，等杂志发行，只有媒体说了，你才知道。10年前，互联网开始兴起，我们获取资讯的方式从被动变主动，想知道什么事情，可以上网随手得到，网站是24小时在线的，不需要等，第一时间就能知道。到了今天，新浪微博让我们连主动去找都没必要了，中国有4亿多网民，有1亿都在使用新浪微博，而且这个数字还在不断增长。这里面有政府，有媒体，有各种机构，有民间社团，涵盖几十个领域，大家都在随时发布讯息，也都在随时接收讯息、反馈讯息，这个过程是双向的，过去从来没有过。微博是一种新型的互联网交流和分享平台，如同当初互联网的兴起，微博是一种新兴的媒体形式。它以简便快捷的传递信息而著称，代表着互联网未来发展趋势。我们可以这样说，新浪微博开创了一个全新的传播模式，这是一场真正的互联网革命。

问：微博已成当今中国最火的网络产品，一系列社会热点问题也因微博而被引爆，请问您如何看待新浪微博对中国社会的影响？

答：当今的世界是高速信息化的时代，微博的影响力无处不在。无论是文化界、娱乐界、体育界还是政界人士，都纷纷开通微博，与大家分享着自己的工作与生活。甚至连美国总统奥巴马的竞选之路，也与微博密不可分。2011年4月4日，美国总统奥巴马通过微博（Twitter）等多种渠道正式宣布，将参加2012年大选以寻求连任，意在复制4年前的成功。当年，奥巴马依靠在微博上公布竞选行程，赢得了党内初选并当选总统。成功当选后，奥巴马甚至连举行白宫记者会的新闻发布，都通过微博公告周知。

一时间，“微博外交”一词应运而生，各国领导人利用微博树立国际形象，与选民互动也逐渐成为政界新时尚。与此同时，微博还成为了领导人日常沟通的一种新方式。

随着人们对微博认识的逐渐加深，2011年微博成为了全球华语互联网圈最火热的互联网应用。微博带来的是传播方式的一场变革。以前的传播方式是金字塔型的，由上而下。而现在，传播进入了体育场型的传播，社会进入了一个“全民记者”的时代，人人都是信息源，人人都是传播者，信息交流以更快速、更便捷的方式得以广泛传播，目前新浪微博每天产生8600万条信息。各传统媒体都在积极利用微博，快速、有效地与大众进行信息交流，引导传播效果。

问：据统计现在开通新浪微博的政府机构和官员已超万名，您认为是新浪微博的哪些特性吸引了他们？

答：微博的集聚效应非常明显，微博平台的选择直接关系到政务微博的传播效果。作为在知名度、使用率、首选率、满意度、用户黏性、权威性、吸引力、月度覆盖人数、月度总访问次数、月度总浏览时间等各项指标均在行业全面领先的新浪微博，在传播公务信息、促进政民互动方面具有得天独厚的优势，能够减少社情民意和政务信息上传下达的成本，更契合政务微博的发展需要和效率需求。

越来越多的政府部门和官员“试水”微博，让政务微博成了一种不可逆转的趋势和潮流。截至2011年11月初，通过新浪微博认证的各领域政府机构及官员微博已经超过18500家，其中政府机构微博9960家，个人官员微博8628个，覆盖全国34个省、自治区、直辖市及特别行政区。据统计，目前全国已有15家政府机构、9名官员的官方新浪微博粉丝数超过百万。

问：您印象比较深刻的政府机构微博、官员个人微博都有哪些？请举几个例子。

答：在今年两会期间，不少政协委员都在新浪网开通了微博，征集民意，他们把百姓关心的话题带上两会。共计有超过400位两会代表委员通过微博互动。政府部门也可以通过新浪微博的平台更便捷地组织网友线上线下的活动，拉近政府职能部门与民众的距离。

四大直辖市齐聚新浪微博，将为政务微博的发展起到表率作用，开辟政府社会化管理新道路。11月28日，“上海发布”在新浪微博上线，标志着全国四大直辖市已全部入驻新浪微博。11 月 25 日，天津市政府新闻办发布入驻新浪微博，首次与网友亲密接触；11 月 17 日，北京新闻发布厅上线，集聚 21 个北京市政府部门和 6 个部门政府发言人，上线一周赢 294 万粉丝，引发社会强烈关注；今年 5 月 19 日，重庆市政府新闻办入驻新浪微博，至今发布 600 多条微博，吸引粉丝 62 万。

问：最后请曹总带我们想象一下微博的未来吧。

答：人类历史上信息传播的典型模式经历了几次重大的变革，从传统媒体的广播、电视、报纸、杂志到互联网新媒体的广泛应用，再到微博的快速崛起，人们越来越多地掌握了话语权，每个人都成为了信息的主要来源。因为新浪微博的出现，正深刻地影响着传媒和大众，我们迎来了一个前所未有的机遇，我们的生活方式，我们的信息模式，都在悄然改变，在今天，每一个重要的历史时刻，每一个重大事件的发生，都离不开我们每一个人。愿我们一起上微博，与时代同步、与信息同步、与世界同步。

第二节　邢宏宇（腾讯微博事业部总经理）

问：邢总您好！请问现在微博在腾讯的企业战略中，其意义和价值何在？

答：腾讯微博的位置与QQ同等重要，Twitter给互联网的的沟通与交流方式带来了革命，以短短的140个字符创建了一个巨大的信息交流平台。国内，类Twitter的微博也如雨后春笋，迅速在中国互联网蔓延，随着四大门户相续开通了微博服务，微博将逐渐影响每一个网民。此外，腾讯微博是腾讯个人平台的重要组成部分，是在强关系链外的另外一个“社交平台”和“通讯工具”，作为QQ平台的补充，它具有十分重要的战略意义。

问：腾讯微博与腾讯网、腾讯其他业务线之间的关系如何？相互之间怎样创造协同效应？

答：腾讯微博与腾讯旗下的所有产品一样，秉承“一切以用户价值为依归”的理念，目前对于我们来说最关注、最重要的是做好产品的用户体验。腾讯微博作为腾讯一站式在线生活平台的创新应用，我们希望为用户提供跨平台、跨系统、跨场景综合的微博应用平台，使用户在商务办公、休闲娱乐、情感沟通等不同场景下都可以很好的使用。

问：现在中国最有影响的两家微博应该是腾讯微博和新浪微博，您认为两家微博各有什么特点？

答：腾讯微博从注册用户数来说是中国第一大，并且在草根用户、文娱明星、政务用户等方面具有自己的优势，腾讯微博在真实关系链、影响力、亲民性、安全稳定性方面有自己的优势和特点。腾讯微博延续了腾讯QQ在社交方面的功能优势，腾讯微博本身已经包含了一个比较好的用户的关系链，那会让用户使用和进入微博更加方便，更能解决实际问题。

问：腾讯是从什么时候开始发力政务微博的呢？

答：腾讯微博从正式上线开始就特别重视政务微博的发展，政务微博是与草根微博、文娱明星微博同样重要的微博用户群。2010年8月，广东省公安厅最早在腾讯开通的官方微博，之后两次人民网的评比中都被评为官方微博的优秀代表。

问：腾讯政务微博目前的发展情况怎样？

答：截至2012年1月底的数据，腾讯微博已经开通政务微博2.1万个，其中政府机构12850个，公务人员8150个，厅局级以上官员、机构已经达到665个。从2011年腾讯政务微博用户注册量的增长率看，政务微博的发展处于快速增长阶段。越来越多的政府机构和官员开始意识到微博的社会影响力。经过过去一年的发展，腾讯政务微博也由此进入快速发展的阶段，过去的一年可称得上是政务微博元年。腾讯在发展政务微博方面的力度会进一步加大，政务微博已经从公安系统推广到了公检法司、工商、妇联、卫生等民生系统，从南方、东部发达地区推广到了西部边疆，如果原来是设一个个的点，现在则是铺面。

问：2011年两会期间，新疆自治区党委书记张春贤开通腾讯微博，这是迄今为止开通微博行政级别最高的政府官员。腾讯微博还会聚了@蔡奇@郑继伟@罗崇敏@叶青等政府高官。请问您觉得是腾讯微博的什么特点吸引了他们开通腾讯微博？

答：我认为四个“最”可以概括腾讯微博的特点：第一个最是腾讯微博的发布方式是最多的，除了各种手机客户端和公司各个产品线，比如说QQ邮箱、QQ拼音、QQ群等多达几十种的方式，让用户在各个产品里能够发微博，能够接触到微博。第二个最是腾讯微博是最接地气的，比如说浙江检察院就选择在腾讯微博实名认证，原因是他们觉得腾讯网民是最能均衡反映来自于每个阶层、每个地域网民声音的，腾讯网民是最亲民的。第三个最是腾讯微博是最贴心的，比如说腾讯微博的政府版有利于政府来监控网络舆情，包括受众分析、微博转播分析、分级管理等一系列工具，并且政府能够充分利用微博监控某一阶段内针对某一个事件或者某一个用户和某一个地区网民发表的言论。第四个最是腾讯微博是最安全的。因为腾讯的产品基本上一上线所面临都是上亿级的网民，所以我们每一款在上线前安全是经过反复的测试，关于安全这里，我们还有非常充沛的人力保障。

问：您印象比较深刻的政府机构微博、官员个人微博都有哪些？请举几个例子。

答：官员个人微博方面，例如@蔡奇（蔡奇，中共浙江省委组织部部长）。蔡奇部长的微博以亲民著称，包括动车事件上的积极回应和应对。浙江省委常委、组织部部长@蔡奇，截至2011年12月15日，蔡奇微博的听众数量已经突破了597万，成为了听众数量最高的官员微博。在“微博达人”蔡奇的推动下，浙江已成为名副其实的推动电子政务公开的“微博大省”。作为内地注册个人实名微博最高级别的官员之一，蔡奇自开通微博以来，内容几乎每天更新，据统计，蔡奇日均广播数近12条，至今已发布广播4400余条。蔡奇以平和的姿态走进草根中间，主动、耐心、细致地回答博友们的问题，并对组织工作的相关问题答疑解惑，主动吸取博友的意见建议。除了日常的交流，蔡奇还在微博上推出了“周末夜话”等栏目与网民们进行深度沟通。他以“玻璃房”比喻当今官员所处的环境，号召官员学会在“玻璃房”中工作，公开透明，接受民众监督。他领导的浙江省委组织部有四个官方微博：之江先锋、之江人才、浙江两新党建、浙江远程教育。

@郑继伟（浙江省人民政府副省长，主要负责教育、文化、卫生、人口和计划生育、广播电影电视、新闻出版、体育等方面工作），郑继伟省长的微博以快速高效著称，包括在地震、抢盐风波上的及时回应和处理反映。

@叶青（民进湖北委员会副主任，曾任中南财大外国财税教研室副主任，高等教育研究所所长，第十一届人大代表，现任湖北统计局副局长），叶青是湖北省统计局副局长，有着全国人大代表、省统计局官员、中南财经政法大学教授、博士生导师等多重身份。在微博中，他发出学者的声音，表达自己对社会、对经济的理解。他的微博主要发布经济类的信息，有统计数据、财税改革、公车改革、发展经济的经验、大学生创业等。其语言风格朴实简洁，严谨有力，同为官员的廖新波曾经评价他是个敢怒敢言，敢说真话的性情中人。

政府机构微博方面，例如@广东省公安厅（广东省公安厅网络问政平台，网络发言人互动平台，网站工作团队），我个人印象较深的一条微博是有位网友问“警察叔叔，你能帮我找一个女朋友吗？”@广东省公安厅幽默地回复说“这个不在我们业务受理范围内，建议还是随缘比较好。”

还有，2011年11月28日，“上海发布”入驻腾讯微博，开通2天已有27万名听众，首条微博即得到13000位网名转播，亲民、卖萌成为上海发布的语言风格。12月20日湖北民生微博服务厅作为全国第一个省级民生政务微博聚合平台入驻腾讯微博，携湖北省400多个政务微博共同服务腾讯微博用户。随着北京、上海、广州、成都等一线城市政务微博的加入，相信更多政务机构将会顺应发展大势加入政务微博行列，在惩治腐败、群众监督、社会公益、城市建设、处理突发事件、关注民生等众多方面发挥作用。

问：在微博问政方面，请您送给政府机构、官员们一句话（尤其是对那些在腾讯微博潜水或即将浮出水面的政府机构和官员）。

答：希望越来越多的政府机构、官员参与到微博平台上，积极利用微博进行虚拟社会管理，开放心态与网友互动。

第三节 中一在线（海宁市司法局长金中一）

问：金局长您好！2011年3月22日《浙江日报》曾以《局长是个“微博控”》为题报道过您，我在您微博上也看到过例如2010年元旦前您因为上微博“老婆一气之下，开了汽车回城里去了”，说自己的时间“20%在上微博”，甚至和睡觉时间持平——请问，前者是玩笑还是真事？微博对您的生活、身体有没有造成负面影响？

答：“老婆一气之下，开了汽车回城里去了”是一年半之前的事了，那时候我还处在“玩微博”和使用微博的宣传功能层面。说“20%在上微博”的时候那几天上微博确实比较多，现在的时间，大概是25%在上微博，25%在休息，休息和上微博的时间都增加了一些，还是大致相同。和之前相比，我的微博私信是向所有人开放的，原来是一一回复，现在发评论、发私信的人多了，全国各地都有网友通过微博咨询各种问题、求助，我现在是尽量回复，但难以做到一一尽复。影响来说，锻炼少了，我自称的车窗摄影家、贫农园艺师等休闲的时候也少了。对工作来说，有一定影响，但整体上对工作是有促进的。

问：《法制日报》说海宁市是“哪里有矛盾纠纷发生就把法律宣传到哪里”，请问您个人及海宁市司法局各机构开通微博之后，对海宁市普法宣传都起到了哪些促进作用？

答：“宣传”是微博的一个重要功能，对微博认识不多的领导，一般是把微博当做是宣传工具。但我认为微博不仅仅是宣传工具，它能够让政府与网友互动起来，微博问政能够促进政务公开，推动政务信息更加透明化。我注意到有的同行微博宣传法律，有时候会发很多的法律条文，我把它叫做“贴膏药”，网络时代相关政策法规等原文都可以搜到，在微博上不必这么操作。有时候我自己微博也引用法律条文，一般是摘其要点、附上链接。司法宣传是一方面，我认为通过微博来宣传法制理念、法制精神，这种工作更为重要。

问：您最早提出“微博公文”的设想，是在什么时间和背景下？

答：2011年1月份，我参加新华网2011年浙江省两会“两会议政厅”栏目的访谈，期间主持人问到政府官方微博和官员个人微博的界定，我对此进行了一些分析，正确与否另议，但时间上应该是全国第一个对此进行界定的。

当时有很多政府机构官方微博实际上领导根本不管，是一群年轻人凭热情、兴趣在负责。这就造成一种现象，例如有的负责的小姑娘就凭自己爱好关注的主要是明星等微博，甚至出现了西岗分局“不问民生问空姐”的情况。包括当时我注意到有一位领导的实名认证微博，但他的简介上写的却是政府官方微博，这就造成一种定位混乱。

在这个背景下，我认为政府机构官方微博、官员个人微博需要分离开来，并在海宁市司法系统内推动了一批官方微博和个人微博的开设。这些官方微博之间主要是交流工作、上传下达等功能，这就产生了带有公文性质的微博博文。大概是在2月份，我觉得应该对这类微博进行进一步的规范，在此基础上才有了微博公文的想法。微博公文不是拍脑袋决定的，它是有其现实基础的。

问：“微博公文”在传播上应该说是增加了一个渠道，但它是否能够覆盖原本理应覆盖的部门和人群？海宁市司法系统是否所有部门和工作人员均开通了微博？如果有没开通的，一般是什么情况？是否有人不解或反感微博？对此，您怎么看待？

答：目前海宁市司法局局机关和各司法所均开通了微博，全部都有覆盖。其中各司法所的微博管理员以年轻人居多，他们的办公场地也不大，公文微博的信息一旦传达到这些管理员，其他同事也就知道了。局机关办公都在一个楼层里，同样也会传达到相关同事。

目前海宁市司法系统是有些官方微博不太活跃，但它们也承担了一部分发布功能，今后也会活跃起来。

刚开始要求大家开通微博的时候，局部也存在不解的现象。但通过使用微博的自己感受，加上媒体评价、外部重视，逐渐认识到了微博的好处，大家再使用微博也就更加积极了。例如现在海宁市司法局除了一位年龄较大的副局长外，其他三位副局长都开通了微博。

问：您认为“微博公文”今后在形式、内容上，还有哪些扩展余地、创新空间？在其他政府系统内推广的前景如何？

答：我认为一方面随着微博的普及，微博问政的逐步深化，微博公文的功能也会随之拓展；另一方面，现在政府公开透明的程度仍不够，随着社会发展进步，政务公开程度也会随之增加，并带动微博公文功能的拓展。

关于微博公文在其他政府系统内的推广，目前全国已经有了部分政府机构在尝试微博公文，但不是很多，原因还是客观条件不太具备：上下各机构、各个人的微博基础不够。目前海宁市司法局微博公文主要是在本系统内运转，类似邮政刚起步时的小岛通邮。但之前移动和联通之间短信不也无法互通么，现在也互联互通了。我相信，随着微博的发展，今后各家微博运营商之间也应该有所合作，那时候也会有更多政府机构开通微博，也会反过来促进微博运营商之间的互联互通，届时微博公文发展的空间会更大。

问：您认为微博问政的优、缺点各在哪里？

答：微博问政的优点是互动强、速度快。原来的政务公开手段，例如贴墙，宣传单贴在东街，西街的人就看不到。现在即使你不关注@海宁司法也有可能从别人转发的微博中了解到海宁司法的信息。

缺点同样是因为微博速度快，可能有时候会说错一些话，发布信息存在纰漏也在所难免，这时候负面影响也会扩大。这就要求发布微博严格把关，对管理员的理论水平、业务水平、文字功底等都有比较高的要求。还有就是目前使用微博的人群相对较少，分布也不是全方位，但这个问题随着微博的发展，使用微博的人会越来越多。

同时，微博也需要与其他网络问政平台相结合，例如在微博上可以通过转载的形式，附上官方网站的链接，这样有需求的网友就能看到更详细的信息。

问：您平时关注的政府机构、官员微博中，哪些比较有特色？给您印象最深的是什么？

答：我平时关注的政府机构微博中，公安微博整体做得比较好，其中@平安肇庆我觉得很好。说到肇庆，我曾经批评过@法制肇庆、@和谐肇庆，当时是因为他们领导看到@平安肇庆做得好，也想效仿，于是拍脑袋要求本系统各机构一齐开通微博。但地市级机构开通了微博，县级机构却没开通，而且地市级机构微博反而委托县级机构代为管理他们的微博，这不是扯淡么。

官员个人微博方面，我个人比较欣赏@蔡奇的微博，不仅是因为他的微博内容，还因为他对政府机构官方微博、官员个人微博等一系列的研究，我个人比较认同。

问：您的新浪微博粉丝已接近七十万，还曾被正义网评为全国政法官员微博问政热度排行榜第一名，您怎么看待全国司法系统应用微博的现状？

答：司法系统微博在全国政府机构微博中应该说有一定地位，但存在两点不均：一是行业不均，公安微博居多，也做得较好，其他行业例如司法局微博，就相对弱一些。二是地域不均，例如公安微博是广东、福建多一些，司法行政微博呢浙江就多一些。

微博运营方面同样存在不平衡现象。我认为领导的重视非常重要，例如一个司法局，如果局长有微博、用微博，官方微博的带动效果也会好。反之局长不用微博，仅凭下边人员的热情，效果就不会那么好。例如山东日照市岚山区司法局局长盛民就是个微博控，在一定程度上带动了岚山区司法局的微博应用，包括把他们副局长也拉下了“水”。再如天津市司法局魏东副局长，理论水平高，在微博上和村干部等都有很好的互动，在司法系统厅级干部微博使用处于领先水平。

问：请问您开通微博后印象最深的一件事（基于微博发生的）是什么？

答：其中有两件事印象都比较深刻。

一件是海宁之前的负面新闻被网友重新发布。2010年时媒体报道称“海宁窑工上班孩子无奈被绑窗”。实际情况是当时海宁有很多来自西部的民工，他们老家水少而海宁水多，曾发生过小孩玩水溺亡事故。但这些民工又舍不得花钱让孩子上幼儿园，于是上班时就拿绳子把孩子系在门窗上。但这事当时媒体报道后已经解决，2011年时又有网友在微博上发布此类信息，并得到@姚晨、@任志强等转发，影响很大。当时我们用了一个下午、一个上半夜约12至13个小时的时间，一方面发布正确信息，另一方面积极搜索微博上转发的错误微博，网友转到哪里我们就评论跟帖到哪里，附上真实信息地址，最终事态得以平息。当时曾有网友评论说海宁司法利用微博解决微博上的问题，没跨境、没删帖，是舆情管理的一个良好个案。

另一件是今年3月23日，海宁高老汉在钱塘江边救起了一对夫妻，但在次日的媒体上如《海宁日报》、《浙江法制报》等却只出现了民警救人的报道。我先是转载了网友发布的相关微博，后来我又发布原创微博，引起很多网友转发以及媒体关注，最终媒体纠正了之前的误报，高老汉也重新被媒体列为救人者。

问：对那些潜水微博或对微博还不太了解的政府机构、官员，您有什么建议给他们？

答：潜水微博的官员、政府机构对微博还是重视的，但同时又害怕微博，实际上还是不了解。他们可能认为潜水也能了解微博，但潜水尝到的味道是普通网友的，实名认证后网友对你的要求是不一样的。我建议他们还是要亲自尝试，胆子大一点，早日入“水”。

第四节　桥上人家（南京城管队员赵阳）

问：赵阳您好！请问您是什么时候听说的微博？是在什么情况下开通的微博？

答：我一直关注新的网络传播方式，比如论坛、博客，2009年微博出现后，我觉得微博是对自己创办的论坛、博客的一种补充，而且维护起来非常方便（比如用手机随时可以发），沟通更快捷，所以立刻就开通了，基本可算国内最早的一批微博使用者。

问：按理说，“城管”这个话题本身应该比较受网友关注，您也是城管界知名人士了，您微博的内容、风格，也与@派出所值班那点事有相似之处，但@派出所值班那点事粉丝很多，您的微博粉丝只有两千多个。您分析原因何在？

答：首先我对粉丝数量的问题有自己的看法，通常一个微博有2000多粉丝已经相当不错了，当然这里的2000多粉丝是有“质量”的粉丝。我每天都在拉黑那些骗粉、卖粉的粉丝，这个数量是相当可观的。我也不去刻意想办法增加粉丝，你可以看到我关注的人只有300多，不会为了“互粉”而关注别人，而@派出所值班那点事关注了1999人，几乎达到了新浪关注的上限。我的目的不是通过微博来交友或扩大影响，等等，而是表达个人的看法、记录自己的生活工作、和关心城管的朋友探讨问题，毕竟我注册的是个人微博而非单位的官方微博。那些只发了几条、几十条微博就拥有数万甚至十几万粉丝的微博，有的明显不正常，有的未必真的有那么大的影响力。我的微博由于有大量媒体关注，所以微博内容常常作为新闻线索被媒体报道，我觉得这比粉丝数量更重要。最后，其实我在新浪、搜狐、网易、腾讯都注册认证了微博，新浪的粉丝数是最少的，腾讯今天的粉丝数近三万，这和网站的推广力度有关，我也在研究网站之间的差异。对我来说，微博是我的一种工具，而不是全部，我还有自己的工作，还要主持城管论坛、写城管评论（博客）、接受各地媒体采访等等。

问：您如何看待城管开通官方微博和个人微博？据您了解，目前各地城管系统对微博的认可、开通程度如何？

答：不管是城管的官方微博还是个人微博，我都支持，这种方式非常便于城管和群众的沟通交流。目前各地城管也陆续开通了一些微博，是一个好的尝试。但是，他们大多是将微博作为一个宣传亮点，并未熟练掌握微博的操作，内容也较为缺乏。

问：我个人观察到，部分城管官方微博粉丝多、互动少，对此您怎样评价？

答：正如我前面所说，部分官方城管微博只是将微博当做宣传亮点，不熟悉微博的操作，所以就会形成粉丝多、互动少的问题。这样的微博起不到任何作用，反倒很“难看”（犹如一个人在那自说自话，有的甚至长期不更新）。官方微博作为一个对外发布信息和收集反馈的窗口，应该有一个团队进行操作，有计划地以网民喜闻乐见的形式发布权威内容，及时回应网民的问题，这个要求对城管部门来讲还是比较高的，比如南京城管局就至今未能开通微博。

问：您认为微博上的城管形象与真实的城管现状有出入吗？

答：虽然有一些城管局开通了微博，但“微博上的城管形象”与现实中公众对城管的印象是基本吻合的，两者反映出的城管外在问题，大体没有出入，但他们对“真实的城管现状”基本一无所知，比如城管的法规、城管队伍的现状、执法的困境、城管内部管理和体制，等等，公众基本不清楚，也就谈不上是否有出入了。这些内容正是需要告诉公众的。

问：您觉得微博会对改善城管工作、改善城管形象起到什么帮助吗？

答：真诚、认真地做，才能起到帮助。比如我去做了，对我的工作就有帮助，起码也改善了别人对我这个具体城管的印象。

问：您在网上曝光城管的一些事情，尤其是对本地城管的曝光，有没有领导给您压力？

答：当然有领导给我压力。不仅是本地领导会给压力，曝光外地的，外地领导也会给压力，这就是国情。

问：您一直在揭露的“全国城管局长联席会议”，目前最新的官方回复怎样？您是否满意？

答：我是通过微博发布的民政部官方回复，媒体有报道，具体可见这个链接 http://news.sina.com.cn/c/2010-09-20/032921136876.shtml。联席会议事件逐渐平息后，罗亚蒙又去香港注册了“中国城市管理协会”，换了马甲继续操作（类似世界杰出华商协会），我仍在继续告诉人们真相。

问：请问您开通微博后印象最深的一件事（基于微博发生的）是什么？

答：上个月，我在微博连续直播查处本市某城管搭建的违建，从开始查处时我就在微博记录整个过程，多家媒体进行了集中报道，最后对方自己拆除了违建。微博通过传统媒体发挥了更大影响力，媒体对城管不仅有监督的作用，也可以帮助城管查处违章。

问：您平时关注的政府机构、官员微博中，哪些比较有特色？给您印象最深的是什么？

答：我关注的政府机构、官员微博不多，包括一些国家驻华使馆、伍皓、各地城管局、南京本地的政府、官员微博。南京市在新浪搞了个微博城市广场（http://news.sina.com.cn/z/weibonj/index.shtml），罗列了本地政府机构和官员的微博，我常去看看。有特色的要算云南伍皓的微博吧，不过总体来讲，政府机构和官员的微博大多没有“特色”，有的所谓特色至多也只能算是“噱头”，很少有我需要和感兴趣的东西，还不如媒体微博。

第五节　桃源网（湖南桃源县政府网站官方微博）

采访对象：

@桃源网元晓（桃源县政府网站负责人余立斌，桃源微博的维护管理员）

问：作为中国第一家政府官方微博，@桃源政府网站（即现在的@桃源网）是在什么时候知道有微博、又是在什么情况下决定开通微博的呢？

答：从2009年9月新浪微博内测开始不久，我们就开始关注并摸索使用微博，当时觉得很新奇，凭直觉预感到这东西一定会火爆。

我们最初注册的是纯个人娱乐性账号，只是在登录账号之后到处浏览闲逛，发现微博信息更新极为迅速，转发推广特别快捷。

用过一段时间之后，在办公室里和同事们谈起微博，说这东西太了不起了，可以作为我们网站一个非常好的宣传形式。

记得当时办公室有个姓黄的技术员就建议注册政府网站官方微博，我们立即付诸行动，注册了“桃源政府网站”微博，目前昵称已经修改为“桃源网”，那一天是2009年11月2日，并于11月7日向新浪网提交了实名认证资料，11月11日获得实名认证，成为国内首个经过实名认证的政府官方微博。

最初发布信息主要是将政府网站的信息照搬到微博上面，内容涉及县内一些领导活动、县内大事等方面的政务信息，几天以后发现网民对这类信息根本不感兴趣，有的网民还直截了当地说“你们县里那点事儿也能算大事？”为此，我们对微博发布的内容进行了调整，重点发布一些本地风景、趣事、民俗、特产等方面信息，调整之后发现，网民对这类信息更为关注，评论转发多了，粉丝数量也不断增加。

此后先后开通人民微博、腾讯微博、凤凰微博、网易微博和搜狐微博，其中人民微博、腾讯微博、凤凰微博先后经过实名认证，且更新维护相对更加经常一些。

问：能否介绍一下@桃源网微博的幕后团队？例如人数、分工、幕后故事，等等。

答：参与桃源官方微博维护的人员目前主要有3人，同时桃源政府网站工作人员先后在新浪、腾讯开通微博10余个，形成了一个小小的微博群，主要是方便信息的互动转播。

余立斌（桃源县电子政务办即原桃源县信息化办主任）主要负责维护@桃源网微博；

刘占军（桃源县电子政务办即原桃源县信息化办支部书记）主要负责维护@桃源县人民政府微博；

邹静（桃源政府网站编辑）参与@桃源县人民政府、@桃源网微博的维护管理。

问：@桃源网与@桃源县人民政府两个官方微博，在定位上有什么不同？为什么在微博上@桃源网比较活跃而@桃源县人民政府截至2011年8月11日只发布了306条微博？

答：实话说，@桃源网与@桃源县人民政府两个微博开始注册之时并未考虑太多定位方面的问题。@桃源网微博原来为@桃源政府网站，一直是作为桃源微博宣传的主要平台，在新浪网、腾讯网、人民网、凤凰网、网易及搜狐都是以此命名，因为感觉命名有些狭隘，所以在今年7月初修改为@桃源网。@桃源县人民政府是2009年11月5日注册，当初注册时候，一开始只是觉得如果有人以此发布另类信息可能会对现实中政府造成负面影响，当时也还没有完全弄明白新浪认证的意义，这个微博最初用“中国人民政府”、“湖南省人民政府”等名字都进行过实验，一直到11月7号正式提交认证资料才确定为@桃源县人民政府。

两个微博目前是同一个团队在进行维护管理，但在感觉上，@桃源县人民政府太过严肃正规，因为一发言就代表桃源县人民政府，在信息发布和互动上有太多压力，不敢越雷池一步，所以发布信息相对比较谨慎，可以说目前此微博还没有真正建立起良性的运行机制，还需要继续进行探索。相对而言，@桃源网显得略微轻松一些，一直也特别注重和微博网友进行互动交流，基本形成了自己的运行机制与展示特色，以后则需要培养培训一个良好的维护管理团队，需要在运作策划上面多想一些办法。

问：此前有媒体报道称@桃源网“涉及本地的负面信息，要坚决发声”。

遇到微博上关于桃源的负面信息，@桃源网一般是怎样及时监测并处理的？

答：政府微博直接体现政府的公众形象，要敢于直面围观和谩骂。政府部门开微博，最大的挑战不是资金问题，不是维护人员问题，也不是政治方向问题（因为政府网站的政治方向是绝对明确的），政府部门在面对网络围观时需要承受的压力才是最大的问题。政府部门是公众关注的焦点，在微博上面的一言一行、一举一动时刻都会有人在监督、在围观，政府微博直接体现了政府的公众形象。政府微博的维护者，虽然都是有血有肉有感情的个体，但在维护微博、面对围观之时，冷静地控制个人情绪、客观地面对围观压力至关重要。

2010年11月，常德79岁老太太李连枝非正常死亡，尸体被警方运至殡仪馆事件发生后，香港《凤凰周刊》记者邓飞通过微博发布信息数十条进行报道，一时之间，“抢尸案”在网络掀起轩然大波，很多网友将老人的死和桃源联系起来，当此之时，“桃源政府网站”官方微博面临着巨大的网络围观压力。压力主要是要求说明真相给出说法和遭遇众多人群殴谩骂。

当时，我们面临着非常尴尬的局面：一方面，事情并非发生在桃源，尽管有人将老人的死与桃源步行街案件联系在一起，但这不是“桃源微博”所能够说明清楚的问题；另一方面，在如此群情汹涌、围观如潮的关键时刻，桃源政府网站官方微博如果一味沉默，就等于桃源默认整个事件，等于承认自己理亏。所以我们别无选择，必须面对挑战！

我们当时采取的策略是：冷静面对，客观陈述，每条必回，绝不对骂。理由很简单：网民可以言语自由，但政府官方需要谨言慎行，如果官方微博言语有失检点，会直接影响到政府的公众形象。我当时的想法是：虽然直接挨骂的是个人，但心里就把“桃源政府网站”官方微博当做一个网络ID符号，就算挨几句骂，也是那个ID承受的。这么一想，心里也就轻松了。

记得当时有不少人大骂桃源的干部无耻，更多的微博则是要求桃源给出事实真相。我们当时是这么回复的：“桃源从来没有想掩盖，桃源也希望公开真相。”“我们也期待着有更明晰的细节公之于众，不过事情不是发生在桃源，虽有人想附会到桃源来，但桃源又凭什么出来进行公开？”

@范一菡在微博中说："你们害不害怕，你们会不会做噩梦，会不会梦到因你们而逝去的人们的惨白的脸，你们会不会良心不安？[此条你们可以忽略，禽兽不如的食人的不知毛个生物怎么会有良心咧]"我们回复："我们只是认认真真、实实在在地维护好这个围脖平台，与每个关注者沟通交流，自问于心无愧，又何怕之有？"

有微博说"你们领导一个谎言就让你为之努力的故土蒙羞。"我们回复："为家乡努力不会因为有这样那样的批评就戛然而止，家乡的魅力也不会因为人的来来往往就不复存在，那可是千年的积淀！我努力，我情愿！"

当然也有很多好心的人一直在鼓励我们，给我们出了好多主意。有位@单学刚的朋友这么说："我是对事不对人，非刻意批评你们，我也理解，涉及领导了，你们也很难做。我感慨的是对目前政府争相开微博的意义和作用到底是什么，肯定不是单单为了形象宣传，我想最重要的就是突发事件应对，微博把发酵时间大大缩短，不能和网民同步掌握这种快捷工具去及时应对危机，就会很被动。胡泳老师的政府微博三原则你们可以看看。"

有位@纠结再见的桃源老乡鼓励我们说："别解释太多，你应付不过来的。你不是专门做公关的，说话难免被人抓到漏洞。他们中有太多都是媒体人盯着咱们呢，最好不说什么。谁也别回复。小城人善良实诚，你玩不过他们的。好好做你自己的宣传就行。别为不是你的职责越俎代庖。我相信事实总会有浮出水面的一天。虽然我很心痛，也知道某些官员的恶处，但你没必要为此背负什么，小心说错话两边不讨好。"

有位@竹蹊朋友让我们另外注册小号和人讨论或者干脆直接拉黑，当时我还不知道怎么使用拉黑功能，他特别详细地教了很多具体方法。后来我们回复@竹蹊："谢谢您的提醒，不过这种方法暂时还是可以不用的。您说的对，政府围脖低调一些好，但如一言不发，别人会当成理亏来看。说说想也无妨，挨几句骂也没啥关系，别人骂我们不骂，高下明眼人一看就知。注册私人ID也会被当成5毛，还不如现在这样坦然一些。"

后来常德市有关部门给出了官方说明，事件才慢慢得到平息。非常感谢那些好心的朋友们，让我们在最危难的关头得到了最温暖的激励，让我们更有信心顶住了使用微博以来最大的舆论压力，也算是熬过了一劫。

问：2010年11月，常德发生抢尸事件。期间@邓飞曾以“揭开桃源黑幕”为题发布多条微博，也引来很多网友对桃源的批评。请问，@桃源网如何看待这一事件？

答：其实，在网络如此发达的时代，一个地方因为公众事件引起人们的关注是非常正常也特别经常的，被围观是一种常态，关键需要正确面对和应对。一是不能回避，不能躲躲闪闪、遮遮掩掩。虽说如此，很多地方发生一些重大事件之后，往往有太多条条框框，有太多压力，担心动辄得咎，不敢发声，但这样更容易导致事件发酵。二是态度诚恳，不能盛气凌人、语无伦次。在网络上，一旦有疏忽，就会成为网民攻击的把柄。要有那种“当人打你的左脸，你将右脸也靠近去”的勇气，有专家说“现实中的强势政府在网络上是弱势的”，这是很有道理的，作为政府官方微博的维护人员，首先得低下身子，诚心待人，恳切对事。三是善于借力，不能自陷绝境、孤军奋战。一般事件发生之后，尽管网络有些不分青红皂白，但有正义感的人、明辨是非的人很多，特别是在微博上有不少专家学者、媒体记者、明星名流，如果能够赢得他们的理解，由他们出面说上一句话，那就真的可以称得上是“一句顶一万句”。

问：@桃源网会不会删除网友评论、拉黑粉丝？如果有，一般是在什么情况下？

答：一般不会删除网友评论、拉黑粉丝，到目前为止，尚未做过诸如此类的操作。一直以来，也有不少比较过分的评论言语，一直都还保存着。但还是有可能删除一些东西的，比如垃圾信息、广告信息等，这些在私信里比较多。

问：@桃源网运行这么长时间以来，平时您感觉最棘手的是哪类问题？

答：主要是对官员腐败、社会矛盾问题的反映，感觉不好把握，因为很多事情涉及方方面面，原因复杂，特别是一些历史遗留问题，长期得不到处理，自有其复杂的根源，不是微博维护者所能解决的，所以此类问题的答复往往难以满足网友的心理需求。

问：对于一些常规性的宣传稿件，网友关注度较低，对此@桃源网有没有什么办法？

答：对此，目前桃源网由于资金和人手的原因，还没有太多的探索和成

效，但个人感觉可以从多方面下力：

一是建立属于自己的微博粉丝群，即建立一支长期的、忠诚的、固定的微博队伍，微博成员组成可以多种多样，对于常规宣传信息，形成自觉相互转发的氛围，因为每一个微博的粉丝各有不同，影响辐射范围也会不同。

二是善于借助一些微博推送团队的力量，办法很多：可将自己的团队成员安排安插到那些推送群体中，免费借力推送信息；也可以根据宣传稿件的重要程度适当花点小钱主动购买推送服务，尽管稿件属于常规范围，但也有些具有重大意义，需要扩大影响，适当花钱是值得的。

问：作为县级政府网站官方微博，可能在新闻资源、影响力等方面无法与省级、市级政府官方微博相比。请问，@桃源网如何在目前条件下更好的运用微博，有没有什么计划？

答：桃源微博今后努力的方向，毫无疑问，未来互联网的迅猛发展将更加直接和明确地体现在移动互联网上，微博是当前移动互联网最成功的应用。政府部门在迎接互联网时代诸多挑战时，需要与时俱进，需要不断适应移动互联网的发展要求。今后桃源微博需要做的工作主要在以下几个方面：

一、努力在培育微博维护管理团队上下工夫。管理政府微博对工作人员的要求：一是需要满腔的热情，微博的维护管理最重要的是坚持不懈，要每天进行维护更新，不能三天打鱼两天晒网，需要管理人员真心地热爱这项工作，但要做到不容易，因为经常会挨骂，需要时刻谨小慎微、小心翼翼；二是需要一定的政治素养，网友经常会有一些诉求，需要工作人员给予政策解答甚至实际落实解决；三是需要宽广的胸怀，政府微博被围观甚至挨骂是很正常也很经常的，需要有宽广的胸怀和容忍度，别人骂、政府微博不能对骂，需要无比的耐心。桃源县以往一直是由工作人员兼职维护管理，在以后将逐渐探索建立专职管理团队，包括信息发布、推广宣传、活动策划、客户服务、线下跟踪等多方面人员，着力打造一支全方位管理和应用微博的运营维护队伍。

二、努力在主动参与微博问政上下工夫。随着人们越来越多地进入网络，通过互联网和移动互联网要求解决的问题和诉求会与日俱增，桃源县在开通微博以来，通过微博反映并要求解决的问题是比较经常的，尽管刚开始的时候数量不是很多，也一般都不是特别重大的事情，但网民诉求无小事，需要格外慎重对待。要建立一个从微博管理到现实应对的良性互动机制，包括微博受理、调查核实、回复反馈等程序。同时，对微博上反应出来的各类情况包括各类建议，编发成微博信息简报，呈送给县内相关领导提供决策参考。

三、努力在日常管理运营策划上下工夫。不能让微博成为装潢门面的摆设，需要更好地体现其应有的价值。主要是四方面：一是在微博内容设计策划上出新意，要持久地有创意地将桃源本地信息传达出去，让更多人了解桃源、熟悉桃源、喜爱桃源；二是在吸引桃源本乡本土人和关心桃源的人上出点子，微博需要人的关注，怎么才能获得桃源本地人以及关心桃源的人持久的关注，需要想一些好的办法；三是在推广桃源特色上出效益，运用微博更好地推广宣传桃源，努力把桃源的特色和特产介绍给更多的人；四是在应对网络舆情化解危机上出措施，能够做到积极主动应对任何关于桃源本地的舆论危机。

问：您平时关注的政府机构、官员微博中，哪些比较有特色？给您印象最深的是什么？

答：一、云南伍皓。为人直率，热衷网络特别是微博，在宣传云南和红河方面很执著，也产生了较大社会影响力。但他的微博有时显得比较轻率，缺乏政府部门应该有的严谨。因此他在很多方面都容易引起争议，并产生了一些不必要的负面影响。

二、浙江蔡奇。有长者之风，微博严谨细致，尤其充分调动了整个浙江组织部门参与微博，产生了较大的社会反响，有非常大的积极意义。

三、广东肇庆公安微博。领导重视投入大，维护团队比较完备，管理相对较为规范。

第六节　成都发布（成都市人民政府新闻办公室）

采访对象：

@云楼阁老（@成都发布主编庞惊涛）

问：2010年6月23日，@成都发布开通新浪微博。这在政府机构官方微博中并不算早。请问成都市人民政府新闻办公室是在什么时候知道有微博、又是在什么情况下决定开通微博的呢？

答：知道微博还算比较早，我本人的微博是2009年10月22日开通的，但用得很少。当时对这个工具的认识还仅限于个人沟通，觉得可能是一个类似于UC、MSN、QQ等的工具。至于@成都发布官方微博，是新浪总部的负责人跟我们提过，我们经过一段时间的了解、分析和酝酿，觉得微博可以作为政府新闻发布的一个补充载体，就开通并认证了这个新浪微博，并在6月23日发布了第一条博文。当时成都应该是副省级城市中第一个开通微博的。

问：能否介绍一下@成都发布微博的幕后团队？例如人数、分工、幕后故事，等等。

答：我们的团队是成都市人民政府新闻办公室新闻发布处。这个处是5·12地震后新设立的，主要职能有三个：政府新闻发布会、突发公共事件舆论引导、新闻发言人培训（注：成都市政府新闻办公室官方网站上对该处职能的介绍为“负责承担市委、市政府对外新闻发布的组织工作，管理全市对外新闻发布会并受理外地单位来蓉举办新闻发布会的申请”）。

新闻发布处共有六人，@成都发布的工作，开始是一个人兼职，整个新闻发布处协调配合，2010年10月左右由我专职负责。当然，一些微博直播、策划就是大家共同协作了。运营这个微博，我们有很全面、很专业的考核办法，其作用既是鼓励我们做好做出影响，同时又给我们施压。其中一个重要的指标就是连续三月考核分数在60分以下，主编就要免职。

问：此前我对成都市人民政府新闻办公室的一些工作也有所了解，据说你们有个称号叫“新闻110”是吗？能否简单介绍一下成都市新闻办在信息发布方面的一些创新举措？

答:“新闻110”的说法主要是针对突发公共事件舆论引导的应急响应而言。2009年成都6·5公交车纵火案后，市委市政府为提高突发公共事件舆论引导的应急响应速度，给新闻发布处配备了一辆应急专用车，车上装备有临时发布台、记者签到的指示牌（易拉宝）、话筒、电脑、打印机等，便于我们在事发现场能尽快举行简易的新闻发布会。“新闻110”的称谓即源于此。

例如6·5公交车纵火案，在事发两小时之后，成都市新闻办即在事发地附近召开第一场新闻发布会，当天下午2时和深夜11时又连续召开两场新闻发布会，第三天晚11时召开第五次新闻发布会，及时公布事件进展。再如2009年内地首例甲型H1N1流感病例在成都检出后，在国家卫生部发出正式公告后的5个小时之后，成都市新闻办即于5月11日凌晨2:50召开了第一场新闻发布会，开创了建国以来当天最早举行发布会之先河。并在密切接触者解除医学观察的7天时间里，每天在固定时间、固定地点均以市政府新闻办名义召开新闻发布会，向媒体和社会发布防治工作的最新动态。

在突发公共事件舆论引导方面，成都市建立了完善的突发公共事件应急报道机制，在突发事件发生后迅速启动“突发公共事件应急新闻报道工作预案”，由市委宣传部牵头，相关责任部门组成，市政府新闻办、网宣办和海外媒体服务中心等多部门协同配合，以政府新闻发布为统一信息出口，多部门联动，信息提供充分、透明，全程主导舆论走向。这一机制在实际工作中也取得了很好的效果。

问:作为政府官方微博，有时候网友各种问题都会找过来，如果不是本部门负责的事情，如何回复网友？如果网友问到涉及其他部门例如公安局、教育局等，但又和宣传口有关的问题，这种情况下@成都发布线上线下是怎样一个处理程序？

答:我们现在的工作模式是对这些问题进行搜集整理，按期交换给相关部门，因为还涉及其他部门的处理、回复，目前暂时不能做到有问即答。但相关部门对这些问题回复之后，我们一般也会尽快回复网友，而且回复信息是@到网友本人，通过@本人让更多的粉丝和网友看到。

问：媒体报道称@成都发布计划对成都市各部门及各区县官方微博进行整合，请问具体都有哪些规划？

答：这个还在计划之中，总的思路是整合成都市各个部门和区（市）县的资源，打造“微博之城”，这个“微博之城”要比单纯的微博聚合页面功能要丰富得多。成都有十九个区（市）县，再加上高新区，把一些部门的资源整合起来，实际上就是一个庞大的政府微博群。这个群基本上能够满足成都本地市民的衣食住行的信息诉求，能够实现全域成都的覆盖。我们希望通过这种方式，为成都市民提供更好的服务。

问：有没有遇到网友在微博上散布有关成都的负面信息和不实消息？如果有这种情况，@成都发布一般是怎样及时监测并处理的？

答：关于网友负面消息的问题，粉丝、网友、市民稍微有点过头的、过激的言论，我觉得都是可以理解的。我们用一句话叫“爱之深、责之切”，如果他对你不是特别关注和重视，他可以不在乎你，你说什么东西对他来说无所谓，微博存在的价值就大打折扣。做政府微博，无论是做管理者，还是做具体内容的资讯者，我觉得必要的是端正心态。目前除了非常恶性连续性的比较极端的评论我们会进行特殊处理以外，对于一般的评论，我们是一种尊重、包容的态度。同时我们还会就网友提到的问题向涉及的信息管理部门咨询，如确需澄清或公开回应的，才予以回应。例如2010年8月成都市民间流传“中心城区将要停水”的传言，@成都发布就连续发布3条微博进行辟谣。

问：@成都发布运行这么长时间以来，平时您感觉最棘手的是哪类问题？

答：主要还是在吸引人气和把握底线之间的尺度把握问题。我个人是希望尽量的“活”，让微博更有亲和力，但这个尺度有时候比较难把握。总之，要做好政府微博，不仅仅是需要创新和想法，一套适用于新媒体发展的管理体制可能才是最主要的。

问：对于一些常规性的宣传稿件，网友关注度较低，对此@成都发布有没有什么办法？

答：这是天平的两端如何平衡的问题。作为政府平台，一些诉求必然是网友不是很关注的，但完全倾向于网友了，则失去了政府平台的作用。我们尽量用市场的办法，使这些宣传稿件更贴近网友吧。

问：现在@成都发布粉丝已经超过百万，名列全国政府官方微博第一。请问接下来在更好的运用微博方面有什么新的规划没有？

答：刚才提到@成都发布计划对成都市各部门及各区（市）县官方微博进行整合，这项工作我们正在推进中。@成都发布口碑在外，但是我们自身需要学习和借鉴的东西也很多。客观讲，@成都发布有些探索也不一定完全正确，或者是说有一定领先，相对其他政府微博而言，稍微早走了一步而已。现在很多政府微博在管理和发展模式上，都有很多值得学习和借鉴的地方，@成都发布也要及时汲取这些好的经验。

问：您平时关注的政府机构、官员微博中，哪些比较有特色？给您印象最深的是什么？

答：@微博银川整合资源做得不错，@南京发布的活力比我们更强，后劲大，@外交小灵通的活跃度也不错。比如@南京发布在微博上传出“五品夫人”事件后及时辟谣，南京的微博广场，突发公共事件必须在微博上进行回应和公开，这些都是需要我们在下一步学习的做法。官员微博方面，@蔡奇蔡叔是个标杆，他在微博上溯源、直击关键人、迅速澄清的做法都值得学习。

第七节　平安肇庆（广东省肇庆市公安局信息公开微博平台）

问：在微博上多次看到 @ 平安肇庆团队、个人照片，能否介绍一下 @ 平安肇庆微博的幕后团队？例如人数、分工、幕后故事，等等。

答：我科共 10 名民警，其中 9 人兼职值微博；分上午、下午、晚上三班。其他窗口部门共 10 个警种轮流上线白天值。节假日、晚上有我科值班。

问：请问 @ 平安肇庆的运行机制怎样？例如公共关系科如何与肇庆市公安局其他部门、各分局、市 / 县局有效配合，如何及时回复网友问题等。

答：运用回复网民口径库回复，各县（市、区）、市局各警种，通过 QQ 群和问政邮箱联系。回复的原则是：网言网语、单位立场、人性化。

问：广东省公安厅要求全省 21 个地级市公安机关全部开通微博，肇庆市公安局也要求全市 9 个县市区公安机关开通微博。请问目前肇庆公安微博群运行状况如何？

答：运行很正常，能为群众办事。

问：@ 平安肇庆 5 月 31 日有条微博提到“网络问政口径库”，能否介绍一下相关情况？

答：凡是警务公开的内容，统统列入。如身份证丢失如何补办，如何考驾驶证等。

问：请问官方微博的负责人如果开通实名认证的微博，该如何区分个人微博和官方微博言行？即使在个人微博上表示仅代表个人，但仍会有网友问及公务问题，这时候该怎么办？

答：回复时，表明仅代表个人。在官方微博值班时，则代表网络发言人。

问：@ 平安肇庆会不会删除网友评论、拉黑粉丝？如果有，一般是在什么情况下？

答：从来不删网友评论，从来不抹黑。

问：@ 平安肇庆运行这么长时间以来，平时您感觉最棘手的是哪类问题？

答：公安业务以外的咨询；非本地的案件咨询。

问：对于一些常规性的宣传稿件，网友关注度较低，对此@平安肇庆有没有什么办法？

答：一般会议不发，小事儿不发，形象宣传的少发。

问：@平安肇庆引领了公安微博“平安××”之风，对于新开通或即将开通微博的公安机构，请@平安肇庆给他们一些建议。

答：公安微博生命力是告知真相，公安微博的意义在于为民办实事、解疑惑。

问：您平时关注的政府机构、官员微博中，哪些比较有特色？给您印象最深的是什么？

答：我科9名值班民警和20个其他警种的值班人员，各有各的关注点，各有各的印象。因为我们值班的是一个团队，不是一个人。我们主张：八仙过海，各显其能。

第八节　平安南粤（广东省公安厅官方微博）

问：目前@平安南粤粉丝已经超过一百七十万，成为全国公安微博乃至政府机构微博中粉丝最多的一家，请问@平安南粤后来居上的最大秘诀何在？

答：虽然我们的粉丝数在公安政务微博群体里一直领先，但我们不会刻意追求绝对数量的多少。就政务微博而言，粉丝数的多少往往与地域、级别、互动频率、媒体推介力度以及对公共事件和热点话题介入程度等多种因素相关，粉丝数字只是参考，不能完全说明微博的影响力和传播力大小。

问：2010年4月30日，广东省公安厅下发通知，要求全省21个地级市公安机关全部开通新浪微博，这一要求现在来看取得了很好的效果。当初讨论、下发这一要求时，有没有遇到阻力和不解？

答：没有遇到太多的阻力和不解，网络问政在广东已经成为一种习惯，既是领导决策层面的思维、认识"习惯"，也是工作人员等操作层面的工作、执行习惯。

问：广东省公安厅的腾讯微博为什么不继续@平安南粤的品牌而改叫@广东省公安厅？

答：新浪微博的@平安南粤微博沿用了"平安南粤网"的品牌，之所以在腾讯微博改叫@广东省公安厅，是因为我们2007年起就通过QQ以"广东省公安厅"名义与网友在线互动，采用这个名称更方便腾讯网友找到并关注我们。

问：腾讯微博网友称呼@广东省公安厅为"厅哥"，请问这一称呼最初是怎么叫开的？您感觉腾讯微博、新浪微博各自的网友氛围、风格如何？

答：这是一个流行哥和姐的网络时代。大家在腾讯上称呼@广东省公安厅为"厅哥"，感觉很亲切，这既是对我们信任和支持，也是对我们最大肯定。

问：与其他活跃的公安机构微博相比，我发现@平安南粤的语言相对正式、传统：例如在转发省内其他公安机构微博时，往往只是"转发微博"

四字，而无更多评论；在发布一些警务信息的时候，语言也比较传统——请问您如何看待这种风格的优、缺点？

答：政务微博应有自己的风格，我们一直在努力寻找平衡点。

问：@平安南粤会不会删除网友评论、拉黑粉丝？如果有，一般是在什么情况下？

答：我们一般不会删除网友评论或拉黑粉丝，重复发送信息和广告除外。

问：@平安南粤运行这么长时间以来，平时您感觉最棘手的是哪类问题？

答：最棘手的是问题是没法协调解决一些明显超出公安机关职责范围的问题和诉求。

问：对于一些常规性的宣传稿件，网友关注度较低，对此@平安南粤有没有什么办法？

答：少发或者不发。

问：对于新开通或即将开通微博的公安机构，请@平安南粤给他们一些建议。

答：在正确的时候，用正确的方式做正确的事情，更多的建议请参考《粤警微风》一书。

第九节　邓飞（免费午餐发起人、凤凰周刊记者部主任）

问：邓飞您好！请问您是什么时候听说的微博？是在什么情况下开通的微博？

答：我的第一条新浪微博发布于 2009 年 8 月 30 日，应该是在新浪微博公测两天之后。当时是听一个朋友说起微博，才开通使用的。但开通前一个月使用的比较少，只发布了几条微博。

问：那又是在什么时候开始发现微博的威力呢？

答：2009 年“宜黄钟声”事件应该是第一次发现微博这么大的威力。在此之前，我陆续通过微博对之前的媒体资源进行整合，也已初步发现微博的威力。

问：从宜黄事件、常德抢尸案到微博打拐，我们都能看到微博的力量，之前您接受《新快报》采访的时候还说过“微博帮助我得到一种建设的力量”。请问您认为微博会给社会带来什么样的变化？

答：例如打拐、免费午餐项目，网友们齐心协力一起行动，最终影响了国家。我觉得在这个过程中，微博带来了人的改变，让人心团结，共同处理问题，最终对政府形成合力，促进社会改变。

问：您发起的打拐和免费午餐活动，很欣慰都引起了相关政府部门的关注：2011 年 4 月起，全国警方将开展为期 6 个月的来历不明儿童集中摸排行动；从 2011 年秋季学期将启动民族县、贫困县农村免费午餐试点工作，并将宁夏确定为首批试点省区——在此过程中，除了您和项目团队的努力外，社会各界、媒体以及网友“微关注”的力量，在推进政府责任落实方面起到了哪些作用？

答：网友推动政府有几种方法。之前网友和媒体大多的方法是负面报道，对政府进行监督，多是鞭挞、批评。当然也有一些官方媒体采用表扬和鼓励的方法进行。有了微博之后，就有了新的手法，可以用建设的方式来推动。基于微博这一平台，我们可以起而行之，做给大家看。之前是有心愿、无工具。现在有了微博工具，我们知道怎么做，又能够去做，就会对政府形成一种全新的冲击和压力，能够让社会看到，民间组织、个人也能做得很好，同时通过微博还能让更多人形成共识。这样对政府就是一种震撼：公众会怎么看待政府？会怎么批评政府？这样就会促进政府责任的落实。

问：在常德抢尸案中，去世老人李连枝的孙女 @ 熊惟艺开通微博，对此您评价说“一个微博公民脱壳而出，清脆清新”——请问，微博时代的到来，给普通人网络问政带来了怎样的机会？您建议普通人应该如何关注、参与社会问题的讨论及行动？

答：讨论就不多说了，微博上人人平等，任何人都可以成为评论家。至于行动，微博给网友提供了一个更广阔的平台，能够让网友了解到更多的信息。有意愿的话，网友就可以在微博上寻找感兴趣的公益项目，积极参与其中。同时，之前中国的公益组织，在现实中受到的限制较多，信息也比较封锁。近几年公众对民间公益慈善组织的认知有了很大提高，今年 7 月份民政部表示公益慈善等 3 类社会组织可以“不挂靠”登记，现在各类公益慈善组织如雨后春笋般涌现，在微博上可以很便捷的传播其理念、目标，反过来又能聚集更多人的参与。

问：您今年三件事中，“未成年人大病免费医保”项目筹备进展如何？有没有遇到什么困难？

答：现在我们已经和二十多个医疗团队达成了合作，8 月 25 日我和 @ 于建嵘、@ 薛蛮子两位老师在新浪，和新浪微博事业部总经理彭少彬就“未成年人大病免费医保”进行了很好的沟通，预计在 9 月份启动这一项目，通过新浪微博平台更好的推进项目进展。暂时倒没有遇到什么困难，可能还是在今后的资金募集方面。

问：如何使您现在所从事的公益事业各项目能够常规化、制度化的运行下去，这方面有没有什么规划？

答：我知道自己的优势和特长在什么地方，主要在于报道、媒体资源和公信力方面，也知道专业事应该让专业人来做。像打拐、免费午餐等项目，包括今后计划中针对妇女、老人的一些公益项目，项目发起之后的运作，我们会邀请专业团队来负责，这样可能能够更好的推进事情进展。同时，一些项目中的合作伙伴，例如免费午餐项目中的一些图书馆，我们也鼓励他们来捆绑相关资源，共同推进项目进展。

问：现在开通微博的政府机构和官员越来越多，您觉得微博给政务公开、网络问政等会带来什么样的变化？会否推进中国政治改革的进程？

答：微博推进中国政治改革的进程，这是必然的。现在微博已经成为信息发布、扩散的一个重要平台，政府官员必须要了解微博上发生了什么事，如果有和自己相关的，应对的话也要开通微博。包括很多政府官员身边的人都开通了微博，这些都会促进官员们使用微博。政府机构也会通过微博与网友交流互动，促进工作开展。同时，现在使用微博的还是大中城市居民较多，今后微博将逐渐向二线城市等渗透，促进微博上的地区组织化，对政府信息公开、对公权力形成监管和制约。微博将温和的改变中国。

问：您平时关注的政府机构、官员微博中，哪些比较有特色？给您印象最深的是什么？

答：我对@陈士渠印象最深。作为公安部打拐办主任，他经常在微博上发布相关信息，推动打拐事业进展。包括平时他在微博上还经常鼓励一些具体做事的警察，等等，我印象比较深。另外@济南公安公共交通分局平时和网友的互动也很好。

第十节 崔保国（清华大学新闻与传播学院教授、副院长）

问：崔老师您好！请问您是从什么时候开始关注微博？又是在什么情况下开通的微博？

答：2009年8月份新浪开通微博我就开始关注了，但一直没有使用。直到今年，我发现微博越来越火，再不使用的话就要落伍了，才开通了新浪微博。发布的微博条数倒不多，一方面是因为我平时也不太喜欢多说话，另外一方面觉得在现在的工作岗位上说话应该谨慎一些，主要是人们太关注清华了，怕万一说错话给学校带来不好的影响。这种心理可能和你提到的一些政府机构、官员使用微博的心理有些相通之处。

问：您认为微博的诞生将给信息传播、媒体格局带来什么样的变化？

答：目前来看微博的赢利模式还不是很清晰，对传媒产业还没有产生巨大的影响。但对人们的媒介使用、信息传播却带来了巨大的影响和革命，甚至超过了Twitter在其他国家的影响。这主要是因为，中国的媒体没能发挥好新闻、社会公器的作用，而微博的出现，等于给人们提供了这么一个公共空间，在一定程度上可以说微博起到了社会公器的作用。

问：您认为微博的诞生，给政府部门、官员带来了什么样的挑战和机遇？他们应该如何迎接微博时代的到来？

答：现在看来，微博对政府、官员来说挑战多于机遇。它能够对政府部门、官员们形成一种压力，政府部门、官员们头上多了一把达摩克利斯之剑，他们所受的监督无形中也增强了。我认为对政府、官员来说，消极对抗、无视微博不是办法，应该在已有的权威信息发布渠道基础上，发挥包括微博在内的新媒体的作用，多渠道多角度提供更及时丰富的信息，促进政务公开、透明。

问：据您的了解，现在的政府机构、官员对微博是一种什么样的态度？对微博上曝光的负面信息和问题，他们一般是怎样回应、解决的？

答：从我接触到的一些政府机构、官员情况来看，他们一般对微博还是比较认可的，也会比较积极的关注微博上的相关信息，能够积极学习、向专家请教。可以说整体上政府部门、官员们的媒介素养正在逐步提高。

问：您认为政府机构官方微博与政府网络发言人职能有哪些类似之处？又有哪些不同？

答：发言人包括网络发言人更正式、权威，而政府机构官方微博则更为亲和、随意。但现在一些政府机构官方微博表现有些不尽如人意，需加强改善。

问：面对突发事件尤其是负面事件时，您认为政府机构官方微博应该如何行动？背后又需要一套怎样的工作机制与之配合？

答：现在一些公关公司在面对负面事件时，强调了很多所谓应对技巧，我分析他们主要意在掩饰真实、文过饰非，其技巧也未必到位，有时候反倒弄巧成拙。对政府机构而言，我觉得应该抱着真诚的态度，坦诚相见，实话实说，这是最好的方法，也最容易受到公众的理解和谅解。

问：您认为政府官员在微博上应该如何把握个人身份和政府机构身份？

答：我认为应该公私有别。官员开微博，一方面他也是网友，例如隐私等也应该同样受到尊重；另一方面开通微博的官员也应该加强职业意识，认真对待与网友的互动。

问：目前微博问政蔚然成风，开通微博的政府机构和官员也越来越多，如果请您给潜水微博或即将浮出水面的政府机构、官员们说句话，您会给他们什么建议？

答：送给他们八个字：坦诚相见，实话实说。

问：请问您认为新浪微博、腾讯微博等国内微博网站，与微博产品的鼻祖 Twitter 相比各有哪些特点？

答：国内微博网站对 Twitter 产品做了很多改进，比 Twitter 更加丰富，媒体性更强。中国正好缺少这么一个公共空间，可以说国内微博网站是对 Twitter 的创新和发展，也给中国社会发展起到了积极的推动作用。

问：您平时关注的政府机构、官员微博中，哪些比较有特色？给您印象最深的是什么？

答：我平时关注的政府机构、官员微博并不是特别多，比较有特色的例如 @蔡奇、@平安北京、@微博银川等。印象比较深的是，他们和网友的互动比较充分，对网友提出的问题、关注的话题也能够及时回应，提供有效信息，促进政务公开。

第十一节　张志安（中山大学传播与设计学院院长助理、副教授、博士生导师）

问：志安兄您好！复旦大学舆情与传播研究实验室出品的《中国政务微博研究报告》是中国第一份政务微博研究报告，这份报告您是主笔，能否介绍一下报告的研究背景？以及能否简单介绍一下这份报告的简要情况？

答：这份报告发布于2011年4月，数据截至2011年3月20日。报告由上海市社科创新研究基地（复旦大学）舆情与传播研究实验室、中国舆情网共同实施。当时我还在复旦大学新闻学院工作，任复旦大学信息与传播研究中心研究员、“文化繁荣与新媒体发展”上海社科创新研究基地副主任。

《中国政务微博研究报告》对全国政务微博和上海政务微博分别进行了分析，其中，据我们统计，截至2011年3月20日，全国范围共有实名认证的政务机构微博1708个，政府官员微博720个，覆盖全国北京、上海、天津、重庆4个直辖市、28个省（自治区），共32个地区。报告概括了政务微博的主要特点，对各地区、各类别政府机构、官员微博进行数据分析，并发布了“最具影响力”政务/公务员微博排行榜。具体的报告内容，可以到中国舆情网等查看。

问：时间距您发布这份报告已经过去了近一年，据您观察，中国政务微博在此期间又有了哪些新的发展？

答：就我观察而言，政务微博的发展主要呈现以下新特点：1. 部门类型多样化。除公安、旅游、交通等政府部门外，越来越多的政府机构（如税务、社保等）开设政务微博，逐渐呈现“全面开花”的趋势；2. 机构层级两极化。即越来越多地朝更高级别的政府部门和更基层的政府部门延伸，@北京发布、@上海发布、@广东发布等省级政府官方微博成为亮点，而在很多街道、乡镇等最基层的政府部门也开始大量开设微博；3. 微博传播个性化。微博需要体温和个性，如果政务微博千篇一律，很难对网民产生足够的吸引力，所以越来越多的政务微博逐渐打造出个性特点，比如@微成都、@江宁公安在线等。

问：您认为微博的诞生将给信息传播、媒体格局带来什么样的变化？

答：在信息传播上，微博确实具有优势：速度快、门槛低、参与性强、裂变式的传播效能，它可以使信息在短时间内广泛传播，并迅速激发网络舆论。也正因为这些特点，它可以在社会运动中成为资源动员的平台。这在社科院于建嵘教授发起的@随手拍照解救乞讨儿童活动中也得到了充分体现。

微博同以往的web2.0传播模式最大的不同在于：从信息传播的中介转变为社会交往的网络。当公共事件发生时，当事人如果开通微博，经过网站、名记者或者公众人物的推荐，很有可能便拥有了一个信息公共传播的“自媒体”。过去的一两年里，微博在许多公共事件、新媒体事件中，都发挥着最早发布、滚动报道的功能，给传统媒体设置议题。

此外，对新闻生产而言，微博正在影响和改造着媒体的生产机制、报道方式和行业生态。伴随越来越多的记者使用微博、越来越多媒体开设官微，微博正成为重要的消息来源、突破管制的传播渠道、行业协作的动员平台。此外，公民新闻、草根新闻的力量正在不断崛起，微博上的“新媒体事件”逐渐成为传统媒体的重要议题，微博上的网络民意也对不少记者的报道角度和立场产生影响。

问：上面您提到微博可以在社会运动中成为资源动员的平台，请问您如何看待微博的这一平台作用？

答：如果只把微博视做一种新的信息传播方式，实则过分简化了微博的传播模式，亦低估了微博的传播能量。但如果把微博当成社会运动的组织平台、社会动员的重要资源，这种看法也比较理想化，微博对社会动员上的作用也不宜过分夸大。

在具体的“焦点事件”中，微博作为“自动员”的平台和资源的重要性日益凸显。但是，任何一个互联网技术的应用效果都会受制于它所处的社会结构，社会结构中包括政府管制政策、运营商的定位和推广策略等。政府既会充分意识到微博的传播优势，也会重视其可能对社会稳定产生的负面影响。实际上，监管方已经创造出各种各样实用的、有效的方式来管理微博，运营方也聘请了大量编辑来进行把关。这是不可避免的，折射的是当前社会制度的结构性特征，基于这种结构性的限制因素和管理方式，微博在社会运动中能释放的能量不宜过分放大。

问：不可否认微博的影响在逐渐扩大，但同时在微博上又滋生出大量垃圾信息乃至虚假消息，这是否和微博产品、平台自身也有关系？

答：任何工具都像一把刀，既可以用来削水果，也可以用以伤人，关键在于谁在用它、怎么用它。作为一种社会性媒体，微博能够发挥什么样的功能，归根结底取决于社会结构和需求本身。当下中国，公民社会发育不健全，网民的理性还在不断培养中，这种情况下，微博上的意见表达存在缺陷是可以理解的。如果要说问题，我觉得主要有：

首先，大部分的微博用户还是非实名制的，加上短、平、快的传播特点，使微博可能成为不实信息、谣言传播的渠道。譬如2010年有关金庸去世的假消息，就对某杂志官方微博引发了巨大的影响。

其次，140个字符的限制，决定了其所传递的内容是碎片化和快餐化的。如果我们寄希望于通过微博来进行理性、全面的意见表达，是不可能的，要想借此进行理性的公共对话、形成理性的公共舆论，也是不太可能的。

再者，用户长期使用微博、同时逐步放弃阅读报纸，使其可能沉浸于碎片化和快餐化的信息传播环境中，长此下去，这可能最终会影响到其阅读和理解的能力，进而影响批判性思维的培养。

不过，我想强调，这些缺陷并非不可克服或者特别要紧。如微博传播谣言的问题，其实微博本身具有在短时间内自我净化的机制。一条不真实的微博被发表出来，大众可以对这条微博的真实性进行验证，错误的信息在短时间里会被修正。例如金庸去世的消息仅两个小时就得到了香港网友证伪，因为香港并不存在“圣玛利亚医院”。所以，微博本身具有自我纠错的能力。

同样，传统媒体在运用微博作为消息来源时，也逐步确立了一些规范，会对微博消息进行验证、检验，而非直接采信。值得注意的是，在微博上我们也能看到越来越多的学者或是理性的网民主动参与到信息验证中来。任何理性的社会舆论的形成，首先需要意见的表达和对话，我们需要给中国互联网以时间，给微博以时间，不应急于求成。从长远来看，微博应当是具有很大的积极意义的，而理性的网络舆论亦可以通过对话者的理性倡导慢慢达成。

问：现在已有越来越多的政府机构开通微博与公众交流，您怎样看待目前政务微博的现状？这些政务微博怎样才能更好的发挥作用？

答：政府机构以及其他组织，开微博的目的是为了拉近和公众之间的距离，推广自身品牌，增加社会沟通的渠道。微博既是信息公开的管道，又是了解民意的途径。所以，这些官方微博对政府、各类企事业单位都有益处。

但是，我们也不宜过分高估官方微博可能产生的作用，对不少政府部门来说，开设微博主要是上级领导的“命题作文”，是不得已为之的任务，因此对这些部门来说，微博只是换了一种面目的新闻发布会或官方网站。比形式更重要的实质，是我们是否已经建立对公共权力与公共政策的有效监督机制。如果这种公共监督机制是缺乏的、不健全的，那么，政府的官方微博所能发挥的意义也很有限。

此外一些政府部门只将官方微博用一种新的宣传途径，将其原来话语体系下的文字再次张贴在网络上；另一些政府部门虽然有微博，但鲜有更新更几乎不跟网民之间进行互动和交流。这些官方微博的意义寥寥，本质只是一种作秀。官方微博如果依然采用“自上而下”的话语体系，就很难取得好的传播和沟通效果。但也有一些官方微博做得不错，比如“微博云南”（云南省人民政府的官方微博）、广东公安机关的微博等。

那些在我看来做得不错的微博，就是改变了话语的方式并且以服务的心态来使用微博，并向公众提供大量实用信息。譬如上海地铁就利用微博这种渠道向公众发布轨道交通的运行情况和出行提示。这种便民、亲民的微博必然也会受到公众的欢迎。但对于大多数的官方微博而言，改变的仅仅是手段，而其话语和理念的实质并没有发生改变。在这个问题上，我持有审慎乐观的态度。微博本身而言是一种沟通方式，官方微博只是为各类组织增加了一条宣传与沟通的渠道，究其背后还是需要社会制度的健全，让政府必须同民众进行沟通、公共决策必须获得民意支持、必须将自身置于公开透明的环境之下。对微博过于乐观或悲观的看法，我认为都不可取。很多时候，答案其实隐藏在结构中，而不仅仅在行动者身上。

问：与政府机构微博纯粹代表政府官方不同，官员微博一方面是个人微博，另一方面又避免不了“政府官员”的身份。您认为官员个人微博如何平衡所谓“个人性”与“组织性”？

答：在自媒体时代，其实两者是很难完全隔离。只要是实名认证的微博，官员即使用个人身份也很难摆脱网民对公共事务的关注。官员开微博说话应比普通网民更加谨慎，也要求官员有一种更加开放、包容、节制的心态，正视问题，积极投入网络时代发展的大潮流。官员开微博首先要学会“听话”，即倾听网友的意见、建议。官员要在真诚的倾听中读懂民意，并以此作为政策制定的参考，并学会在微博上“说人话”，不讲刻板、空洞的“官话”，而是以通俗易懂的真话与网民进行互动交流。

问：微博作为新型的社交工具，它在为使用者带来便利的同时，无疑也会产生以前未见的风险。您认为政府机构和官员在运营微博中，都存在哪些风险？以及应该如何规避？

答：自2009年政务微博逐渐兴起和风靡以来，不少政府机构和官员陆续参与。在政务微博影响力与日俱增的同时，一些风险也无可回避地显现。如某省级宣传部门官员在微博上的言论不严谨引得各方穷追猛打，由该官员引起的话题甚至成为新浪微博在2010年非常有效的推广手段。另据报道，某市西岗公安分局的官方微博有5000多名关注者（粉丝），但该账户却只关注了一名日本成人电影明星的账户，引起舆论哗然，尽管事后该分局声称账户遭到黑客入侵，但负面影响既成，尴尬已无法挽回。

以上诸例，意在说明，政府机构及其工作人员对于微博的使用，无论在言论尺度、管理规范等方面都存在风险，其影响，既体现在组织层面，也体现在个人层面。具体说来，我和上海理工大学瞿旭晟博士，将其风险概括为如下方面：

第一，信息泄密。可能反映在几个不同的层面：首先，发布内容本身泄露。在政府机关内部信息密级执行不严格的情况下，未经授权的内部信息外泄尤其需要引起警惕；其次，身份信息泄密。政府机构或公务人员的微博账户在注册过程中留下的身份信息亦存在泄密风险；再次，登录平台泄密。目前各大微博平台竞相以“开放”为号召，非官方的登录接口越来越多见。在未知某些登录端口底细的情况下轻易使用，极容易造成账户密码、IP等信息的泄露，甚至引发更为严重的黑客入侵事故。

第二，意见失序。政府机构的微博账户往往由多人轮流维护，不同的工作人员在言语表达方式、语气、立场等多方面都存在差异，有可能造成同一个账户在不同时段对同样或同类问题的评价、意见迥然不同，从而给外界造成立场混乱、无所适从的负面观感。

第三，言语攻击。不可否认的是，在目前传统媒体新闻管理相对有效的前提下，社会舆情的诸多戾气都在通过网络通道肆意发泄。微博是强调对话的渠道，一旦政府机构或官员个人开通账户，就必须考虑如何直面可能存在的言语攻击。其实此类现象已不鲜见。无论是较早使用微博的前云南省委宣传部副部长伍皓，还是近期登录新浪微博的《环球时报》总编辑胡锡进，都无法回避此类尴尬。

第四，“个性”尴尬。微博服务，从其自身的传播特质上看，它无法以新华社或者党报面目呈现在其他网友面前，作为强调对话和反馈的媒体，无论是政府机构还是官员个人，都需要用活生生的、口语化甚至拉家常的方式来讨论问题、交流意见。倘若强制统一规定一两种简单的模式化、类型化的回应方式，则会显得“官僚化”而难讨欢喜与人气。如何做到立场一致而又语言生动、沟通顺畅，会成为政务微博成功运作的关键考验。

第五，“碎片”传播。微博的信息传播属于典型的“碎片化”信息流。进一步来看，微博以内容为依托的单向性“关注”联系方式使得任何信息一旦发布，即有可能被大量转发。政府机构倘若在欠妥的时机发布某些信息，或者分寸把握不当，挽回难度非常大。目前，以新浪、腾讯为代表的商业微博平台已出台某些管理措施（比如，一旦原始微博删除，则转发内容亦被删），但对于那些间接转发甚至截图转发的，则需要大量的人工投入。

问：您如何看待微博问政的前景？

答：若能积极有效地运用，政务微博可成为政府机构快速便捷发布信息的传播平台，与群众网民进行亲密交流的互动空间，还能成为倾听民意、改进工作的重要渠道。

同时，伴随“微博问政”意识的推广普及，全国各地开设政务微博的机构和官员会越来越多。同时，政府对微博的有效、有序管理也会不断加强。

另外，技术再先进，它只是辅助性工具。政府官员听取民意不能放弃那些最传统、最原始的方法，就是深入到真实社会中进行调查和研究，深入基层获得第一手资料，通过与民众的直接接触掌握民意。微博问政再能拉近距离，也比不上实地调研与民众面对面的距离近。

微博写得再好也没用，做得比说的更重要。官员开微博很难真正改变政府的形象，本质上，微博只是工具而已。

第十二节　社科院汪向东（中国社科院信息化研究中心主任汪向东）

问：汪老师您好！请问您是从什么时候开始关注微博？又是在什么情况下开通的微博？

答：您好！我大约是从2009年年底开始关注微博。2010年2月初，在新浪以“向东的围脖”注册了自己的用户名，并发了自己的第一条微博，内容是就男足“东亚四强赛”中国队3：0胜韩国队，表达高兴的心情。

问：请问您认为微博对电子政务都有哪些意义和作用呢？

答：一下子很难说全，说个自己认为最重要的吧。微博对电子政务最大的意义和作用，是为政府与网民互动提供了一个非常便利的手段，这有利于促进政府向更贴近公众的方向转型。

问：您认为政府机构微博应如何与已有的电子政务系统进行有效整合？

答：各类政府机构特点不一，电子政务系统的发展水平不一。如何有效整合，可能没有统一的模式，关键是看用户端的需求和服务公众的效果。

问：据您的了解，现在的政府机构、官员对微博是一种什么样的态度？对微博上曝光的负面信息和问题，他们一般是怎样回应、解决的？

答：我的了解与所有关心这个问题的网民看到的差不多：他们对微博，有的亲力亲为，有的浅尝辄止，有的只说不做，有的敬而远之，有的提防有加；对负面信息和问题，同样是有的主动，有的被动。

问：您如何评价政府机构、官员们微博问政的现状？

答：总体看，政府机构与官员的微博问政刚刚开始。但已有做得比较好的地方政府，比如江苏的睢宁县，我去过实地调研农村电子商务，却无意见识了当地党政利用各种手段，包括微博和其他网络手段，以及手机问政，并取得了明显效果。只要政府机构和官员认识端正，用微博，还是用其他手段都可以。在农村，现在用手机短信可能更便利。

问：您认为微博的诞生，给政府部门、官员带来了什么样的挑战和机遇？他们应该如何迎接微博时代的到来？

答：把自己置于聚光灯下，及时回应公众关切的问题，通畅与公众的交流，本应是政治家和政府机构获取公众信任与支持的看家本领之一。开博，不能说完全是被逼无奈，也不能说完全是作秀，这本身就应是那些政治家的生存方式和政府机构的工作方式。包括微博在内的新技术手段，在赋予所有人新能力的同时，改变了政治和社会话语权对比的原有格局，特别是赋予普通公众更大的能力。这一变化给政府部门和官员带来的挑战和机遇都是空前的。他们应该更主动而非被动地迎接微博和未来更新的变化。

问：您认为政府官员在微博上应该如何把握个人身份和所代表的政府机构身份？如何平衡政府机构微博与官员个人微博的定位与关系？

答：在区分了官员个人微博和机构微博的情况下，有利于让公众更清晰地理解二者传达的内容。官员表达的个人意见，应尽量通过个人微博来表达；反之，机构的观点尽量不通过个人微博来表达。必要时，官员还可明确说明他表达的是个人意见。

问：从监管型政府到服务型政府成为近年来我国政府转型的一个方向，与之相关，政府机构官方微博是否也要坚持服务导向？具体该如果去做？

答：当然要坚持服务导向。具体做法，没有一定之规。原则上被服务的用户满意的做法就是好做法。

问：目前微博问政蔚然成风，开通微博的政府机构和官员也越来越多，如果请您给潜水微博或即将浮出水面的政府机构、官员们说句话，您会给他们什么建议？

答：言为心声，要服务公众，就不能只潜水不发声；言为心声，端正服务之心，比学习发声技术要重要得多。政府机构和官员们有没有服务的心，博友们分得清楚。

问：您平时关注的政府机构、官员微博中，哪些比较有特色？给您印象最深的是什么？

答：我平时关注的政府机构和官员微博不多。政府机构印象最深的是公安系统在“微博打拐”中与公民个人及时互动发挥的有效作用；官员个人的微博印象最深的是医生哥波子，他有不回避尖锐问题的勇气，以自己的坦诚、勤勉、专业知识，赢得人们的尊重。

第十三节　刘兴亮（资深互联网专家；闪聚创始人、CEO）

问：刘老师您好！2009年您就说过“微博是今年最大亮点”，请问您认为微博的崛起给中国互联网生态环境带来了什么样的变化？

答：微博给互联网生态环境带来的变化，主要体现在如下两个方面：

首先是对媒体的冲击。微博的出现改变了之前的传播方式，真正让每个人成为传播者，成为信息传播中的转发节点。微博的使用门槛极低，可以说已经降到了有史以来的最低。这样就方便了用户，让很多人能够参与进来。

其次是社交层面。微博的出现，让之前一些很火的互联网产品不再火暴，例如博客、SNS、一些垂直论坛等。微博还改变了人们的生活方式，例如你找到我是通过微博，我现在和人沟通很多都在微博上，回复微博私信比回复短信还快。

总之，微博极其改变了互联网的生态环境，改变了人们的生活方式和生活态度。

问：从互联网产品层面，您认为微博的竞争对手可能会是什么？

答：现在看来，主要是微博在冲击别的互联网产品。微博的竞争产品一定会有，但现在形成规模、对微博造成冲击的产品还没有出现。

问：能否请您描述一下您想象中三年后中国互联网和微博会是什么样子？

答：正像刚才说的，三年之后新的互联网产品将会出现，但是否能够动摇微博的地位，可能有点难。微博产品本身也会有改变，例如现在的新浪微博、腾讯微博已经是Twitter和Facebook的结合体，未来三年里微博本身也会继续发展、完善。就整个互联网来说，三年后的一个趋势，将是移动互联网超越传统互联网，尤其是在一些领域里，移动互联网将全面超越传统互联网。

问：请问您认为新浪微博、腾讯微博等国内微博网站，与微博产品的鼻祖Twitter相比各有哪些特点？

答：新浪微博等一开始就对Twitter产品做了改良。例如Twitter是鼓励用户转发的，但新浪微博一开始就设置了评论功能，这一功能更符合中国网民的需求。例如我看到芙蓉姐姐的一条微博，可能不愿意转发到我自己的微博上，但完全可以在她的微博下边跟评论骂几句。现在的微博产品，包括对图片、视频等信息形态的整合，以及例如私信、聊天等功能的推出，已经对Twitter的产品功能做了很大改良、优化，更为符合中国网民的需求。整体来说，Twitter的精髓国内微博网站已经学到，而且更加本土化。

问：请问您认为新浪微博、腾讯微博等门户微博，与国内早期微博网站如饭否等相比各有哪些特点？

答：早期的微博例如饭否，产品和Twitter一模一样，而且他们更多是在小众群体中流行，饭否的用户巅峰时期也不过几十万。而新浪微博、腾讯微博等推出之后，真正把微博推广到普通网民。门户微博兴起之后，专业微博网站的生存空间已经不多，最近已经陆续有几家专业微博宣布关站了。

问：您认为微博将给中国政治、社会带来什么样的变化？

答：微博的诞生，给政治、经济、社会、文化等都带来了一些变化。

政治层面，微博促进了网络问政、反腐，促使政务信息更加公开化、透明化，实际上在帮助我们反腐倡廉是起到了较大的促进作用。

社会层面，微博已经成为公众发泄窗口。中国正处在一个社会转型期，如果没有微博等互联网产品，社会矛盾有可能进一步激发，会以别的形式呈现出来。微博出现之后，等于民众多了一个发泄渠道，有什么不满上网发发牢骚，有利于社会矛盾缓解。

文化层面，微博激发了全民创作热情，很多原创段子在微博时代得以大放异彩，可以说中国文学迎来了继唐诗宋词元曲之后的又一个高峰。

问：您如何评价目前已开通的政府机构微博、官员微博的表现？

答：目前的政府机构微博、官员微博，更多是一些优异个体，整体上表现并不好。大部分政府机构微博、官员微博可能是作为一项功课、一个摆设，应工作要求而开设，限于流程化、死板僵硬的局面，还没有领略到微博的精髓。

问：您在《网络导报》分析过企业官方微博的误区，请问您认为政府机构官方微博常见的误区都有哪些？

答：我当时分析的企业官方微博误区，政府机构官方微博也大多存在。例如“8小时工作制”问题，除了一些做得较好的微博外，很多政府机构官方微博都是这样，在上班时间发一发，下班就没人管了。这实质上还是把微博作为常规工作来处理，而没有考虑到中国网民的实际规律，21点到24点期间，是中国网民的上网高峰，也是发布微博的一个高峰，网民的很多问题在这个时候发出来，没人管的政府微博当然就没法第一时间知晓、回应。

当时我总结的官方微博八大误区是：

1. 外甥打灯笼，照旧是8小时工作制。

2. 没有个性，四平八稳。

3. 作为新闻发布窗口。

4. 微博连续剧，很多条微博说明一个事。

5. 回答问题需请示领导。

6. 粉丝越多越好。

7. 求推荐位置。

8. 只要每天发微博，任务就完成。

——现在看来，很多政府机构官方微博同样存在这些问题。

问：目前微博问政蔚然成风，开通微博的政府机构和官员也越来越多，如果请您给潜水微博或即将浮出水面的政府机构、官员们说句话，您会给他们什么建议？

答：当然潜水微博也有一些好处，他们可以通过潜水了解一些信息，中国古代不就有微服私访么。不过我还是建议，和老百姓生活密切相关的政府机构、官员个人，还是应该公开身份，开通认证微博，这样有利于促进政务公开，能够做一些实事。当然，公开身份之后同样可以拥有“马甲”账号，通过不同渠道来了解信息、发表意见。

问：您平时关注的政府机构、官员微博中，哪些比较有特色？给您印象最深的是什么？

答：我印象比较深的官员微博例如@伍皓红河微语、@传说中的女网警、@医生哥波子等，政府机构微博印象最深的是@平安北京。例如@传说中的女网警经常会发布一些注意事项、案例分享等，能够给网友提供借鉴、帮助。再如@伍皓红河微语和网民的互动非常多，现在他利用自己的知名度，在推广红河方面做了很多事情，可以说起到了事半功倍的效果，给红河节省了一大笔费用。

责任编辑:姜　玮

图书在版编目(CIP)数据

微博问政/卢金珠 著. -北京:东方出版社,(2012.12重印)
ISBN 978-7-5060-5301-3

Ⅰ.①微…　Ⅱ.①卢…　Ⅲ.①电子政务-研究-中国　Ⅳ.①D630.1-39

中国版本图书馆 CIP 数据核字(2012)第198505号

微 博 问 政

WEIBO WENZHENG

卢金珠　著

東方出版社 出版发行
(100706　北京朝阳门内大街166号)

环球印刷(北京)有限公司印刷　新华书店经销

2012年9月第1版　2012年12月北京第2次印刷
开本:710毫米×1000毫米 1/16　印张:20.5
字数:315千字

ISBN 978-7-5060-5301-3　定价:39.80元

邮购地址 100706　北京朝阳门内大街166号
人民东方图书销售中心　电话 (010)65250042　65289539

版权所有·侵权必究
凡购买本社图书,如有印制质量问题,我社负责调换。
服务电话:(010)65250042